Étienne Bonnot de Condillac

Le commerce et le gouvernement considérés relativement l'un à l'autre

essai

ISBN : 978-1523743049

10 9 8 7 6 5 4 3 2 1

Étienne Bonnot de Condillac

Le commerce et le gouvernement considérés relativement l'un à l'autre

essai

Table de Matières

Introduction

Chaque science demande une langue particulière, parce que chaque science a des idées qui lui sont propres. Il semble qu'on devrait commencer par faire cette langue : mais on commence par parler et par écrire, et la langue reste à faire. Voilà où en est la science économique, dont l'objet est celui de cet ouvrage même. C'est, entre autres choses, à quoi on se propose de suppléer.

Cet ouvrage a trois parties. Dans la première, je donne, sur le commerce, des notions élémentaires, que je détermine d'après des suppositions ; et je développe les principes de la science économique. Dans la seconde, je fais d'autres suppositions, pour juger de l'influence que le commerce et le gouvernement doivent avoir l'un sur l'autre. Dans la troisième, je les considère tous deux d'après les faits, afin de m'appuyer sur l'expérience autant que sur le raisonnement.

Je dirai souvent des choses fort communes. Mais, s'il était nécessaire de les remarquer pour parler sur d'autres avec plus de précision, je ne devais pas avoir honte de les dire. Les génies, qui ne disent que des choses neuves, s'il y a de tels génies, ne doivent pas écrire pour l'instruction. Le grand point est de se faire entendre, et je ne désire que de faire un ouvrage utile.

Première partie
Notions élémentaires sur le commerce, déterminées d'après des suppositions, ou principes de la science économique

Section 1
Fondement de la valeur des choses

Supposons une petite peuplade, qui vient de s'établir, qui a fait sa première récolte, et, qui étant isolée, ne peut subsister que du produit des champs qu'elle cultive.

Supposons encore qu'après avoir prélevé le blé nécessaire pour ensemencer les terres, il lui en reste cent muids, et qu'avec cette quantité, elle peut attendre une seconde récolte sans craindre de manquer.

Pour que, suivant notre supposition, cette quantité lui ôte toute crainte de manquer, il faut qu'elle soit suffisante, non seulement à ses besoins, il faut qu'elle le soit encore à ses craintes. Or c'est ce qui ne peut se rencontrer que dans une certaine abondance. En effet, quand on juge d'après ses craintes, ce qui ne suffirait qu'à la rigueur ne suffit pas, et on croit ne trouver ce qui suffit que dans ce qui abonde jusqu'à un certain point.

La quantité qui reste à notre peuplade, semences prélevées, fait donc, pour cette année, ce qu'on nomme abondance. Par conséquent, si elle a quelques muids de plus, elle sera dans la surabondance ; et elle sera dans la disette si elle en a quelques-uns de moins.

Si un peuple pouvait juger, avec précision, du rapport où est la quantité de blé qu'il a avec la quantité qu'il faut à sa consommation, ce rapport connu lui ferait toujours connaître, avec la même précision s'il est dans l'abondance, dans la surabondance ou dans la disette.

Mais il ne peut pas juger, avec précision, de ce rapport : car il n'a aucun moyen pour s'assurer exactement, ni de la quantité de blé qu'il a, ni de la quantité qu'il en consommera. Il le peut d'autant moins, qu'il ne saurait le garder sans déchet, et que la quantité précise de ce déchet est de nature à ne pouvoir être prévue. S'il en juge donc, ce n'est qu'à-peu-près, et sur l'expérience de plusieurs années.

Cependant, de quelque manière qu'il en juge, il est toujours vrai de dire qu'il se croit dans l'abondance, lorsqu'il pense avoir une quantité de blé suffisante pour écarter toute crainte d'en manquer, qu'il se croit dans la surabondance, lorsqu'il pense en avoir une quantité plus que suffisante à toutes ses craintes ; et qu'il se croit dans la disette, lorsqu'il pense n'en avoir qu'une quantité qui ne suffit pas pour les dissiper. C'est donc dans l'opinion qu'on a des quantités, plutôt que dans les quantités mêmes, que se trouvent l'abondance, la surabondance ou la disette : mais elles ne se trouvent dans l'opinion que parce qu'elles sont supposées dans les quantités.

Si au lieu de cent muids, notre peuplade, semences prélevées, en a deux cents, elle en aura cent qui lui seront inutiles pour sa consommation d'une récolte à l'autre, et, si elle ne prend aucune précaution pour conserver ce blé surabondant, il s'échauffera, il se corrompra, et ce qui en restera ne sera d'aucun usage pour les années suivantes.

Plusieurs années consécutives d'une grande récolte ne feraient donc qu'embarrasser la peuplade d'une surabondance inutile, et il arriverait bientôt qu'on en semoncerait moins de terres.

Mais les récoltes, qui ne suffisent pas aux besoins de la peuplade, feront sentir la nécessité de conserver du blé lorsqu'il y en aura de surabondant. On en cherchera donc les moyens ; et, quand on les aura trouvés, le blé inutile dans les années de surabondance deviendra utile dans les années de disette. Les cent muids que la peuplade n'a pas consommés, et qu'elle a su conserver, suppléeront à ce qui lui manquera pendant plusieurs années où il ne restera, pour sa consommation, semences prélevées, que soixante ou quatre-vingts muids.

Il n'y aura donc plus proprement de blé surabondant lorsqu'on saura le conserver, puisque celui qui ne se consommera pas dans une année pourra se consommer dans une autre.

Si notre peuplade était environnée d'autres peuplades, agricoles comme elle, elle n'aurait pas le même besoin de conserver du blé dans des greniers ; parce qu'en donnant le surabondant qu'elle aurait dans quelqu'autre denrée, elle pourrait se procurer le blé qui serait surabondant chez une autre peuplade. Mais nous l'avons supposée tout-à-fait isolée.

Nous avons deux sortes de besoins. Les uns sont une suite de notre conformation nous sommes conformés pour avoir besoin de nourriture, ou pour ne pouvoir pas vivre sans aliments.

Les autres sont une suite de nos habitudes. Telle chose dont nous pourrions nous passer, parce que notre conformation ne nous en fait pas un besoin, nous devient nécessaire par l'usage, et quelquefois aussi nécessaire que Si nous étions conformés pour en avoir besoin.

J'appelle naturels les besoins qui sont une suite de notre conformation, et factices les besoins que nous devons à l'habitude contractée par l'usage des choses.

Une horde errante vit des fruits que la terre produit naturellement, du poisson qu'elle pêche, des bêtes qu'elle tue à la chasse ; et, lorsque le lieu qu'elle parcourt ne fournit plus à sa subsistance, elle passe ailleurs. Nous ne voyons, dans ce genre de vie, que des besoins purement naturels.

Notre peuplade ne peut plus errer. Elle s'est fait un besoin de vivre dans le lieu qu'elle a choisi ; elle s'en fait un de l'abondance qu'elle trouve dans les champs qu'elle cultive, et de la bonté des fruits qu'elle doit à son travail. Elle ne se contente pas d'aller à la chasse des animaux qui peuvent servir à sa nourriture et à son vêtement, elle en élève, et elle tâche de les multiplier assez pour sa consommation.

Voilà un genre de vie où nous remarquons des besoins factices, c'est-à-dire, des besoins qui naissent de l'habitude que nous nous sommes faite de satisfaire aux besoins naturels par des moyens choisis.

On voit que ces premiers besoins factices s'écartent des naturels le moins qu'il est possible. Mais on prévoit aussi qu'il s'en formera d'autres, qui s'en écarteront toujours de plus en plus. C'est ce qui arrivera lorsque notre peuplade, ayant fait des progrès dans les arts, voudra satisfaire à ses besoins naturels par des moyens plus multipliés et plus recherchés. Il viendra même un temps où les besoins factices, à force de s'écarter de la nature, finiront par la changer totalement et par la corrompre.

Les premiers besoins que se fait notre peuplade, sont de l'essence de l'ordre social, qui cesserait si ces besoins cessaient eux-mêmes. On est donc fondé à les regarder comme naturels. Car, s'ils ne le sont pas au sauvage errant, ils le deviennent à l'homme en société, auquel ils sont absolument nécessaires. C'est pourquoi je nommerai désormais naturels, non seulement les besoins qui sont une suite de conformation ; mais encore ceux qui sont une suite de la constitution des sociétés civiles ; et j'entendrai par factices ceux qui ne sont pas essentiels à l'ordre social, et sans lesquels par conséquent les sociétés civiles pourraient subsister.

On dit qu'une chose est utile, lorsqu'elle sert à quelques-uns de nos besoins ; et qu'elle est inutile, lorsqu'elle ne sert à aucun, ou que nous n'en pouvons rien faire. Son utilité est donc fondée sur le besoin que nous en avons.

D'après cette utilité, nous l'estimons plus ou moins ; c'est-à-dire, que nous jugeons qu'elle est plus ou moins propre aux usages auxquels nous voulons l'employer. Or cette estime est ce que nous appelons valeur. Dire qu'une chose vaut, c'est dire qu'elle est ou que nous l'estimons bonne à quelque usage.

La valeur des choses est donc fondée sur leur utilité, ou, ce qui revient au même, sur le besoin que nous en avons, ou, ce qui revient encore au même, sur l'usage que nous en pouvons faire.

A mesure que notre peuplade se fera de nouveaux besoins, elle apprendra à employer à ses usages des choses dont auparavant elle ne faisait rien. Elle donnera donc, dans un temps, de la valeur à des choses auxquelles, dans un autre, elle n'en donnait pas.

Dans l'abondance, on sent moins le besoin, parce qu'on ne craint pas de manquer. Par une raison contraire, on le sent davantage dans la rareté et dans la disette.

Or, puisque la valeur des choses est fondée sur le besoin, il est naturel qu'un besoin plus senti donne aux choses une plus grande valeur : et qu'un besoin moins senti leur en donne une moindre. La valeur des choses croît donc dans la rareté, et diminue dans l'abondance.

Elle peut même, dans l'abondance, diminuer au point de devenir nulle. Un surabondant, par exemple, sera sans valeur, toutes les fois qu'on n'en pourra faire aucun usage, puisqu'alors il sera tout-à-fait inutile.

Tel serait un surabondant en blé, si on le considérait par rapport à l'année dans laquelle il ne fait pas partie de la quantité nécessaire à la consommation. Mais si on le considère par rapport aux années suivantes, où la récolte pourrait ne pas suffire, il aura une valeur, parce qu'on juge qu'il pourra faire partie de la quantité nécessaire au besoin qu'on en aura.

Ce besoin est éloigné. Par cette raison, il ne donne pas à une chose la même valeur qu'un besoin présent. Celui-ci fait sentir qu'actuellement la chose est absolument nécessaire, et l'autre fait seulement juger qu'elle pourra le devenir. On se flatte qu'elle ne le deviendra pas ; et dans cette prévention, comme on est porté à ne pas prévoir le besoin, on l'est aussi à donner moins de valeur à la chose.

Le plus ou moins de valeur, l'utilité étant la même, serait uniquement fondé sur le degré de rareté ou d'abondance, si ce degré pouvait toujours être connu avec précision ; et alors on aurait la vraie valeur de chaque chose.

Mais ce degré ne saurait jamais être connu. C'est donc principalement dans l'opinion que nous en avons qu'est fondé le plus ou moins de valeur.

En supposant qu'il manque un dixième du blé nécessaire à la consommation de notre peuplade, les neuf dixièmes n'auraient que la valeur de dix, si on appréciait bien la disette, et si on voyait avec certitude qu'elle n'est réellement que d'un dixième.

C'est ce qu'on ne fait pas. Comme on se flatte dans l'abondance, on craint dans la disette. Au lieu d'un dixième qui manque, on juge qu'il en manque deux, trois, ou davantage. On se croit au moment où le blé manquera tout-à-fait, et la disette d'un dixième produira la même terreur que si elle était d'un tiers ou de la moitié.

Dès qu'une fois l'opinion a exagéré la disette, il est naturel que ceux qui ont du blé songent à le conserver pour eux ; dans la crainte d'en manquer, ils en mettront en réserve plus qu'il ne leur en faut. Il arrivera donc que la disette sera réellement du tout, ou à-peu-près, pour une partie de la peuplade. Dans cet état des choses, il est évident que la valeur du blé croîtra à proportion que l'opinion exagérera la disette.

Si la valeur des choses est fondée sur leur utilité, leur plus ou moins de valeur est donc fondé, l'utilité restant la même, sur leur rareté ou sur leur abondance, ou plutôt sur l'opinion que nous avons de leur rareté ou de leur abondance.

Je dis l'utilité restant la même, parce qu'on sent assez qu'en les supposant également rares ou également abondantes, on leur juge plus ou moins de valeur, suivant qu'on les juge plus ou moins utiles.

Il y a des choses qui sont si communes, que, quoique très-nécessaires, elles paraissent n'avoir point de valeur. Telle est l'eau ; elle se trouve partout, dit-on, il n'en coûte rien pour se la procurer ; et la valeur qu'elle peut obtenir par le transport n'est pas une valeur à elle, ce n'est qu'une valeur de frais de voiture.

Il serait bien étonnant qu'on payât des frais de voiture pour se procurer une chose qui ne vaudrait rien.

Une chose n'a pas une valeur, parce qu'elle coûte, comme on le suppose ; mais elle coûte, parce qu'elle a une valeur.

Je dis donc que, même sur les bords d'un fleuve, l'eau a une valeur, mais la plus petite possible, parce qu'elle y est infiniment surabondante à nos besoins. Dans un lieu aride, au contraire, elle a une grande valeur ; et on l'estime en raison de l'éloignement et de la difficulté de s'en procurer. En pareil cas un voyageur altéré donnerait cent louis d'un verre d'eau, et ce verre d'eau vaudrait cent louis. Car la valeur est moins dans la chose que dans l'estime que nous en faisons, et cette estime est relative à notre besoin : elle croît et diminue comme notre besoin croît et diminue lui-même.

Comme on juge que les choses n'ont point de valeur quand on a supposé qu'elles ne coûtent rien, on juge qu'elles ne coûtent rien quand elles ne coûtent point d'argent. Nous avons bien de la peine à voir la lumière. Tâchons de mettre de la précision dans nos idées.

Quoiqu'on ne donne point d'argent pour se procurer une chose, elle coûte, si elle coûte un travail.

Or, qu'est-ce qu'un travail ?

C'est une action ou une suite d'actions, dans le dessein d'en tirer un avantage. On peut agir sans travailler : c'est le cas des gens désœuvrés qui agissent sans rien faire. Travailler, c'est donc agir pour se procurer une chose dont on a besoin. Un homme de journée, que j'occupe dans mon jardin, agit pour gagner le salaire que je lui ai promis ; et il faut remarquer que son travail commence au premier coup de bêche : car, s'il ne commençait pas au premier, on ne saurait plus dire où il commence.

D'après ces réflexions préliminaires, je dis que, lorsque je suis loin de la rivière, l'eau me coûte l'action de l'aller chercher ; action qui est un travail, puisqu'elle est faite pour me procurer une chose dont j'ai besoin ; et, lorsque je suis sur le bord de la rivière, l'eau me coûte l'action de me baisser pour en prendre ; action qui est un bien petit travail, j'en conviens : c'est moins que le premier coup de bêche. Mais aussi l'eau n'a-t-elle alors que la plus petite valeur possible.

L'eau vaut donc le travail que je fais pour me la procurer. Si je ne vais pas la chercher moi-même, je payerai le travail de celui qui me l'apportera ; elle vaut donc le salaire que je donnerai ; et par conséquent les frais de voiture sont une valeur à elle. Je lui donne moi-même cette valeur, puisque j'estime qu'elle vaut ces frais de voiture.

On serait bien étonné si je disais que l'air a une valeur ; et cepen-

Étienne Bonnot de Condillac

dant je dois lé dire, si je raisonne conséquemment. Mais que me coûte-t-il ? Il me coûte tout ce que je fais pour le respirer, pour en changer, pour le renouveler. J'ouvre ma fenêtre, je sors. Or chacune de ces actions est un travail, un travail bien léger, à la vérité, parce que l'air, encore plus abondant que l'eau, ne peut avoir qu'une très-petite valeur.

J'en pourrais dire autant de la lumière, de ces rayons que le soleil répand avec tant de profusion sur la surface de la terre ; car certainement, pour les employer à tous nos usages, il nous en coûte un travail ou de l'argent.

Ceux que je combats regardent comme une grosse méprise de fonder la valeur sur l'utilité, et ils disent qu'une chose ne peut valoir qu'autant qu'elle a un certain degré de rareté. Un certain degré de rareté ! Voilà ce que je n'entends pas. Je conçois qu'une chose est rare, quand nous jugeons que nous n'en avons pas autant qu'il en faut pour notre usage ; qu'elle est abondante, quand nous jugeons que nous en avons autant qu'il nous en faut, et qu'elle est surabondante, quand nous jugeons que nous en avons au-delà. Enfin, je conçois qu'une chose dont on ne fait rien, et dont on ne peut rien faire, n'a point de valeur, et qu'au contraire une chose a une valeur, lorsqu'elle a une utilité : et, si elle n'en avait pas une, par cela seul qu'elle est utile, elle n'en aurait pas une plus grande dans la rareté, et une moindre dans l'abondance.

Mais on est porté à regarder la valeur comme une qualité absolue, qui est inhérente aux choses indépendamment des jugements que nous portons, et cette notion confuse est une source de mauvais raisonnements. Il faut donc se souvenir que, quoique les choses n'aient une valeur que parce qu'elles ont des qualités qui les rendent propres à nos usages, elles n'auraient point de valeur pour nous, si nous ne jugions pas qu'elles ont en effet ces qualités. Leur valeur est donc principalement dans le jugement que nous portons de leur utilité ; et elles n'en ont plus ou moins que parce que nous les jugeons plus ou moins utiles, ou qu'avec la même utilité nous les jugeons plus rares ou plus abondantes. Je ne me suis si fort arrêté sur cette notion, que parce qu'elle servira de base à tout cet ouvrage.

Section 2
Fondement du prix des choses

J'ai une surabondance de blé, et je manque de vin : vous avez au contraire une surabondance de vin, et vous manquez de blé. Le blé surabondant, qui m'est inutile, vous est donc nécessaire ; et j'aurais besoin moi-même du vin qui est surabondant et inutile pour vous. Dans cette position, nous songeons à faire un échange : je vous offre du blé pour du vin, et vous m'offrez du vin pour du blé.

Si mon surabondant est ce qu'il faut pour votre consommation, et que le vôtre soit ce qu'il faut pour la mienne, en échangeant l'un contre l'autre, nous ferons tous deux un échange avantageux, puisque nous cédons tous deux une chose qui nous est inutile pour une chose dont nous avons besoin. Dans ce cas, j'estime que mon blé vaut pour vous ce que votre vin vaut pour moi, et vous estimez que votre vin vaut pour moi ce que mon blé vaut pour vous.

Mais si mon surabondant suffit à votre consommation, et que le vôtre ne suffise pas à la mienne, je ne donnerai pas le mien tout entier pour le vôtre : car ce que je vous céderais vaudrait plus pour vous que ce que vous me céderiez ne vaudrait pour moi.

Je ne vous abandonnerai donc pas tout le surabondant de mon blé, j'en voudrai réserver une partie, afin de me pourvoir ailleurs de la quantité de vin que vous ne pouvez pas me céder, et dont j'ai besoin.

Vous, de votre côté, il faut qu'avec le surabondant de votre vin, vous puissiez vous procurer tout le blé nécessaire à votre consommation. Vous refuserez donc de m'abandonner tout ce surabondant, si le blé que je puis vous céder ne vous suffit pas.

Dans cette altercation, vous m'offrirez le moins de vin que vous pourrez pour beaucoup de blé ; et moi, je vous offrirai le moins de blé que je pourrai pour beaucoup de vin.

Cependant le besoin nous fera une nécessité de conclure ; car il vous faut du blé, et à moi il me faut du vin.

Alors, comme vous ne voulez ni ne pouvez me donner tout le vin dont j'ai besoin, je me résoudrai à en faire une moindre consommation ; et vous, de votre côté, vous prendrez aussi le parti de retrancher sur la consommation que vous comptiez faire en blé. Par-là, nous nous rapprocherons. Je vous offrirai un peu plus de blé, vous m'offrirez un peu plus de vin, et, après plusieurs offres réciproques, nous nous accorderons. Nous conviendrons, par exemple, de nous donner en échange un tonneau de vin pour un septier de blé.

Lorsque nous nous faisons réciproquement des offres, nous marchandons : lorsque nous tombons d'accord, le marché est fait. Alors nous estimons qu'un septier de blé vaut pour vous ce qu'un tonneau de vin vaut pour moi.

Cette estime que nous faisons du blé par rapport au vin, et du vin par rapport au blé, est ce qu'on nomme prix. Ainsi votre tonneau de vin est pour moi le prix de mon septier de blé, et mon septier de blé est pour vous le prix de votre tonneau de vin.

Nous savons donc quelle est, par rapport à vous et à moi, la valeur du blé et du vin. parce que nous les avons estimés d'après le besoin que nous en avons ; besoin qui nous est connu. Nous savons encore qu'ils ont tous deux une valeur pour d'autres, parce que nous savons que d'autres en ont besoin. Mais, comme ce besoin peut être plus ou moins grand que nous ne pensons, nous ne pourrons juger exactement de la valeur qu'ils y attachent, que lorsqu'ils nous l'auront appris eux-mêmes. Or c'est ce qu'ils nous apprendront par les échanges qu'ils feront avec nous ou entre eux. Lorsque tous en général seront convenus de donner tant de vin pour tant de blé, alors le blé par rapport au vin, et le vin par rapport au blé, auront chacun une valeur qui sera reconnue généralement de tous. Or cette valeur relative, généralement reconnue dans les échanges, est ce qui fonde le prix des choses. Le prix n'est donc que la valeur estimée d'une chose par rapport à la valeur estimée d'une autre estimée, dis-je, en général par tous ceux qui en font des échanges.

Dans les échanges, les choses n'ont donc pas un prix absolu ; elles n'ont donc qu'un prix relatif à l'estime que nous en faisons, au moment que nous concluons un marché, et elles sont réciproquement le prix les unes des autres.

En premier lieu, le prix des choses est relatif à l'estime que nous en faisons ; ou plutôt il n'est que l'estime que nous faisons de l'une par rapport à l'autre. Et cela n'est pas étonnant, puisque, dans l'origine, prix et estime sont des mots parfaitement synonymes, et que l'idée que le premier a d'abord signifiée est identique avec l'idée que le second exprime aujourd'hui.

En second lieu, elles sont réciproquement le prix les unes des autres. Mon blé est le prix de votre vin, et votre vin est le prix de mon blé, parce que le marché, conclu entre nous, est un accord par lequel nous estimons que mon blé a pour vous la même valeur que votre vin a pour moi.

Il ne faut pas confondre ces mots prix et valeur, et les employer toujours indifféremment l'un pour l'autre.

Dès que nous avons besoin d'une chose, elle a de la valeur ; elle en a par cela seul, et avant qu'il soit question de faire un échange.

Au contraire, ce n'est que dans nos échanges qu'elle a un prix, parce que nous ne l'estimons par comparaison à une autre qu'autant que nous avons besoin de l'échanger, et son prix, comme je l'ai dit, est l'estime que nous faisons de sa valeur, lorsque, dans l'échange, nous la comparons avec la valeur d'une autre.

Le prix suppose donc la valeur : c'est pourquoi on est si fort porté à confondre ces deux mots. Il est vrai qu'il y a des occasions où l'on peut les employer indifféremment l'un pour l'autre. Cependant ils expriment deux idées qu'il est nécessaire de ne pas confondre, Si nous ne voulons pas jeter de la confusion sur les développements qui nous restent à faire.

Section 3
De la variation des prix

Nous venons de voir que le prix est fondé sur la valeur. Or la valeur varie, le prix doit donc varier. Il y a plusieurs causes de cette variation.

D'abord, il est évident que l'abondance et la rareté font varier le prix comme la valeur, et le font varier en raison du besoin plus ou moins grand.

En second lieu, il se peut encore que le prix des choses varie, dans le cas même où la peuplade a la même abondance et les mêmes besoins.

Supposons qu'après la récolte j'aie dans mes greniers tout le blé surabondant, et qu'au contraire le vin surabondant soit distribué dans les celliers de douze personnes, qui ont toutes besoin de mon blé.

Dans cette supposition, ces douze personnes viennent à moi pour échanger du vin contre du blé, et, parce que l'année dernière j'ai cédé un septier pour un tonneau, elles m'offrent chacune un tonneau pour un septier. Mais, l'année dernière, je ne traitais qu'avec une seule personne, et j'ai été forcé de céder plus de blé : aujourd'hui que je puis traiter avec douze, et que je n'ai pas besoin de tout le vin dont elles veulent se défaire, je déclare que je ne livrerai du blé qu'à ceux qui me donneront une plus grande quantité de vin. Par-là je les force à me faire, à l'envi, des offres plus avantageuses. Par conséquent mon blé sera à plus haut prix pour elles, et leur vin sera à moins haut prix pour moi.

Si on supposait le blé surabondant distribué dans les greniers de douze personnes et au contraire tout le vin surabondant renfermé dans des celliers d'une seule, alors le prix ne serait plus le même que dans la première supposition : car celui du blé baisserait, et celui du vin hausserait.

Lorsque plusieurs personnes ont besoin d'échanger une denrée, cette concurrence en fait donc baisser le prix, et le défaut de concurrence fait hausser le prix de la denrée qu'elles veulent se faire livrer. Or, comme la concurrence est plus grande, moins grande, ou nulle, tantôt d'un côté, tantôt de l'autre, il arrive que les prix haussent et baissent alternativement.

De cette variation, il en résulte qu'il n'y a point de prix absolu. En effet, toutes les fois que nous parlons de prix haut et bas, c'est que nous comparons l'une à l'autre deux choses qu'il s'agit d'échanger : le vin, par exemple, par comparaison au blé, sera à haut prix, si nous en donnons peu pour une grande quantité de blé, et le blé sera à bas prix. Dans le cas contraire, le prix du blé sera haut, et celui du vin sera bas.

Section 4
Des marchés...

Ceux qui ont des échanges à faire se cherchent, et ils parcourent la peuplade : c'est la première idée qui s'offre à chacun d'eux. Mais ils ne tarderont pas à connaître les inconvénients de cet usage. Premièrement, il leur arrivera souvent de ne pas se rencontrer ; parce que celui chez qui on viendra sera allé chez un autre, ou chez celui même qui le venait chercher. Ils perdraient bien du temps dans ces courses.

En second lieu, il leur arriverait encore de se rencontrer, et de ne rien conclure. Après bien des altercations, ils se sépareraient et recommenceraient leurs courses, chacun dans l'espérance de faire avec un autre un échange plus avantageux. En suivant cette pratique, il leur sera donc bien difficile de convenir du prix respectif des denrées.

Tôt ou tard l'expérience leur fera sentir ces inconvénients Alors ils chercheront, à-peu-près au centre de la peuplade, un lieu où ils conviendront de se rendre, chacun de leur côté, à des jours marqués, et où l'on apportera les denrées dont on se proposera de faire l'échange. Ce concours et le lieu où il se fait se nomment marché, parce que les marchés s'y proposent et s'y concluent.

On expose donc, dans le marché, toutes les denrées des tinées à être échangées ; chacun les voit, et peut comparer la quantité de l'une avec la quantité de l'autre. En conséquence, on se fait réciproquement des propositions.

S'il y a beaucoup de blé et peu de vin, on offrira une moindre quantité de vin pour une plus grande quantité de blé ; et, s'il y a peu de blé et beaucoup de vin, on offrira une moindre quantité de blé pour une plus grande quantité de vin.

En comparant de la sorte les denrées, suivant la quantité qui s'en trouve au marché, on voit à-peu-près dans quelle proportion on peut faire les échanges, et alors on n'est pas loin de conclure. Aussitôt donc que quelques-uns seront d'accord sur la proportion à suivre dans leurs échanges, les autres prendront cette proportion pour règle, et le prix respectif des denrées sera déterminé pour ce jour-là. On dira, par exemple, que le prix d'un tonneau de vin est un septier de blé, et que le prix d'un septier de blé est un tonneau de vin.

Je ne considère que la quantité, parce que je veux simplifier. On conçoit assez que la qualité doit mettre de la différence dans le prix

Étienne Bonnot de Condillac

des denrées. Il faut seulement remarquer que, la qualité ne s'appréciant pas comme la quantité, les marchés seront plus difficiles à conclure, et qu'en pareil cas l'opinion aura sans doute beaucoup d'influence. Mais enfin on conclura ; et, de quelque qualité que soient les choses, elles auront, pour ce jour-là, un prix déterminé.

Si le prix du blé a été haut par comparaison à celui du vin, on en apportera davantage au marché suivant, parce qu'on se flattera d'un échange plus avantageux ; et par une raison contraire, on apportera moins de vin.

Dans ce marché, la proportion entre le blé et le vin ne sera donc pas la même que dans le précédent. Il y aura beaucoup de blé et peu de vin ; et comme la grande quantité fera baisser le prix de l'un, la petite quantité fera hausser le prix de l'autre.

Les prix varieront par conséquent de marché en marché.

Sans doute ce serait un avantage pour la peuplade que les denrées eussent toujours un prix déterminé et fixe : car les échanges se feraient sans discussion, promptement et sans perte. Mais cela n'est pas possible, puisqu'il ne peut pas y avoir toujours la même proportion entre les denrées, soit qu'on les considère dans les magasins où les propriétaires les conservent, soit qu'on les considère dans les marchés où on les apporte.

Si les variations sont peu considérables, elles seront presque insensibles. Alors elles n'auront point d'inconvénients, ou elles n'en produiront que de bien légers qu'il serait inutile d'empêcher. Peut-être même serait-il impossible de les prévenir, et dangereux de le tenter. Nous verrons ailleurs que le gouvernement portera coup à l'agriculture et au commerce, toutes les fois qu'il entreprendra de fixer le prix des denrées.

Si les variations sont grandes et subites, il en résultera de grands inconvénients car le trop haut prix d'une denrée mettra ceux qui en ont besoin dans la nécessité de faire des échanges désavantageux, ou de souffrir pour n'avoir pas pu se la procurer.

Ces variations, grandes et subites, arriveront lorsqu'une récolte aura tout-à-fait manqué. C'est ce qu'on préviendra en faisant dans les années de surabondance, des provisions pour les années de disette ; et on en fera. L'expérience éclairera la peuplade sur cet objet.

Ces variations arriveront encore dans les marchés, lorsqu'on y apportera beaucoup trop d'une denrée, et trop peu d'une autre : mais cet inconvénient ne se répétera pas souvent, si chacun a la liberté d'apporter au marché ce qu'il veut, et la quantité qu'il veut. C'est encore là un objet sur lequel l'expérience donnera des lumières. En observant les prix dans une suite de marchés, et les causes de leur variation, on apprendra l'espèce de denrée et la quantité qu'on y doit porter pour les échanger avec avantage, ou avec le moindre désavantage possible. Les différentes denrées, exposées au marché, conserveront donc entre elles les mêmes proportions, ou à-peu-près, et les prix par conséquent varieront peu.

Ils varieront d'autant moins, que l'expérience ayant appris aux colons ce qui se consomme de chaque chose, ils en feront croître dans cette proportion ; et ils n'en porteront au marché qu'autant, ou à peu près, qu'ils présumeront devoir en échanger. Ils se conduiront à cet égard d'après les observations qu'ils auront faites.

On voit donc qu'en général les prix se régleront sur la quantité respective des choses qu'on offrira d'échanger. On voit encore que les prix ne peuvent se régler que dans les marchés, parce que c'est là seulement que les citoyens rassemblés peuvent, en comparant l'intérêt qu'ils ont à faire des échanges, juger de la valeur des choses relativement à leurs besoins. Ils ne le peuvent que là, parce que ce n'est que dans les marchés que toutes les choses à échanger se mettent en évidence : ce n'est que dans les marchés qu'on peut juger du rapport d'abondance ou de rareté qu'elles ont les unes avec les autres ; rapport qui en détermine le prix respectif.

C'est ainsi que les prix se régleront constamment, dans le cas où chacun aura, comme je l'ai dit, la liberté d'apporter au marché ce qu'il veut, et la quantité qu'il veut. Nous traiterons ailleurs des inconvénients qui naîtront du défaut de liberté.

Section 5
Ce qu'on entend par commerce

Nous appelons commerce l'échange qui se fait lorsqu'une personne nous livre une chose pour une autre qu'elle reçoit ; et nous appelons marchandises les choses qu'on offre d'échanger, parce qu'on ne les échange qu'en faisant un marché, ou qu'en s'accordant, après quelques altercations, à donner tant de l'une pour tant de l'autre.

Or nous avons remarqué que deux choses qu'on échange sont réciproquement le prix l'une de l'autre. Elles sont donc tout-à-la-fois, chacune, prix et marchandise ; ou plutôt elles prennent l'un ou l'autre de ces noms, suivant les rapports sous lesquels on les envisage.

Quand la chose est considérée comme prix, celui qui la donne est et nommé acheteur : quand elle est considérée comme marchandise, celui qui la livre est nommé vendeur ; et, puisque sous différents rapports elle peut être considérée comme prix et comme marchandise, il s'ensuit que ceux qui font des échanges peuvent être considérés, respectivement l'un à l'autre, chacun comme vendeur et comme acheteur. Lorsque je vous donne un septier de blé pour un tonneau de vin, c'est moi qui achète du vin, c'est vous qui le vendez, et mon septier est le prix de votre tonneau. Lorsque vous me donnez un tonneau de vin pour un septier de blé, c'est vous qui achetez du blé, c'est moi qui le vends, et votre tonneau est le prix de mon septier. Dans tout cela il n'y a jamais que des échanges ; et de quelque manière qu'on s'exprime, les idées sont toujours les mêmes. Mais les expressions varient, parce que nous sommes obligés de considérer les mêmes choses sous des rapports différents.

Le commerce suppose deux choses ; production surabondante d'un côté, et de l'autre consommation à faire.

Production surabondante, parce que je ne puis échanger que mon surabondant.

Consommation à faire, parce que je ne puis l'échanger qu'avec quelqu'un qui a besoin de le consommer.

Jusqu'à présent notre peuplade n'est composée que de colons, c'est-à-dire, d'hommes qui cultivent la terre. Or ces colons peuvent être considérés comme producteurs et comme consommateurs : comme producteurs, parce que c'est leur travail qui fait produire à la terre toutes sortes de denrées ; comme consommateurs, parce que ce sont eux qui consomment les différentes productions.

D'après les suppositions que nous avons faites, les échanges, jusqu'à présent, se sont immédiatement faits entre les colons ; le commerce s'est donc fait immédiatement entre les producteurs et les consommateurs.

Mais il n'est pas toujours possible aux colons qui viennent au marché de vendre leurs marchandises à un prix avantageux. Ils seront donc quelquefois réduits à les remporter. C'est un inconvénient qu'ils éviteraient s'ils pouvaient les déposer quelque part, et les confier à quelqu'un qui, en leur absence, pût saisir l'occasion de les échanger avec avantage. Dans cette vue, ils en céderaient volontiers une partie.

Ceux qui ont leurs habitations aux environs du marché auront donc un intérêt à retirer les marchandises chez eux. En conséquence, ils bâtiront des magasins où elles pourront être conservées, et ils offriront de les vendre pour le compte des autres, moyennant un profit convenu.

Ces commissionnaires, c'est ainsi qu'on nomme ceux qui se chargent d'une chose pour le compte des autres, sont entre les producteurs et les consommateurs : c'est par eux que se font les échanges, mais ce n'est pas pour eux. Ils y ont seulement un profit, et il leur est dû . car les colons trouvent de l'avantage à échanger leurs productions sans être forcés à commercer immédiatement les uns avec les autres.

Je suppose que celui qui confie un septier de blé, promette d'en donner un boisseau, si on lui procure, en échange, un tonneau de vin ; et que le commissionnaire, à portée de saisir le moment favorable, obtienne, pour ce septier, un tonneau plus dix pintes. Il aura gagné et sur celui qui vend le blé, et sur celui qui l'achète.

D'un côté la peuplade sent le besoin qu'elle a de ces commissionnaires, d'un autre côté il y a de l'avantage à l'être. On peut donc juger qu'il s'en établira, et peut-être trop. Mais, parce que plus il y en aura, moins ils auront de profits, le nombre s'en proportionnera peu-à-peu au besoin de la peuplade.

Un commissionnaire n'est que le dépositaire d'une chose qui n'est pas à lui. Mais, parce qu'il fait des profits, il pourra un jour acheter lui-même les marchandises qu'on lui confiait auparavant. Alors il se les appropriera, il les aura à ses risques et fortunes, et il revendra pour son compte. Voilà ce qu'on nomme marchand.

Avant qu'il y eût des commissionnaires et des marchands, on ne pouvait guères vendre qu'au marché, et le jour seulement où il se tenait : depuis qu'il s'en est établi, on peut vendre tous les jours et partout, et les échanges, devenus plus faciles, en sont plus fréquents.

Les colons ont donc un plus grand nombre de débouchés pour se faire passer, les uns aux autres, leur surabondant ; et la peuplade éprouve tous les jours combien il lui est avantageux d'avoir des commissionnaires et des marchands.

A la vérité ces commissionnaires et ces marchands feront des gains sur elle : mais, par leur entremise, elle en fera elle-même qu'elle n'aurait pas pu faire sans eux. Car tel surabondant, qui est inutile et sans valeur lorsqu'il ne peut pas être échangé, devient, lorsqu'il peut l'être, utile, et acquiert une valeur.

Ce surabondant, comme je l'ai remarqué, est le seul effet commerçable ; car on ne vend que ce dont on peut se passer. Il est vrai que je pourrais absolument vendre une chose dont j'ai besoin ; mais, comme je ne le ferai que pour m'en procurer une dont j'ai un besoin plus grand, il est évident que je la regarde comme inutile pour moi, en comparaison de celle que j'acquiers. Il est vrai encore que je pourrai même vendre le blé nécessaire à ma consommation ; mais je ne le vendrai que parce qu'étant assuré de le remplacer, je trouve un avantage à vendre d'un côté pour racheter de l'autre. En un mot, quelque supposition qu'on fasse, il faut toujours, en remontant de vendeur en vendeur, arriver à un premier qui ne vend et ne peut vendre que son surabondant. Voilà pourquoi je dis que le surabondant est la seule chose qui soit dans le commerce.

Lorsque les colons commercent immédiatement les uns avec les autres, ils échangent leur propre surabondant. Mais lorsque les marchands font eux-mêmes le commerce, est-ce aussi leur surabondant qu'ils échangent ? Et peut-on dire que les marchandises qu'ils ont dans leurs magasins sont surabondantes pour eux ?

Non sans doute : les marchands échangent le surabondant des colons. Ils sont, entre les producteurs et les consommateurs, comme autant de canaux de communication par où le commerce circule ; et, par leur entremise, les colons les plus éloignés les uns des autres communiquent entre eux. Telle est l'utilité du commerce qui se fait par les marchands.

Il y a différentes espèces de commerces, et il est important de ne pas les confondre.

Ou nous échangeons les productions telles que la nature nous les donne, et j'appelle cet échange commerce de productions.

Ou nous échangeons ces productions lorsque nous leur avons fait prendre des formes qui les rendent propres à divers usages, et j'appelle cet échange commerce de manufactures, ou d'ouvrages faits à la main.

Le colon fait un commerce de productions lorsqu'il vend le surabondant de sa récolte ; et les artisans ou manufacturiers font un commerce de manufactures lorsqu'ils vendent les ouvrages qu'ils ont fabriqués.

Mais, lorsque le commerce se fait par l'entremise des marchands, je l'appelle commerce de commission, parce que les marchands s'établissent commissionnaires entre les producteurs d'une part, et les consommateurs de l'autre. Considérés comme marchands, ils ne sont ni colons ni manufacturiers ; ils revendent seulement ce qu'ils ont acheté.

On distingue le marchand détailleur et le marchand en gros, qu'il est aisé de ne pas confondre ; la dénomination seule en fait assez voir la différence. Il n'est pas aussi facile de marquer en quoi diffèrent le marchand trafiquant et le marchand négociant. Tous deux font le commerce de commission ; mais l'usage paraît les confondre.

J'appellerai trafiquant un marchand, lorsque, par une suite d'échanges faits en différents pays, il paraît commercer de tout. Un marchand français, par exemple, est trafiquant, lorsqu'il porte une marchandise en Angleterre ; qu'en Angleterre, où il la laisse, il en prend une autre qu'il porte ailleurs ; et qu'après plusieurs échanges, il revient en France, où il apporte une marchandise étrangère. On conçoit que, sans voyager, il peut faire ce commerce par ses facteurs ou commissionnaires.

Le trafiquant se nomme négociant, lorsqu'ayant fait du commerce une affaire de spéculation, il en observe les branches, il en combine les circonstances, il en calcule les avantages et les inconvénients dans les achats et dans les ventes à faire, et que, par ses correspondances, il paraît disposer des effets commerçables de plusieurs nations.

Étienne Bonnot de Condillac

Toutes ces espèces sont comprises sous la dénomination de commerçants. Au reste, comme elles ne diffèrent que du plus au moins, on conçoit qu'il sera souvent impossible de distinguer le marchand du trafiquant, et le trafiquant du négociant. C'est pourquoi on peut souvent employer indifféremment, les uns pour les autres, les mots commerce, trafic, négoce. Il faudra seulement se souvenir que les marchands, de quelque espèce qu'ils soient, ne font que le commerce de commission, commerce que je nommerai quelquefois trafic.

Section 6
Comment le commerce augmente la masse des richesses

Nous avons vu que le commerce, qui consiste dans l'échange d'une chose pour une autre, se fait principalement par les marchands trafiquants et négociants. Essayons maintenant d'apprécier l'utilité que la société retire de tous ses hommes qui se sont établis commissionnaires entre les producteurs et les consommateurs ; et, à cet effet, observons la source des richesses et le cours qu'elle suit.

Les richesses consistent dans une abondance de choses qui ont une valeur, ou, ce qui revient au même, dans une abondance de choses utiles, parce que nous en avons besoin, ou enfin, ce qui est encore identique, dans une abondance de choses qui servent à notre nourriture, à notre vêtement, à notre logement, à nos commodités, à nos agréments, à nos jouissances, à nos usages, en un mot.

Or c'est la terre seule qui produit toutes ces choses. Elle est donc l'unique source de toutes les richesses.

Naturellement féconde, elle en produit par elle-même, et sans aucun travail de notre part. Les Sauvages, par exemple, subsistent de la fécondité des terres qu'ils ne cultivent pas. Mais il faut à leur consommation une grande étendue de pays. Chaque Sauvage pourra consommer le produit de cent arpents. Encore est-il difficile d'imaginer qu'il puisse toujours trouver l'abondance dans cet espace.

C'est que la terre, abandonnée à sa fécondité naturelle, produit de tout indifféremment. Elle est surtout féconde en choses qui nous sont inutiles, et dont nous ne pouvons faire aucun usage.

Rendons-nous maîtres de sa fécondité, et empêchons certaines productions pour en faciliter d'autres, la terre deviendra fertile. Car si on appelle féconde une terre qui produit beaucoup, et de tout indifféremment, on appelle fertile une terre qui produit beaucoup et à notre choix.

Ce n'est qu'à force d'observations et de travail que nous viendrons à bout d'empêcher certaines productions, et d'en faciliter d'autres. Il faut découvrir comment la terre produit, si nous voulons multiplier exclusivement les choses à notre usage, et extirper toutes les autres.

Le recueil des observations sur cet objet fait la théorie d'une science qu'on nomme agriculture, ou culture des champs, et le travail du colon, qui se conforme journellement à ces observations, fait la pratique de cette science. Je nommerai cette pratique cultivation.

Le colon multiplie donc les choses qui sont à notre usage, qui ont une valeur, et dont l'abondance fait ce que nous appelons richesses. C'est lui qui fouille la terre, qui ouvre la source, qui la fait jaillir ; c'est à lui que nous devons l'abondance.

Que devons-nous donc aux commerçants ? Si, comme tout le monde le suppose, on échange toujours une production d'une valeur égale contre une autre production d'une valeur égale, on aura beau multiplier les échanges ; il est évident qu'après, comme auparavant, il y aura toujours la même masse de valeurs ou de richesses.

Mais il est faux que, dans les échanges, on donne valeur égale pour valeur égale. Au contraire, chacun des contractants en donne toujours une moindre pour une plus grande. On le reconnoîtrait si on se faisait des idées exactes, et on peut déjà le comprendre d'après ce que j'ai dit.

Une femme de ma connaissance, ayant acheté une terre, comptait l'argent pour la payer, et disait : Cependant on est bienheureux d'avoir une terre pour cela. Il y a, dans cette naïveté, un raisonnement bien juste. On voit qu'elle attachait peu de valeur à l'argent qu'elle conservait dans son coffre ; et que, par conséquent, elle donnait une valeur moindre pour une plus grande. D'un autre côté, celui qui vendait la terre était dans le même cas, et il disait : Je l'ai bien vendue. En effet, il l'avait vendue au denier trente ou trente-cinq. Il comptait donc avoir aussi donné moins pour plus. Voilà où en sont tous ceux qui font des échanges.

En effet, si on échangeait toujours valeur égale pour valeur égale, il n'y aurait de gain à faire pour aucun des contractants. Or tous deux en font, ou en doivent faire. Pourquoi ? C'est que, les choses n'ayant qu'une valeur relative à nos besoins, ce qui est plus pour l'un est moins pour l'autre, et réciproquement.

L'erreur où l'on tombe à ce sujet vient surtout de ce qu'on parle des choses qui sont dans le commerce, comme si elles avaient une valeur absolue, et qu'on juge en conséquence qu'il est de la justice que ceux qui font des échanges se donnent mutuellement valeur égale pour valeur égale. Bien loin de remarquer que deux contractants se donnent l'un à l'autre moins pour plus, on pense, sans trop y réfléchir, que cela ne peut pas être ; et il semble que, pour que l'un donnât toujours moins, il faudrait que l'autre fût assez dupe pour donner toujours plus ; ce qu'on ne peut pas supposer.

Ce ne sont pas les choses nécessaires à notre consommation que nous sommes censés mettre en vente : c'est notre surabondant, comme je l'ai remarqué plusieurs fois. Nous voulons livrer une chose qui nous est inutile, pour nous en procurer une qui nous est nécessaire : nous voulons donner moins pour plus.

Le surabondant des colons, voilà ce qui fournit tout le fonds au commerce. Ce surabondant est richesse tant qu'ils trouvent à l'échanger, parce qu'ils se procurent une chose qui a une valeur pour eux, et qu'ils en livrent une qui a une valeur pour d'autres.

S'ils ne pouvaient point faire d'échanges, leur surabondant leur resterait, et serait pour eux sans valeur. En effet, le blé surabondant que je garde dans mes greniers, sans pouvoir l'échanger, n'est pas plus richesse pour moi que le blé que je n'ai pas encore tiré de la terre. Aussi sèmerai-je moins l'année prochaine, et, pour avoir une moindre récolte, je n'en serai pas plus pauvre. Or les commerçants sont les canaux de communication par où le surabondant s'écoule. Des lieux où il n'a point de valeur, il passe dans les lieux où il en prend une ; et, partout où il se dépose, il devient richesse.

Le commerçant fait donc en quelque sorte de rien quelque chose.

Il ne laboure pas ; mais il fait labourer. Il engage le colon à tirer de la terre un surabondant toujours plus grand, et il en fait toujours une richesse nouvelle. Par le concours du colon et du commerçant, l'abondance se répand d'autant plus que les consommations augmentent à proportion des productions, et réciproquement les productions à proportion des consommations.

Une source qui se perd dans des rochers et dans des sables n'est pas une richesse pour moi ; mais elle en devient une si je construis un aqueduc pour la conduire dans mes prairies. Cette source représente les productions surabondantes que nous devons aux colons, et l'aqueduc représente les commerçants.

Section 7
Comment les besoins […] donnent naissance aux arts, et comment les arts augmentent la masse des richesses

Comme j'ai distingué des besoins naturels et des besoins factices, je distinguerai aussi deux espèces de choses nécessaires ; les unes de première nécessité, que je rapporterai aux besoins naturels ; les autres de seconde nécessité, que je rapporterai aux besoins factices.

Les fruits, tels que la terre les produit par sa seule fécondité, sont de première nécessité pour un Sauvage, parce qu'ils lui sont nécessaires en conséquence de sa conformation ; et nos vins, nos eaux-de-vie, seraient de seconde nécessité pour lui, si, en commerçant avec nous, il se faisait une habitude de ces boissons.

Pour notre peuplade, fixée dans les champs qu'elle cultive, le blé est une chose de première nécessité, parce qu'il lui est nécessaire en conséquence de la constitution d'une société qui ne subsisterait pas sans ce secours. Il faut au contraire mettre, parmi les choses de seconde nécessité, toutes celles dont elle pourrait manquer, sans cesser d'être une société fixée et agricole.

Observons-la lorsqu'elle se borne aux choses de première nécessité. C'est l'état où, sans être pauvre, elle a le moins de richesses. Je dis, sans être pauvre, parce que la pauvreté n'a lieu qu'autant qu'on manque du nécessaire ; et ce n'est pas être pauvre que de manquer d'une espèce de richesses dont on ne s'est pas fait un besoin, et qu'on ne connaît même pas.

Elle n'est donc pas dans un état de pauvreté ; elle est plutôt dans un état de manquement. Qu'on me permette ce mot : celui de privation ne rendrait pas ma pensée. Car nous nous privons des choses que nous avons, ou que nous pouvons avoir, et que nous connaissons ; au lieu que nous n'avons pas celles dont nous manquons, souvent même nous ne les connaissons pas.

Dans cet état, il suffit à notre peuplade de n'être pas exposée à manquer de nourriture, de se mettre à l'abri des injures de l'air, et d'avoir les moyens de se défendre contre ses ennemis. Ses aliments, son vêtement, son logement, ses armes, tout est grossier et sans art. Elle n'emploie à ces différents usages que les choses les plus communes, et dont par conséquent elle est comme assurée de ne point manquer.

Dans le manquement d'une multitude de choses dont nous jouissons, elle est dans l'abondance de toutes celles qui lui sont nécessaires.

Rien n'est à haut prix chez elle. Comme, dans toutes les choses qui sont à son usage, il n'y a rien de trop recherché, il n'y a rien aussi de trop rare.

Une monnaie lui serait inutile, et elle n'en a pas. Chacun échange son surabondant, et personne ne s'aperçoit qu'il aurait besoin d'employer les métaux, ou toute autre chose à cet effet.

Passons aux temps où elle commence à jouir des choses de seconde nécessité, et où ces choses néanmoins sont encore de nature à pouvoir être communes à tous. Alors elle met du choix dans ses aliments, dans son vêtement, dans son logement, dans ses armes ; elle a plus de besoins, plus de richesses. Cependant il n'y a point de pauvres chez elle ; puisque, dans les choses de seconde nécessité, je ne comprends encore que des choses communes auxquelles tous peuvent participer plus ou moins, et dont personne n'est entièrement privé.

Dans cette position, il est impossible que chacun puisse pourvoir par lui-même à tout ce qui lui est nécessaire. Le colon, occupé de la culture de ses champs, n'aura pas le loisir de faire un habit, de bâtir une maison, de forger des armes, et il n'en aura pas le talent, parce que ces choses demandent des connaissances et une adresse qu'il n'a pas.

Il se formera donc plusieurs classes. Outre celle des colons, il y aura celle des tailleurs, celle des architectes, celle des armuriers. Les trois dernières ne sauraient subsister par elles-mêmes. C'est la première qui pourvoira à leur subsistance, et elle fournira de plus la matière première des arts.

Quand je distingue quatre classes, c'est parce qu'il faut choisir un nombre. Il peut, et il doit même y en avoir beaucoup plus. Elles se multiplieront à proportion que les arts naîtront et feront des progrès.

Toutes les classes, occupées chacune de leurs besoins, concourent à l'envi à augmenter la masse des richesses, ou l'abondance des choses qui ont une valeur. Car, si nous avons vu que les richesses premières consistent uniquement dans les productions de la terre, nous avons vu aussi que ces productions n'ont une valeur, et que leur abondance n'est une richesse, qu'autant qu'elles sont utiles, ou qu'elles servent à quelques-uns de nos besoins.

C'est le colon qui fournit toutes les matières premières. Mais telle matière première, qui, entre ses mains, serait inutile et sans valeur, devient utile et acquiert une valeur, lorsque l'artisan a trouvé le moyen de la faire servir aux usages de la société.

A chaque art qui commence, à chaque progrès qu'il fait, le colon acquiert donc une richesse nouvelle, puisqu'il trouve une valeur dans une production qui auparavant n'en avait pas.

Cette production, mise en valeur par l'artisan, fait prendre un nouvel essor au commerce, pour qui elle est un nouveau fonds ; et elle devient pour le colon une nouvelle source de richesses, parce qu'à chaque production qui acquiert une valeur il se fait une nouvelle consommation.

C'est ainsi que tous, colons, marchands, artisans, concourent à augmenter la masse des richesses.

Si on compare l'état de manquement où se trouvait notre peuplade, lorsque, sans artisans, sans marchands, elle se bornait aux choses de première nécessité, avec l'état d'abondance où elle se trouve, lorsque, par l'industrie des artisans et des marchands, elle jouit des choses de seconde nécessité, c'est-à-dire, d'une multitude de choses que l'habitude lui rend nécessaires, on comprendra que l'industrie des artisans et des marchands est autant pour elle un fonds de richesses que l'industrie même des colons.

En effet, si d'un côté nous avons vu que la terre est la source des productions, et par conséquent des richesses, nous voyons de l'autre que l'industrie donne de la valeur à quantité de productions, qui, sans elle, n'en auraient pas. Il est donc démontré que l'industrie est aussi, en dernière analyse, une source de richesses. Nous répandrons bientôt un nouveau jour sur cette question. Elle a été fort obscurcie par quelques écrivains.

Section 8
Des salaires

Un marchand a fait des avances. Elles consistent dans le prix qu'il a donné pour les choses qu'il veut revendre, dans les frais de voiture, dans ceux de magasin, et dans les dépenses journalières qu'il fait pour conserver ses marchandises.

Or il faut non seulement qu'il soit remboursé de toutes ses avances, il faut encore qu'il trouve son profit à faire son commerce.

Ce profit est proprement ce qu'on nomme salaire. On conçoit qu'il doit être fait et réparti successivement sur toutes les marchandises dont il a le débit, et qu'il doit suffire à sa subsistance, c'est-à-dire, lui procurer l'usage des choses de première et de seconde nécessité.

Mais dans quelle étendue les marchands doivent-ils jouir de ces choses ? C'est ce qui se réglera tout seul, suivant que la concurrence les forcera à vivre avec plus ou moins d'économie ; et, comme cette concurrence fera la loi à tous également, on saura, d'après l'usage général, les jouissances auxquelles chacun d'eux a droit de prétendre. Ils calculeront eux-mêmes ce qu'il leur faut de salaire pour les jouissances que l'usage leur permet, pour les procurer à leur famille, pour élever leurs enfants ; et parce qu'ils auraient bien peu de prévoyance s'ils se contentaient de gagner de quoi vivre au jour le jour, ils calculeront encore ce qu'il leur faut pour faire face aux accidents, et pour améliorer, s'il est possible, leur état. Ils tâcheront de faire entrer tous ces profits dans leur salaire : ceux qui voudront acheter tâcheront de rabattre sur tous ces profits ; et ils rabattront avec d'autant plus de facilité, que les marchands, en plus grand nombre, seront plus pressés de vendre. Le salaire sera donc réglé, d'un côté par la concurrence des vendeurs, et par celle des acheteurs de l'autre.

Le salaire de l'artisan se réglera de la même manière. Supposons qu'il n'y ait dans la peuplade que six tailleurs, et qu'ils ne puissent pas suffire à la quantité d'habits qu'on leur demande, ils fixeront eux-mêmes leur salaire, ou le prix de leur travail, et ce prix sera haut.

C'est un inconvénient, et on tombera dans un autre, lorsque l'appât du gain aura multiplié les tailleurs au-delà du besoin de la peuplade. Alors, tous se trouvant réduits à de moindres profits, ceux qui n'auront point de pratiques offriront de travailler au plus bas prix, et forceront ceux qui en ont à travailler aussi pour un moindre salaire. Encore s'en trouvera-t-il qui n'auront pas de quoi vivre, et qui seront dans la nécessité de chercher un autre métier. Le nombre des tailleurs se proportionnera donc peu-à-peu au besoin qu'on en a ; et c'est le moment où leur salaire sera réglé comme il doit l'être.

Mais il y a des commerces qui demandent plus d'intelligence, et des métiers qui demandent plus d'adresse ; il faut plus de temps pour y devenir habile, il faut y apporter plus de peines et plus de soins. Ceux qui s'y distingueront seront donc autorisés à exiger de plus forts salaires ; et on sera forcé à les leur accorder, parce qu'étant en petit nombre ils auront moins de concurrents. On s'accoutumera à les voir dans une plus grande abondance des choses de première et de seconde nécessité ; et l'usage par conséquent leur donnera des droits à cette abondance. Ayant de plus grands talents et plus rares, il est juste qu'ils fassent aussi de plus grands profits.

C'est ainsi que les salaires, lorsqu'ils sont réglés, règlent à leur tour les consommations, auxquelles chacun a droit, suivant son état ; et alors on sait quelles sont les choses de première et de seconde nécessité qui appartiennent à chaque classe. Tous les citoyens ne partagent pas également les mêmes jouissances, mais tous subsistent de leur travail ; et, quoiqu'il y en ait de plus riches, aucun n'est pauvre. Voilà ce qui doit arriver dans une société civile, où l'ordre s'établit librement, d'après les intérêts respectifs et combinés de tous les citoyens. Remarquez que je dis librement.

Si je n'ai parlé dans ce chapitre que du salaire dû à l'artisan et au marchand, c'est qu'en faisant voir comment les prix se règlent au marché, j'ai suffisamment expliqué comment se règle le salaire du colon. Il suffit de remarquer ici que tous les citoyens sont salariés les uns à l'égard des autres. Si l'artisan et le marchand sont salariés du colon auquel ils vendent, le colon l'est à son tour de l'artisan et du marchand auxquels il vend, et chacun se fait payer de son travail.

Section 9
Des richesses foncières et des richesses mobilières

On distingue les productions de la terre en denrées et en matières premières. Les denrées sont les productions qui servent à notre subsistance et à celle des animaux que nous élevons. Les matières premières sont des productions qui peuvent prendre différentes formes, et par là devenir propres à divers usages.

Les productions considérées comme denrées ou comme matières premières, se nomment richesses foncières, parce qu'elles sont le produit des fonds de terre.

Les matières premières, travaillées, manufacturées, mises en œuvre, se nomment richesses mobilières, parce que les formes qu'on leur a fait prendre en font des meubles qui servent à nos besoins.

S'il n'y avait point de richesses foncières, il n'y aurait point de richesses mobilières ; ou, ce qui est la même chose, s'il n'y avait point de matières premières, il n'y aurait point de matières travaillées.

Les richesses foncières sont donc des richesses du premier ordre, ou des richesses sans lesquelles il n'y aurait point d'autres richesses.

Les richesses mobilières ne sont que du second ordre, puisqu'elles supposent les richesses foncières. Mais elles n'en sont pas moins des richesses, les formes qui donnent aux matières premières une utilité leur donnent une valeur.

A parler exactement, le colon ne produit rien, il dispose seulement la terre à produire.

L'artisan, au contraire, produit une valeur, puisqu'il y en a une dans les formes qu'il donne aux matières premières. Produire, en effet, c'est donner de nouvelles formes à la matière ; car la terre, lorsqu'elle produit, ne fait pas autre chose.

Mais parce que la terre, abandonnée à elle-même, nous laisserait souvent manquer des productions qui nous sont le plus nécessaires, on peut regarder comme produit du colon tout ce qu'il recueille sur les champs qu'il a cultivés.

Je dirai donc que le colon produit les richesses foncières et que l'artisan produit les richesses mobilières. Si le premier ne travaillait pas, nous manquerions de productions ; et si le second ne travaillait pas, nous manquerions de mobilier.

Nous avons vu que la valeur, fondée sur le besoin, croît dans la rareté et diminue dans l'abondance.

Les ouvrages de l'art ont donc plus de valeur, lorsqu'ils sont de nature à ne pouvoir être faits que par un petit nombre d'artisans, puisqu'alors ils sont plus rares ; et ils en ont moins, lorsqu'ils sont de nature à pouvoir être faits par un plus grand nombre d'artisans, puisqu'alors ils sont plus communs.

Leur valeur est la valeur même de la matière première, plus la valeur de la forme.

La valeur de la forme ne peut être que la valeur du travail qui la donne. Elle est le salaire dû à l'ouvrier.

Si on payait ce salaire avec des productions, on en donnerait à l'ouvrier autant qu'il a droit d'en consommer pendant tout le temps que dure son travail.

Lorsque l'ouvrage est fait, la valeur de la forme est donc équivalente à la valeur des productions que l'ouvrier est censé avoir consommées.

Ces productions ne sont plus. Mais, si on considère qu'elles ont été remplacées par d'autres, on jugera que la quantité des richesses foncières est la même, années communes.

Les richesses foncières ne se remplacent qu'autant qu'elles se détruisent. Produites pour être consommées, elles ne se reproduisent qu'en raison de la consommation ; et la quantité qui s'en consomme est déterminée par le besoin, besoin qui a des limites.

Étienne Bonnot de Condillac

Les richesses mobilières font plus que se remplacer, elles s'accumulent. Destinées à nous procurer toutes les jouissances dont nous nous sommes fait autant d'habitudes, elles se multiplient comme nos besoins factices, qui peuvent se multiplier sans fin. Ajoutez qu'elles sont en général d'une matière durable, qui souvent se conserve presque sans déchet.

Par le travail de l'artisan, les valeurs s'accumulent ; mais il a consommé en productions des valeurs équivalentes ; et par conséquent les richesses mobilières ne se multiplient qu'avec le secours des richesses foncières.

Le colon produit plus qu'il ne consomme. C'est avec son surabondant qu'il fait subsister ceux qui ne cultivent pas. Mais, comme nous l'avons dit, il n'accumule pas valeur sur valeur ; il ne fait que remplacer les productions à mesure qu'elles se détruisent ; et, par son travail, les richesses ou les productions sont toujours en proportion des quantités qui s'en consomment. L'artisan, au contraire, ajoute à la masse des richesses des valeurs équivalentes à la valeur des productions qu'il a consommées, et par son travail les richesses mobilières s'accumulent.

Section 10
Par quels travaux les richesses se produisent, se distribuent et se conservent

Nous venons de voir deux espèces de travaux. Les uns font naître les productions, les autres donnent aux matières premières des formes qui les rendent propres à divers usages, et qui, par cette raison, ont une valeur.

Si le colon travaille avec intelligence et avec assiduité, il multiplie les productions, et il en améliore les espèces.

Si l'artisan travaille avec la même intelligence et la même assiduité, il multiplie ses ouvrages, et il donne plus de valeur aux formes qu'il fait prendre aux matières premières.

Le colon et l'artisan s'enrichissent donc à proportion qu'ils travaillent plus, ou qu'ils travaillent mieux.

Le colon s'enrichit, parce qu'il produit plus qu'il ne peut consommer.

L'artisan s'enrichit, parce qu'en donnant des formes aux matières premières, il produit des valeurs équivalentes à toutes les consommations qu'il peut faire.

On dira sans doute que le colon et l'artisan ont des charges à payer, et je conviens que ces charges pourraient souvent les réduire à la misère. Mais, pour simplifier, je les suppose exempts de tout impôt. Nous traiterons ailleurs des subsides dû à l'état.

Tous les travaux ne sont pas également faciles.

Dans les plus faciles on a plus de concurrents, et on est réduit à de moindres salaires. Alors on consomme moins, ou même on ne consomme que l'absolu nécessaire. Si ce nécessaire ne manquait jamais, on serait riche par rapport à son état. Mais comment se l'assurer si on ne gagne pas au-delà ? Si, dans les jours de travail, on consomme tout son salaire, comment subsister dans les jours qu'on ne travaille pas ?

Dans les travaux plus difficiles, on a moins de concurrents, et on obtient des salaires plus forts. On pourra donc consommer davantage. On sera mieux nourri, mieux vêtu, mieux logé. Si on veut alors économiser, ou retrancher sur sa consommation, on aura au-delà, et on sera riche dans le vrai sens de ce mot.

Quand on écrit, on est continuellement arrêté, et précisément par les mots qui sont dans la bouche de tout le monde, parce que ce sont souvent ceux dont l'acception est le moins déterminée. Je dis donc qu'on n'est point riche absolument ; mais on l'est relativement à son état ; et, dans son état, on l'est relativement au pays et au siècle où l'on vit. Si Crassus revenait aujourd'hui avec les idées qu'il avait de ce qu'il nommait richesses, il trouverait bien peu d'hommes riches parmi nous.

Des hommes, qui ne gagneraient au jour le jour que l'absolu nécessaire, subsisteraient péniblement, et ne seraient pas riches, même relativement à leur état. Ils seraient toujours dans une situation forcée et précaire.

Pour être riche relativement à son état, il faut non seulement pouvoir économiser sur sa consommation, il faut encore n'être pas forcé à de plus grandes économies que ses égaux. Il faut qu'en travaillant autant et aussi bien, on puisse se procurer les mêmes

Étienne Bonnot de Condillac

jouissances.

À la naissance de chaque art, un nouveau genre de travail produit un nouveau genre de richesses, et nos richesses se multiplient et se varient comme nos besoins.

Aux arts mécaniques succèdent les arts libéraux. Ceux-là sont plus nécessaires, et cependant ceux-ci sont plus estimés. C'est que, pour peu qu'une chose soit jugée utile, elle a une grande valeur toutes les fois qu'elle est rare. Or les bons artistes sont infiniment moins communs que les bons artisans. Avec de plus forts salaires, ils peuvent donc consommer davantage, et acquérir plus de richesses. C'est ainsi que les colons, les artisans et les artistes entrent en partage des richesses qu'ils produisent.

Les marchands les font circuler. Si elles ne pouvaient sortir des lieux où elles surabondent, elles perdraient nécessairement de leur prix ; mais, par l'offre seule qu'ils font de les transporter aux lieux où elles manquent, ils leur conservent partout la même valeur. Ils ne produisent rien ; ils voiturent du producteur au consommateur ; et ils trouvent, dans le salaire qu'on accorde à leur travail, une plus grande part s'ils ont moins de concurrents, et une plus petite s'ils en ont un plus grand nombre.

Mais, pour se produire abondamment et pour circuler avec liberté, les richesses ont besoin d'une puissance qui protège le colon, l'artisan, l'artiste et le marchand.

Cette puissance se nomme souveraine. Elle protège, parce qu'elle maintient l'ordre au-dedans et au-dehors. Elle le maintient au-dedans par les lois qu'elle porte et qu'elle fait observer ; elle le maintient au-dehors par la crainte ou par le respect qu'elle inspire aux ennemis qui menacent l'état.

Un grand protège un simple particulier, parce qu'il le préfère, parce qu'il veut lui procurer des avantages, sans considérer qu'il nuit à d'autres, sans même craindre de leur nuire. Ce n'est pas ainsi que la puissance souveraine doit protéger. Il est important de remarquer et de ne pas oublier que sa protection se borne à maintenir l'ordre, et qu'elle le troublerait si elle avait des préférences.

Cette puissance a des travaux à faire. Elle en a comme puissance législative, comme puissance exécutive, comme puissance armée pour la défense de l'état ; et quoique, chez toutes les nations, le sacerdoce ne soit pas uni à l'empire, j'ajouterai comme puissance sacerdotale ; car le sacerdoce et l'empire doivent concourir au maintien de l'ordre, comme s'ils n'étaient qu'une seule et même puissance.

Il est dû un salaire aux travaux de la puissance souveraine. À ce titre elle entre en partage des richesses qu'elle ne produit pas ; et ce partage est grand, parce qu'il est en raison des services qu'elle rend, et que ses services demandent des talents qui ne sont pas communs. C'est sous sa protection que tous les arts fleurissent, et que les richesses se conservent et se multiplient.

Quand on considère les travaux qui produisent les richesses, ceux qui les font circuler, et ceux qui maintiennent l'ordre propre à les conserver et à les multiplier, on voit qu'ils sont tous nécessaires, et il serait difficile de dire quel est le plus utile. Ne le sont-ils pas tous également, puisque tous ont besoin les uns des autres ? En effet, quel est celui qu'on pourrait retrancher ?

Je conviens que, dans des temps de désordres, de grandes richesses deviennent le salaire de travaux souvent plus nuisibles qu'utiles. Mais, dans ma supposition, nous n'en sommes pas encore là. Je suppose que tout est dans l'ordre, parce que c'est par où il faut commencer. Le désordre ne viendra que trop tôt.

Or, quand tout est dans l'ordre, tous les travaux sont utiles. Il est vrai qu'ils répartissent inégalement les richesses ; mais c'est avec justice, puisqu'ils supposent des talents plus ou moins rares. Personne n'a donc à se plaindre, et chacun se met à sa place. Pour maintenir les citoyens dans une égalité parfaite, il faudrait leur interdire tout partage, tout talent, mettre leurs biens en commun, et les condamner à vivre, pour la plupart, sans rien faire.

Section 11
Commencement des villes

Nous avons distingué, dans notre peuplade, trois classes de citoyens ; des colons, des artisans et des marchands.

Je suppose que la première a eu jusqu'à présent la propriété de toutes les terres. Elle ne la conservera pas, du moins entièrement ;

et il viendra un temps où elle en cultivera la plus grande partie pour un petit nombre de citoyens qui se les seront appropriées.

Si nous considérons que, de génération en génération, les terres du père se partagent entre les enfants, nous jugerons qu'elles se diviseront souvent au point que les différentes portions ne suffiront plus à la subsistance de ceux à qui elles seront échues. Les propriétaires de ces portions seront donc réduits à les vendre, et ils songeront à subsister par quelque autre voie. Mille autres moyens plus prompts contribueront à cette révolution. Tantôt un colon négligent ou dissipateur sera forcé de vendre ses champs à un colon plus soigneux ou plus économe, qui fera continuellement de nouvelles acquisitions.

D'autres fois un propriétaire riche et qui n'a point d'enfants laissera toutes ses possessions à un autre propriétaire aussi riche ou plus riche que lui.

Enfin les marchands, que le négoce et l'économie auront enrichis, s'approprieront vraisemblablement peu-à-peu une partie des terres ; et on en peut dire autant des artisans qui auront fait de grands profits et de grandes épargnes. Mais il est inutile d'entrer à ce sujet dans plus de détails.

Les grands propriétaires régiront leurs terres par eux-mêmes, ou ils les donneront à régir.

Dans le premier cas, ils se chargent d'une partie des soins ; ils veillent au moins sur les cultivateurs, et ils trouvent dans les profits qu'ils font le prix ou le salaire de leur travail.

Dans le second, il faut qu'ils abandonnent ce salaire au régisseur, et qu'ils renoncent à une partie de leur revenu. C'est ce qu'ils feront toutes les fois qu'ils auront plus de terres qu'ils n'en pourront cultiver par eux-mêmes.

Ce régisseur est un fermier qui prend une terre à bail. Il lui est dû un salaire, qui se réglera comme tous les autres. Il lui faut sa subsistance, celle de sa famille, des ressources en cas d'accident, et un profit qu'il puisse mettre en réserve pour améliorer son état. Il réglera lui-même son salaire d'après l'usage. Il ne lui arrivera guères d'exiger beaucoup au-delà ; et il sera content toutes les fois que sa condition ne sera pas pire que celle des autres fermiers. Ces sortes de gens sont plus équitables qu'on ne pense : ils le seraient plus encore si on les vexait moins, et d'ailleurs la concurrence les force à l'être.

L'expérience apprend à ce fermier la quantité et la qualité des productions sur lesquelles il peut moralement compter, années communes, et il les estime d'après les prix courants des marchés. Sur ce produit, il prélève toutes les avances qu'il est obligé de faire annuellement, les contributions dues à l'état, son salaire, et, pour le surplus, il s'engage à donner au propriétaire une certaine quantité d'onces d'argent.

A mesure que cet usage s'établit, les propriétaires, qui ont affermé leurs possessions, s'en éloignent peu-à-peu pour se rassembler aux environs des marchés, où ils sont plus à portée de pourvoir à tous leurs besoins. Ce concours attire et fixe dans ce lieu des artisans et des marchands de toutes espèces, et il se forme une ville. Le reste de la campagne est semé des fermes : de distance en distance sont des villages habités par les colons dont les terres sont voisines, par les hommes de journée qui travaillent pour eux moyennant un salaire, et par les artisans dont le laboureur a un besoin journalier, maréchaux, charrons, etc. Si notre peuplade nombreuse occupe un pays étendu et fertile, il pourra se former des villes ou du moins des bourgs, partout où elle tiendra des marchés. Il se fait alors une révolution dans la manière de vivre.

Lorsqu'on habitait ses champs, chacun y vivait de ses productions ou de celles que ses voisins lui cédaient en échange ; et il était rare qu'on imaginât d'aller au loin en chercher d'une autre espèce.

Il n'en est pas de même lorsque les propriétaires, rassemblés dans des villes, se communiquent mutuellement les productions des différents cantons qu'ils ont habités. Alors il est naturel qu'ils veuillent tous jouir de toutes ces productions. Ils se font par conséquent de nouveaux besoins, et ils consomment plus qu'ils ne faisaient auparavant.

Les agréments de cette manière de vivre augmenteront l'affluence dans les villes. Les consommations croîtront dans la même proportion ; et il arrivera que les fermiers, plus assurés de vendre leurs récoltes, donneront plus de soin à l'agriculture. Il restera donc moins de friches, et les productions se multiplieront.

Le produit des terres ayant été augmenté, les propriétaires, au renouvellement des baux, augmenteront leurs revenus. Plus riches, ils chercheront à se procurer de nouvelles commodités. Leurs consommations, tout-à-la-fois plus grandes et plus variées, exciteront de plus en plus l'industrie, et par conséquent l'agriculture, les arts et le commerce fleuriront d'autant plus, que les nouveaux besoins qu'on s'est faits offriront de nouveaux profits au laboureur, à l'artisan et au marchand.

Pendant cette révolution, les productions et les consommations se balanceront continuellement ; et, suivant la proportion où elles seront entre elles, elles feront hausser et baisser tour-à-tour le prix de chaque chose. Si les consommations sont plus grandes, tout renchérira ; si ce sont au contraire les productions, tout sera moins cher. Mais ces variations auront peu d'inconvénients ; car la liberté entière dont jouit le commerce proportionnera bientôt les productions aux consommations, et mettra chaque chose aux prix qu'elle doit avoir. On peut déjà s'en convaincre d'après ce que j'ai dit sur la concurrence ; et j'en donnerai de nouvelles preuves lorsque je traiterai du vrai prix des choses.

Section 12
Du droit de propriété

Lorsqu'après l'établissement de notre peuplade, les terres eurent été partagées, chaque colon put dire : Ce champ est à moi, et il n'est qu'à moi. Tel est le premier fondement du droit de propriété.

Au temps de la récolte, chacun put dire encore : Si ce champ inculte était à moi, parce qu'il m'est tombé en partage, aujourd'hui qu'il est cultivé, il est à moi à plus d'un titre, puisque sa culture est mon ouvrage. Il est à moi avec tout son produit, parce que son produit est en même temps le produit de mon travail.

La propriété sur les terres est donc fondée tout-à-la-fois sur le partage qui en a été fait, et sur le travail qui les rend fertiles.

Lorsque dans la suite quelques colons eurent acquis plus de terre qu'ils n'en pouvaient cultiver par eux-mêmes, ils n'en furent pas moins fondés à regarder toutes ces terres comme à eux. La propriété leur en était assurée par la cession de ceux à qui elles avaient appartenu. Les usages reçus, ou les lois portées à cet effet, la leur assuraient encore. Or ces usages et ces lois sont le dernier fondement du droit de propriété. Il est même ordinaire de ne pas remonter plus haut.

Mais, s'ils continuaient d'avoir la propriété de toutes les terres, ils ne pouvaient plus avoir en entier la propriété de tout le produit, puisque ce produit était dû en partie au travail des hommes qu'ils avaient employés à la culture. Leurs valets et leurs journaliers devenaient donc copropriétaires de ce produit.

Dans cette copropriété, le colon a la plus grande part, parce qu'il fournit les fonds de terre, parce qu'il fait les avances, et parce qu'il travaille lui-même. Il n'est pas nécessaire qu'il laboure, il suffit qu'il veille sur les laboureurs : sa vigilance est son principal travail.

Le salaire qu'il est convenu de donner à ses valets ou journaliers, et qui se règle d'après l'usage, représente la part qu'ils ont au produit comme copropriétaires : ce salaire est toute leur propriété, et, lorsqu'il a été payé, tout le produit des champs appartient au colon.

Retiré dans une ville, le colon cesse de veiller par lui-même à la culture de ses terres. Alors il cède, sur le produit, une partie de sa propriété au fermier qui les régit, et cette partie est le salaire du fermier. Celui-ci fait la récolte ; il livre au colon la part convenue, et il acquiert un droit de propriété sur tout ce qui reste.

Dans cette régie, nous voyons un homme qui fournit le fonds, c'est le colon ; un entrepreneur qui se charge de veiller à la culture, c'est le fermier ; et des valets ou journaliers qui font les ouvrages. Nous remarquerons la même chose dans les grandes entreprises de toutes espèces. Veut-on établir une manufacture ? Un homme riche ou une compagnie fournit les fonds, un entrepreneur la conduit, et des ouvriers travaillent sous sa direction.

Par-là on voit comment, dans chaque profession, les citoyens se distribuent en différentes classes, et comment chacun d'eux trouve, dans son salaire, la part qu'il a, comme copropriétaire, au produit d'une entreprise.

Mais il n'est pas nécessaire de travailler dans une entreprise pour devenir copropriétaire du produit ; il suffit de travailler pour l'entrepreneur. Le cordonnier, par exemple, devient copropriétaire du produit d'une terre lorsqu'il travaille pour un colon, et il le devient

Étienne Bonnot de Condillac

du produit d'une manufacture lorsqu'il travaille pour un fabricant. C'est ainsi que tous les citoyens sont, chacun en raison de son travail, copropriétaires des richesses de la société, et cela est juste, puisque chacun, en raison de son travail, contribue à les produire.

Toutes ces propriétés sont sacrées. On ne pourrait pas, sans injustice, priver le fabricant de son bénéfice, ni l'ouvrier de son salaire. On ne pourrait donc pas forcer le colon à vendre ses grains au-dessous de leur valeur, comme on ne pourrait pas forcer ceux qui en ont besoin à les payer plus qu'ils ne valent. Ces vérités sont si simples, qu'on ne les remarquera peut-être pas, et qu'on sera même étonné que je les aie remarquées. Il sera pourtant nécessaire de s'en souvenir.

Nous avons vu comment le colon conserve une propriété sur des terres qu' il ne cultive plus lui-même. Mais on demandera s'il est borné à ne pouvoir être qu'usufruitier, ou s'il est autorisé à pouvoir disposer de ses terres même après lui.

Je réponds que, lorsque je défriche un champ, le produit des avances que je fais ne peut être qu'à moi. J'ai seul le droit d'en jouir : pourquoi donc, au moment de mourir, n'en céderai-je pas la jouissance ? Et comment la céderai-je, si je ne dispose pas du fonds ?

J'ai desséché des marais, j'ai élevé des digues qui mettent mes terres à l'abri des inondations, j'ai conduit des eaux dans des prairies qu'elles rendent fertiles ; j'ai fait des plantations dont le produit m'appartient, et dont cependant je ne jouirai pas ; en un mot, j'ai donné, à des terres sans valeur, une valeur qui est à moi tant qu'elle dure, et sur laquelle, par conséquent, je conserve des droits pour le temps où je ne serai plus. Reprenez ces terres dans l'état de friches où je les ai trouvées, et laisse-les-moi en culture et en valeur. Vous ne pouvez pas séparer ces deux choses. Convenez donc que j'ai droit de disposer de l'une comme de l'autre.

Si celui qui défriche un champ acquiert le droit d'en disposer après lui, il le transporte, avec ce droit, à celui à qui il le lègue ; et, de génération en génération, tout propriétaire jouit du même droit. Quel est l'homme qui s'occuperait des moyens de donner à une terre une valeur qu'elle n'aura qu'après lui, s'il ne lui est pas libre d'en disposer en faveur de ceux qu'il veut faire jouir ? Dira-t-on qu'on y sera porté par l'amour du bien ? Mais pourquoi ôter au citoyen un motif qui le déterminera plus sûrement, l'intérêt qu'il prend à ses enfants ou aux personnes qu'il aime ?

Nous avons traité de la valeur, des prix, des richesses ; les arts se sont multipliés, le commerce s'est étendu. Alors on sentit la nécessité d'apprécier, avec plus de précision, la valeur de chaque chose, et on trouva la monnaie. Ce sera le sujet des chapitres suivants.

Section 13
Des métaux considérés comme marchandises

L'or, l'argent et le cuivre sont les premiers métaux que les hommes ont connus. On les trouvait souvent à la surface de la terre sans les avoir cherchés. Les pluies, les inondations, mille accidents les découvraient : plusieurs rivières en charrient.

D'ailleurs ces métaux se reconnaissent assez facilement lorsqu'ils sont purs et sans mélange, ou que leur pureté est au moins peu altérée. C'est ce qui arrive toujours à l'or, souvent à l'argent ; et assez fréquemment au cuivre, quoique plus rarement.

La nature les offre pourvus de toutes leurs propriétés.

Il n'en est pas de même du fer. Quoiqu'il se trouve presque partout, on a d'autant plus de peine à le reconnaître, qu'il ne se montre ordinairement que sous la forme d'une terre dépouillée de toutes propriétés métalliques, et à laquelle il faut avoir appris à les rendre. Aussi le fer est-il de tous les métaux celui qui paraît avoir été connu le dernier.

Aujourd'hui le fer sert à tous les arts mécaniques. C'est à l'usage de ce métal que tous doivent leurs progrès, et plusieurs leur naissance. Il a été, pendant des siècles, inconnu même aux nations policées, qui y suppléaient avec du cuivre. Quant aux outils des Barbares, ils étaient et sont encore de bois, de pierre, d'os, et quelquefois d'or ou d'argent.

Je suppose que notre peuplade connaît l'or, l'argent, le cuivre et le fer, qu'elle a trouvé l'art de les travailler, et qu'elle les emploie à divers usages.

Dans cette supposition, ces métaux sont pour elle une marchandise qui a une valeur relative à ses besoins ; valeur qui hausse ou qui baisse, suivant qu'ils sont plus rares ou plus abondants, ou plu- tôt suivant l'opinion qu'elle a de leur rareté ou de leur abondance.

Lorsqu'ils sont bruts encore, ou tels que la nature les offre, ils ont une valeur. Ils en ont une autre lorsqu'ils ont été affinés, ou purifiés de tout corps étranger. Enfin, ils en ont une dernière lorsque le travail en a fait des outils, des armes, des vases, des ustensiles de toutes espèces ; et cette dernière valeur croît à proportion que ces ouvrages sont mieux imaginés, mieux travaillés, et mis en vente pur un plus petit nombre d'ouvriers.

Les métaux considérés comme matière première, ont donc une valeur ; et ils en ont une autre considérés comme matière travail- lée. Dans le premier cas, on estime le métal seul ; dans le second, on estime le métal et le travail.

Les métaux sont des marchandises nécessaires. Il faudra donc qu'il y ait dans la peuplade des hommes occupés à les chercher et à les affiner ; et il faudra que d'autres s'occupent à les travailler, puisqu'on a besoin des ouvrages dont ils sont la matière première.

Notre peuplade, dans les commencements peu recherchée, s'ha- billait avec des peaux cousues grossièrement : elle avait des sièges de bois, de pierre ou de gazon, et ses vases étaient des coquilles, des pierres ou des morceaux de bois creusés, ou des terres, d'abord pétries, et ensuite desséchées au soleil, ou cuites au feu.

Chaque colon pouvait faire, pour son compte, tous ces ustensiles, dont la matière première était sous sa main, et dont le travail n'était ni long ni difficile.

Si quelques-uns, plus laborieux, en faisaient une plus grande quantité qu'il ne leur en fallait, ces ustensiles surabondants, portés au marché, avaient aussi peu de valeur pour ceux à qui on pro- posait de les acheter que pour ceux qui offraient de les vendre. Puisque je suppose que chaque colon se procurait par lui-même tous ceux dont il avait besoin, il est évident que ceux qu'on mettait en vente étaient un surabondant dont la peuplade ne pouvait faire aucun usage. Mais, s'il se trouvait des colons qui n'eussent pas eu le loisir d'en faire assez pour leurs besoins, alors ces ustensiles de- viendraient une marchandise dont la valeur serait en proportion de leur quantité comparée à la quantité nécessaire aux colons qui en voudraient acheter.

Ces ustensiles, grossièrement faits, entreraient donc pour peu de chose dans les échanges ; et ils ne deviendront véritablement un objet de commerce, qu'autant que, travaillés avec plus d'art, ils seront plus commodes et plus durables. Alors ils auront une valeur d'autant plus grande, que les colons, qui n'auront ni le loisir ni l'adresse de les faire, seront en plus grand nombre.

Les entrepreneurs qui se chargent de ce travail sont ceux que nous avons nommés artisans. Ils se multiplieront suivant le besoin de la peuplade, et la concurrence réglera le prix de leurs ouvrages ; plus ils seront en grand nombre, plus ils seront forcés à les livrer au rabais les uns des autres, et ils les donneront chacun au plus bas prix possible.

Tous les ustensiles dont je viens de parler sont faits d'une matière que je suppose abondante, sous la main de tout le monde, qui a par elle-même peu de valeur, et le travail seul en fait presque tout le prix.

Il n'en est pas de même des ouvrages de métal. Les métaux sont rares, Il faut du temps et des soins pour les trouver. Il faut ensuite les affiner. Enfin il faut les mettre en œuvre. Ils deviennent donc un objet de commerce aussitôt qu'on les connaît, et qu'on juge pouvoir les employer à divers usages. Non seulement ils sont une marchandise lorsqu'ils sortent des mains de l'artisan ; ils en sont déjà une lorsqu'on vient de les tirer de la mine.

Si on ignorait les usages auxquels les métaux sont propres, ils seraient tout-à- fait inutiles, et on ne les rechercherait pas. On les laisserait parmi les pierres et les terres, où ils resteraient sans valeur.

Mais, dès qu'on en connaît l'utilité, on les recherche ; et on les recherche d'autant plus, qu'étant plus rares, ils deviennent un objet de curiosité. Alors ils acquièrent une nouvelle valeur, et cette valeur est en proportion avec le nombre des curieux.

Estimés comme rares et comme objets de curiosité, ils serviront bientôt à l'ornement, et ce nouvel usage leur donnera encore un nouveau prix.

De tout ce que nous avons dit, il faut conclure que les métaux ne sont une marchandise que parce qu'on en peut faire divers ouvrages, les rechercher par curiosité, et les employer à l'ornement.

Étienne Bonnot de Condillac

Or c'est parce qu'ils sont marchandise qu'ils sont devenus monnaie. Voyons la révolution qu'ils ont produite dans le commerce.

Section 14
Des métaux considérés comme monnaie

Lorsque, dans les chapitres précédents, j'ai supposé des mesures, c'était uniquement pour parler avec plus de précision de la valeur respective des choses qu'on échangeait. Il paraît qu'à l'origine des sociétés les peuples n'en avaient point ; aujourd'hui plusieurs n'en ont pas même encore. C'est qu'on se contente de juger à l'œil de la quantité des choses, toutes les fois qu'on n'est pas intéressé à y regarder de près.

Transportons-nous au temps où les colons, faute de marchands, échangeaient entre eux le surabondant de leurs denrées, et observons-en deux ; l'un qui a un surabondant de blé, et à qui il manque une certaine quantité de vin ; l'autre qui a un surabondant de vin, et à qui il manque une certaine quantité de blé. Pour simplifier, je suppose qu'ils sont d'ailleurs pourvus, l'un et l'autre, de tout ce qui leur est nécessaire.

Dans cette supposition, il est évident que celui qui a du blé à livrer ne regardera de près, ni à la grandeur des sacs, ni au nombre. Comme ce blé, s'il lui restait, n'aurait point de valeur pour lui, il le croit bien payé lorsqu'il se procure, par un échange, tout le vin dont il a besoin.

Celui qui a un surabondant de vin raisonne de la même manière. Ils échangent donc sans mesurer : en effet, il leur suffit de juger à l'œil, l'un de la quantité de vin qu'il lui faut, l'autre de la quantité de blé.

Il n'en est pas de même lorsque les colons font leurs échanges par l'entremise des marchands. Comme ceux-ci veulent tout-à-la-fois faire un profit et sur celui de qui ils achètent, et sur celui à qui ils revendent, ils ont un intérêt à juger, avec plus de précision, de la quantité des choses. Ils imagineront, par conséquent, des mesures pour s'assurer de ce qu'ils gagnent à chaque fois qu'ils achètent et qu'ils revendent.

Or, quand au lieu de juger des choses sur des à-peu-près, on se sera fait une habitude de les mesurer, alors on supposera qu'il en est de leur valeur comme de leur quantité pour laquelle on a une mesure fixe. On sera d'autant plus porté à le supposer, que les valeurs paraîtront varier comme les mesures. On commencera donc à se faire des idées fausses. On parlera de valeur et de prix, sans se rendre compte de ce qu'on dit : on oubliera que les idées qu'on s'en fait ne peuvent être que relatives, et on supposera qu'elles sont absolues.

Ce sont les marchands qui auront surtout donné lieu à cette méprise : intéressés à estimer les choses avec plus de précision, ils paraissaient leur donner une valeur absolue. Cette mesure vaut tant, disaient-ils, et, dans ce langage, on ne voyait plus d'idée relative.

D'ailleurs ils ne se trouvaient pas dans le même cas que les colons qui, dans le temps où ils faisaient immédiatement leur commerce, n'attachaient de valeur au surabondant, qu'autant qu'ils pouvaient, en le livrant, se pourvoir des denrées dont ils avaient besoin.

Le surabondant dont les marchands font commerce a été celui des colons qui le leur ont livré. Mais, pour eux, ce n'est pas un surabondant ; c'est une chose utile dont ils attendent un profit. En conséquence, ils l'apprécient le plus qu'ils peuvent ; et, plus ils affectent de l'apprécier, plus ils paraissent lui donner une valeur absolue. Les métaux, employés comme monnaie, contribuèrent surtout à cette illusion.

Le fer se détruit : l'action seule de l'air, pour peu qu'il y ait d'humidité, le décompose peu-à-peu. Le cuivre se détruit encore. Il n'y a que l'or et l'argent qui se conservent sans déchet.

Chacun de ces métaux a une valeur, qui est en raison de sa rareté, de ses usages, de sa durabilité. L'or a plus de valeur que l'argent ; l'argent en a plus que le cuivre ; et le cuivre en a plus que le fer.

Sans doute il n'a pas été possible d'apprécier toujours exactement la valeur relative et proportionnelle de ces métaux, d'autant plus que cette proportion devait varier toutes les fois que quelques-uns devenaient plus rares ou plus abondants. On les estimait à-peu-près, tantôt plus, tantôt moins, suivant la quantité qu'il en paraissait dans le commerce. Un métal avait plus de valeur lorsqu'il y en avait peu en vente, et qu'on demandait d'en acheter beaucoup. Il en avait moins dans le cas contraire. Nous traiterons ailleurs de leur valeur respective.

Dès qu'il fut reconnu que les métaux ont une valeur, on trouva commode de donner un morceau de métal en échange de ce qu'on achetait ; et, à mesure que cet usage s'établit, les métaux devinrent la mesure commune de toutes les valeurs. Alors un marchand ne fut plus obligé de charrier du vin ou quelque autre denrée chez un colon qui avait du blé à vendre : il lui donnait un morceau de métal ; et ce colon, avec ce même métal, achetait les choses qui lui étaient nécessaires.

Le fer était le moins propre à cet usage. Comme il dépérit journellement, celui qui l'aurait reçu en échange aurait chaque jour fait une perte. D'ailleurs on ne s'est accoutumé à se servir des métaux comme mesure commune, que parce qu'ils facilitent le commerce. Or le fer le facilitait moins que tous les autres, parce qu'étant celui qui a le moins de valeur, il aurait fallu le charrier par grandes quantités.

Le cuivre, qui se conserve mieux, et qui a plus de valeur, méritait la préférence. Toutes les nations en font usage ; cependant comme sa valeur est encore fort bornée, il n'est commode que lorsqu'on achète en détail des choses de peu de prix.

C'étaient donc l'or et l'argent qui devaient surtout être choisis pour servir de mesure commune. Ils sont indestructibles : ils ont une grande valeur ; elle se retrouve proportionnellement dans chaque partie ; et par conséquent on peut trouver, dans chaque portion, suivant qu'elle est plus grande ou plus petite, une mesure de quelque espèce de valeur que ce soit.

Ce n'est donc pas d'après une convention que l'or et l'argent ont été introduits dans le commerce, comme moyen commode pour les échanges : ce n'est pas arbitrairement qu'on leur a donné une valeur. Ils ont, comme toute autre marchandise, une valeur fondée sur nos besoins, et, parce que cette valeur, plus grande ou plus petite, suivant la quantité de métal, ne dépérit point, ils sont, par cela seul, devenus la mesure de toutes les autres, et la plus commode.

Nous avons vu que le commerce augmente la masse des richesses, parce qu'en facilitant et multipliant les échanges, il donne de la valeur à des choses qui n'en avaient pas. Nous voyons ici qu'il doit encore augmenter cette masse, quand il a, dans l'or et dans l'argent, considérés comme marchandises, une mesure commune de toutes les valeurs, puisqu'alors les échanges se facilitent et se multiplient de plus en plus.

Mais il fallait que cette mesure elle-même fût d'un certain poids fixe et déterminée. Cependant il est vraisemblable que, dans les commencements, on jugeait du volume à l'œil, et du poids à la main. Cette règle, peu sûre, occasionna sans doute des lésions et des plaintes. On sentit la nécessité de les prévenir : on s'en occupa, et on imagina des balances pour peser les métaux.. Alors une once d'argent, par exemple, fut le prix d'un septier de blé ou d'un tonneau de vin.

Cette innovation acheva de brouiller toutes les idées sur la valeur des choses. Quand on crut en voir le prix dans une mesure qui, telle qu'une once d'or ou d'argent, était toujours la même, on ne douta pas qu'elles n'eussent une valeur absolue, et on ne se fit plus, à ce sujet, que des idées confuses.

Il y avait néanmoins un grand avantage a pouvoir déterminer le poids de chaque portion d'or et d'argent ; car si auparavant ce que nous appelons prix était une estime vague et sans précision, on conçoit qu'on dut trouver dans ces métaux, divisés et pesés, le prix plus exact de toutes les autres marchandises, ou une mesure plus sûre de leur valeur.

C'est comme marchandise que l'or et l'argent avaient cours, lorsque l'acheteur et le vendeur étaient réduits à peser la quantité qu'il en fallait livrer pour prix d'une autre marchandise. Cet usage, qui a été général, subsiste encore à la Chine et ailleurs.

Cependant il y avait de l'inconvénient à être dans la nécessité de prendre toujours la balance, et ce n'était pas le seul : il fallait encore s'assurer du degré de pureté des métaux, degré qui en change la valeur.

L'autorité publique vint au secours du commerce ; elle fit faire l'essai de l'or et de l'argent qui avaient cours : elle en détermina ce qu'on appelle le titre, c'est-à-dire, le degré de pureté. Elle en fit ensuite différentes portions qu'elle pesa ; et elle imprima sur chacune une marque qui en attestait le titre et le poids.

Étienne Bonnot de Condillac

Voilà la monnaie. On en connaît la valeur à la seule inspection. Elle prévient les fraudes ; elle met plus de confiance dans le commerce, et par conséquent elle le facilite encore.

La monnaie d'or et d'argent n'aurait pas été commode pour les petits achats qu'on fait journellement : il aurait fallu la diviser en petites parties qu'on eût à peine maniées. C'est ce qui a introduit la monnaie de cuivre. Celle-ci paraît même avoir été la première en usage ; elle suffisait lorsque les peuples n'avaient à échanger que des choses de peu de valeur.

En devenant monnaie, les métaux n'ont pas cessé d'être marchandise : ils ont une empreinte de plus et une nouvelle dénomination ; mais ils sont toujours ce qu'ils étaient, et ils n'auraient pas une valeur comme monnaie, s'ils ne continuaient pas d'en avoir une comme marchandise. Cette observation n'est pas aussi inutile qu'elle pourrait le paraître ; car on dirait, aux raisonnements qu'on fait communément sur la monnaie, qu'elle n'est pas une marchandise, et que cependant on ne sait pas trop ce qu'elle est.

La monnaie d'or et d'argent fait voir qu'il y a dans le commerce des choses de grand prix. Elle est donc une preuve de richesse. Mais ce n'est pas en raison de sa quantité : car le commerce peut se faire avec moins comme avec plus. Si elle était huit fois plus abondante, elle aurait huit fois moins de valeur, et il en faudrait porter au marché un marc au lieu d'une once : si elle était huit fois plus rare, elle aurait huit fois plus de valeur, et il n'en faudrait porter qu'une once au lieu d'un marc. Elle est donc une preuve de richesse, par cela seul qu'elle est en usage. C'est qu'ayant une grande valeur par elle-même, elle prouve qu'il y a dans le commerce des choses qui ont aussi une grande valeur. Mais, si elle devenait aussi commune que le cuivre, elle perdrait de sa valeur, et alors elle pourrait, dans les échanges, servir de mesure aux nations qui nous paraissent les plus pauvres. Lorsque nous traiterons de la circulation de l'argent, nous verrons comment on juge de son abondance et de sa rareté.

Employés comme monnaie, l'or et l'argent eurent un nouvel usage, une nouvelle utilité. Ces métaux acquirent donc une nouvelle valeur. Une abondance d'or et d'argent est donc une abondance de choses qui ont une valeur, et par conséquent une richesse.

Mais, quelque valeur qu'on attache à l'or et à l'argent, ce n'est point dans l'abondance de ces métaux qu'est la richesse première et principale. Cette richesse n'est que dans l'abondance des productions qui se consomment. Cependant, parce qu'avec de l'or et de l'argent on peut ne manquer de rien, on s'accoutume bientôt à regarder ces métaux comme l'unique richesse, ou du moins comme la principale, c'est une erreur. Mais ce serait une autre erreur de dire qu'une abondance d'or et d'argent n'est pas une vraie richesse. Il faut se borner à distinguer des richesses de deux espèces.

Je remarquerai, en finissant ce chapitre, que ceux qui considèrent les monnaies comme signes représentatifs de la valeur des choses, s'expriment avec trop peu d'exactitude, parce qu'ils paraissent les regarder comme des signes choisis arbitrairement, et qui n'ont qu'une valeur de convention. S'ils avaient remarqué que les métaux, avant d'être monnaie, ont été une marchandise, et qu'ils ont continué d'en être une, ils auraient reconnu qu'ils ne sont propres à être la mesure commune de toutes les valeurs, que parce qu'ils en ont une par eux-mêmes, et indépendamment de toute convention.

Section 15
Que l'argent, employé comme mesure des valeurs, a fait tomber dans des méprises sur la valeur des choses

Nous avons remarqué que, lorsque le commerce se fait par l'échange des choses dont on surabonde, chacun donne une chose qui n'a point de valeur par rapport à lui, parce qu'il n'en peut faire aucun usage, pour une chose qui a une valeur par rapport à lui, parce qu'il en peut faire usage, et que, par conséquent, chacun donne moins pour plus. Or c'est ainsi qu'il eût été naturel de juger toujours des valeurs, si on eût toujours commercé par échanges et sans argent monnayé.

Mais, lorsque l'argent eut été pris pour mesure commune des valeurs, il fut également naturel de juger qu'on donnait, dans les échanges, valeur égale pour valeur égale, toutes les fois que les choses qu'on échangeait étaient estimées égales en valeur chacune à une même quantité d'argent.

On voyait que, par le moyen de l'argent, on pouvait déterminer, avec quelque précision ? une valeur respective entre deux quantités de nature différente, entre une quantité de blé, par exemple, et une quantité de vin. Dès-lors on ne vit plus, dans ces valeurs respectives, que la quantité d'argent qui en était la mesure : on fit abstraction de toute autre considération ; et, parce que cette quantité était la même, on jugea qu'on donnait dans les échanges valeur égale pour valeur égale.

Cependant lorsque je vous livre une quantité de blé, appréciée dix onces d'argent, pour recevoir de vous une quantité de vin de même prix, il n'est pas sûr que cet échange soit également avantageux pour vous et pour moi, quoique ces deux quantités paraissent l'équivalent l'une de l'autre.

En effet, si le blé que je vous ai livré m'est absolument nécessaire, et que le vin que vous m'avez donné soit surabondant pour vous, l'avantage sera de votre côté, et le désavantage du mien. Il ne suffit donc pas de comparer quantité en argent à quantité en argent, pour juger qui gagne de vous ou de moi. Il y a encore une considération qui doit entrer dans le calcul ; c'est de savoir si nous échangeons tous deux un surabondant pour une chose nécessaire, En pareil cas, l'avantage est égal pour l'un et pour l'autre, et nous donnons chacun moins pour plus ; dans tout autre, il ne peut être égal, et un de nous deux donne plus pour moins.

Nous avons remarqué que, dans les échanges, les choses sont réciproquement le prix les unes des autres. Nous remarquerons ici que si l'argent est la mesure de la valeur des choses qu'on achète, la valeur des choses qu'on achète est réciproquement la mesure de la valeur de l'argent. Supposer, par exemple, qu'avec six onces d'argent on peut acheter un muid de blé, n'est-ce pas supposer qu'un muid de blé est la mesure de la valeur de six onces d'argent ?

Quand donc on a pris l'argent pour mesure commune de toutes les valeurs, c'est uniquement, comme nous l'avons vu, parce qu'il est, de tous les effets commerçables, le plus propre à cet usage ; et cela ne suppose pas qu'il ne puisse avoir lui-même pour mesure la valeur des choses contre lesquelles on échange. Au contraire, il est évident que la valeur de ce qu'on achète est toujours la mesure de la valeur de l'argent qu'on donne.

Mais dès qu'on a eu pris l'argent pour mesure commune, on l'a bientôt regardé comme mesure absolue ; c'est-à-dire, comme une mesure qui est mesure par elle. même, indépendamment de toute relation, ou comme une chose qui, par sa nature mesure toutes les autres, et n'est mesurée par aucune. Cette méprise ne pouvait manquer de répandre beaucoup de confusion Aussi a-t-elle fait voir une valeur égale dans les choses qu'on échange, et on a fait de cette valeur égale un principe de commerce.

Cependant, si ce que je vous offre était égal pour vous en valeur, ou, ce qui est la même chose, en utilité, à ce que vous m'offrez ; et si ce que vous m'offrez était égal pour moi à ce que je vous offre, nous resterions l'un et l'autre avec ce que nous avons, et nous ne ferions point d'échange. Quand nous en faisons, nous jugeons donc vous et moi que nous recevons chacun plus que nous ne donnons, ou que nous donnons moins pour plus.

Rappelons-nous le temps où les Européens commençaient à commercer en Amérique, et où, pour des choses auxquelles nous attachons peu de valeur, ils en recevaient d'autres auxquelles nous attachons la plus grande.

On conviendra que, suivant notre façon de penser, ils donnaient moins pour plus, lorsqu'ils donnaient un couteau, une épée ou un miroir pour un lingot d'argent, ou pour un lingot d'or. Mais on ne pourra pas disconvenir que l'Américain ne donnât aussi moins pour plus, lorsqu'il donnait, par exemple, un lingot d'or pour un couteau : car il donnait une chose à laquelle, dans son pays, on n'attachait point de valeur, parce qu'elle y était inutile, pour une chose à laquelle on attachait une valeur, parce qu'elle y était utile.

On disait alors que les Américains ne connaissaient pas le prix de l'or et de l'argent. On parlait comme si ces métaux devaient avoir une valeur absolue. On ne songeait pas qu'ils n'en ont qu'une relative aux usages de l'homme ; et que, par conséquent, ils n'en ont point pour un peuple qui n'en fait rien.

L'inégalité de valeur, suivant les usages et les opinions des peuples, voilà ce qui a produit le commerce, et ce qui l'entretient, parce que c'est là ce qui fait que, dans les échanges, chacun a l'avantage de donner moins pour plus.

Cependant, parce qu'on n'est pas porté à croire que l'argent puisse être surabondant, en quelque quantité qu'on en ait. On aura de la peine à comprendre que, lorsqu'on en donne pour une chose qu'on achète, on ait l'avantage de donner moins pour plus, surtout si la chose est ce qu'on appelle chère. Voyons donc comment l'argent peut être considéré comme chose nécessaire, ou comme chose surabondante.

Tout votre bien est en terre, et vous avez des denrées de toutes espèces, plus que vous n'en pouvez consommer. Il est évident qu'en livrant les denrées surabondantes à votre consommation, vous abandonnez une chose qui vous est inutile ; et, que pour peu que vous trouviez d'utilité dans ce que vous aurez reçu en échange, vous aurez donné moins pour plus.

Je n'ai que des rentes, et tout mon revenu est en argent. Or je ne puis pas subsister avec cet argent, comme vous avec vos denrées. Il m'est donc inutile par lui-même, et il le serait toujours, si je ne trouvais pas à l'échanger avec vous ou avec quelque autre. Quand je le livre, j'abandonne donc une chose qui m'est inutile pour une chose qui m'est nécessaire, et je donne moins pour plus. Mais nous nous trouvons dans des positions bien différentes : car, dans le produit de vos terres, il n'y a d'inutiles pour vous que les denrées surabondantes à votre consommation ; au lieu que, dans le produit de mes rentes, si je ne trouve pas à l'échanger, tout est inutile pour moi, puisque il n'y a rien pour ma consommation.

L'argent, inutile par lui-même, parce qu'avec l'argent seul on ne saurait subsister, ne devient donc utile que parce qu'ayant été choisi pour mesure commune de toutes les valeurs, il est reçu pour prix des choses qu'on achète.

Or la quantité d'argent qu'il me faut pour me fournir de toutes les choses nécessaires à ma subsistance est pour moi ce que sont pour vous les denrées que vous êtes obligé de réserver pour subsister vous-même. Si je livrais cet argent pour des choses inutiles à ma consommation, je ferais un échange désavantageux ; je donnerais une chose nécessaire pour une chose inutile, je donnerais plus pour moins.

Mais l'argent qui me reste, lorsque j'ai mis à part tout celui qui est nécessaire à ma subsistance, est un surabondant pour moi, comme les denrées, que vous ne devez pas consommer, en sont un pour vous.

Or, plus je suis assuré de subsister conséquemment aux besoins

56

que je me suis faits, moins ce surabondant en argent a de valeur pour moi. Je n'y regarderai donc pas de fort près, et, lors même que j'en donnerai pour des frivolités dont je voudrai essayer la jouissance, je croirai donner moins pour plus.

Il en sera de même pour vous, lorsque, après avoir fait une provision abondante de productions de toutes espèces, il ne pourra rien manquer à votre subsistance. Alors ce qui vous restera est un surabondant que vous donnerez volontiers pour une frivolité qui paraîtra n'avoir point de valeur.

Il arrivera de-là que la valeur des choses nécessaires sera toujours mieux appréciée que la valeur des choses superflues, et ces valeurs ne seront point en proportion l'une avec l'autre. Le prix des choses nécessaires sera très bas par comparaison au prix des choses superflues, parce que tout le monde est intéressé à les apprécier au plus juste. Au contraire, le prix des choses superflues sera très-haut par comparaison au prix des choses nécessaires, parce que ceux-mêmes qui les achètent ne sont pas intéressés à les estimer avec précision. Mais enfin, à quelque prix qu'on les achète, ou quelque chères qu'elles paraissent, celui qui les paie avec un argent surabondant est toujours censé donner moins pour plus.

Section 16
De la circulation de l'argent

Chaque année, aux temps marqués, les fermiers apportent dans les villes le prix entier de leurs baux : chaque jour de marché, ils vendent quelques denrées ; et par conséquent ils reportent, en détail, dans leur village, les sommes qu'ils ont payées aux propriétaires.

Le marchand, dans le cours de l'année, reçoit en détail le prix des marchandises qu'il a achetées en gros ; et l'artisan, qui a acheté en gros les matières premières, les revend en détail lorsqu'il les a travaillées. Ainsi les ventes remboursent journellement, par de petites sommes, les grosses sommes qui ont été employées à de gros paiements ou à de gros achats ; et, ce remboursement fait, on paie ou on achète encore avec de grosses sommes pour se rembourser en détail par de nouvelles ventes.

Étienne Bonnot de Condillac

L'argent se distribue donc continuellement, pour se ramasser ensuite comme dans des réservoirs, d'où il se répand par une multitude de petits canaux, qui le reportent dans les premiers réservoirs, d'où il se répand de nouveau, et où il se reporte encore. Ce mouvement continuel, qui le ramasse pour le distribuer, et qui le distribue pour le ramasser, est ce qu'on nomme circulation.

Est-il nécessaire de remarquer que cette circulation suppose qu'à chaque mouvement que fait l'argent il se fait un échange ; et que, lorsqu'il se meut sans occasionner d'échange, il n'y a point de circulation ? L'argent, par exemple, qui vient des impôts, a passé par bien des mains avant d'arriver dans le trésor du souverain. Mais ce n'est pas là une circulation ; ce n'est qu'un transport, et souvent un transport fort dispendieux. Il faut que, par la circulation, l'argent se transforme en quelque sorte dans toutes les choses qui sont propres à entretenir la vie et la force dans le corps politique. Celui qui provient de l'impôt ne commence donc à circuler que lorsque le souverain l'échange contre des productions ou contre des travaux.

Tout l'argent qui est dans le commerce circule des réservoirs dans les canaux, et des canaux dans les réservoirs. Si quelque obstacle suspend cette circulation, le commerce languit.

Je dis tout l'argent qui est dans le commerce, et je ne dis pas tout celui qui est dans l'État. Il y en a toujours une certaine quantité qui ne circule point ; tel est celui qu'on met en réserve pour avoir une ressource en cas d'accident, ou pour améliorer quelque jour sa condition ; telles sont encore les épargnes des avares qui retranchent sur leur nécessaire.

Cet argent ne circule point actuellement ; mais il importe peu qu'il y en ait plus ou moins dans la circulation : le grand point est qu'il circule librement.

Nous avons vu que l'argent n'est une mesure des valeurs que parce qu'il en a une lui-même ; que, s'il est rare, il en a une plus grande, et qu'il en a une plus petite, s'il est abondant.

Qu'il y ait donc dans le commerce le double d'argent, on donnera pour une marchandise deux onces de ce métal au lieu d'une ; et qu'il y en ait la moitié moins, on n'en donnera qu'une demi-once au lieu d'une once entière. Dans le premier cas, un propriétaire qui affermait sa terre cinquante onces, l'affermera cent ; et, dans le second, il l'affermera vingt-cinq. Mais, avec cent onces, il ne fera que ce qu'il faisait avec cinquante ; comme, avec cinquante, il ne fera que ce qu'il faisait avec vingt-cinq. Ce serait donc une illusion à lui de se croire plus riche dans un de ces cas que dans l'autre. Son revenu est toujours le même, quoique le numéraire en soit plus ou moins grand. Qu'on le compte par cent onces, par cinquante, par vingt-cinq, on n'y change rien ; puisqu'avec ces différentes manières de compter, on ne peut jamais faire que les mêmes consommations.

On voit donc qu'il est assez indifférent qu'il y ait beaucoup d'argent, et qu'il serait même avantageux qu'il y en eût moins. En effet, le commerce se ferait plus commodément. Quel embarras ne serait-ce pas si l'argent était aussi commun que le fer ?

C'est de la terre cultivée que sortent toutes les productions. On peut donc regarder les fermiers comme les premiers réservoirs de tout l'argent qui circule.

Il s'en répand une partie sur les terres pour les frais de la culture ; une autre partie, en différentes fois, est portée peu-à-peu dans les villes, où les fermiers achètent les matières travaillées qu'ils ne trouvent pas dans leurs villages. Enfin une dernière y est apportée, en grosses sommes, pour le paiement des baux.

Les propriétaires sont donc d'autres réservoirs d'où l'argent se répand parmi les artisans qui travaillent pour eux, parmi les marchands chez qui ils achètent, et parmi les fermiers qui viennent à la ville vendre leurs denrées.

Le marchand, qui se propose de faire de gros achats, devient à son tour un réservoir, à mesure qu'il débite sa marchandise, et il en est de même de l'artisan qui a besoin d'amasser afin de pouvoir faire provision de matières premières.

Je conviens que le marchand et l'artisan peuvent acheter à crédit, pour payer ensuite à différents termes. Mais soit qu'ils paient en achetant, soit qu'ils ne paient qu'après, il faut nécessairement qu'ils prélèvent chaque jour sur ce qu'ils vendent, s'ils veulent ne pas manquer à leurs engagements. C'est donc pour eux une nécessité d'amasser.

Il serait avantageux que l'usage du crédit s'établit, parce qu'alors un marchand et un artisan pourraient, sans argent, avoir un fonds, l'un de marchandises, l'autre de matières premières ; et que par conséquent un plus grand nombre d'hommes industrieux concourraient aux progrès du commerce. Il faut pour cela que la bonne foi amène la confiance. C'est ce qui arrive surtout dans les républiques qui ont des mœurs, c'est-à-dire, de la simplicité et de la frugalité.

Le marchand et l'artisan ne peuvent rien sans argent, ou du moins sans crédit. Il n'en est pas de même des fermiers. Si l'un ou l'autre leur est nécessaire pour les choses qu'ils achètent à la ville, ils n'en ont pas le même besoin pour fournir aux frais de la culture, parce qu'ils peuvent payer avec le grain qu'ils récoltent, avec les boissons qu'ils font, avec les bestiaux qu'ils élèvent, tous les habitants de la campagne qui travaillent pour eux. L'usage règle les salaires qu'ils doivent, et les denrées qu'ils livrent sont évaluées sur le prix du marché.

Ainsi on ne dépense point d'argent dans les campagnes, ou on en dépense peu ; et, comme on n'en peut gagner d'un côté qu'autant qu'il s'en dépense de l'autre, il doit arriver que ceux qui travaillent pour les fermiers gagnent peu d'argent, ou n'en gagnent point du tout. L'argent circule donc moins dans les campagnes qu'ailleurs.

Il résulte de-là que les villes sont, en dernière analyse, les grands réservoirs de la circulation où l'argent entre, et d'où il sort par un mouvement qui se soutient, ou qui se renouvelle continuellement.

Supposons que la moitié de notre peuplade habite la ville, où nous avons vu que les propriétaires font une consommation plus grande que celle qu'ils faisaient dans leurs villages, et où, par conséquent, on consommera plus de la moitié du produit des terres.

Evaluons, pour fixer nos idées, le produit de toutes les terres à deux mille onces d'argent. Dans cette supposition, puisque les habitants de la ville consomment plus de la moitié des productions, ils auront besoin de plus de mille onces d'argent pour acheter toutes les choses nécessaires à leur subsistance. Je suppose qu'il leur en faut douze cents, et je dis que, si cette somme leur suffit, elle suffira pour entretenir le commerce dans toute la peuplade. C'est qu'elle passera aux fermiers pour revenir aux propriétaires ; et, comme cette révolution ne s'achèvera que pour recommencer, ce sera toujours avec la même quantité d'argent que les échanges se feront dans la ville et dans les campagnes. De-là on pourrait conjecturer que la quantité d'argent nécessaire au commerce dépend principalement de la quantité des consommations qui se font dans les villes ; ou que cette quantité d'argent est à-peu-près égale à la valeur des productions que les villes consomment.

Il est au moins certain qu'elle ne saurait être égale en valeur au produit de toutes les terres. En effet, quoique nous ayons évalué ce produit à deux mille onces d'argent, il ne suffirait pas de donner à notre peuplade ces deux mille onces, pour lui donner en argent une valeur égale au produit de toutes ses terres. L'argent perdrait d'autant plus de sa valeur qu'il serait plus commun : les deux mille onces n'en vaudraient que douze cents. C'est donc en vain qu'on mettrait dans le commerce une plus grande quantité d'argent. Cette quantité, quelle qu'elle fût, ne pourrait jamais avoir qu'une valeur égale à-peu-près à la valeur des productions qui se consomment dans les villes.

En effet, comme les richesses des campagnes sont en productions, les richesses des villes sont en argent. Or si, dans les villes où nous supposons qu'au bout de chaque année les consommations ont été payées avec douze cents onces, nous répandons tout-à-coup huit cents onces de plus, il est évident que l'argent perdra de sa valeur, à proportion qu'il deviendra plus abondant. On paiera donc vingt onces, ou à-peu-près, ce qu'on payait douze ; et par conséquent les deux mille onces n'auront que la valeur de douze cents, ou à-peu-près.

Je dis à-peu-près, parce que ces proportions ne peuvent pas se régler d'après des calculs précis et géométriques.

La quantité d'argent nécessaire au commerce doit encore varier suivant les circonstances.

Supposons que le paiement des baux et celui de toutes les choses qui s'achètent à crédit se font une fois l'an, et que, pour les solder, il faille aux débiteurs mille onces d'argent, il faudra, relativement à ces paiements, mille onces d'argent dans la circulation.

Mais, si les paiements se faisaient par semestre, il suffirait de la moitié de cette somme ; parce que cinq cents onces, payées deux fois, sont équivalentes à mille payées une. On voit que, si les paiements se faisaient en quatre termes égaux, ce serait assez de deux cent cinquante onces.

Pour simplifier le calcul, je fais abstraction des petites dépenses journalières qui se font argent comptant. Mais on dira sans doute que je n'établis rien de précis sur la quantité d'argent qui est dans la circulation. Je réponds que mon objet est uniquement de faire voir que le commerce intérieur peut se faire, et se fait, suivant les usages des pays, avec moins d'argent circulant, comme avec plus ; et il n'est pas inutile de le remarquer, aujourd'hui qu'on s'imagine qu'un État n'est riche qu'à proportion qu'il a plus d'argent.

Souvent il faut peu d'argent dans le commerce, et le crédit en tient lieu. Établis dans des pays différents, les trafiquants ou négociants s'envoient mutuellement des marchandises qui ont plus de prix dans les lieux où elles sont transportées ; et, en continuant de vendre, chacun pour son compte, celles qu'ils ont conservées, ils vendent tous, pour le compte les uns des autres, celles qu'ils ont reçues. Par ce moyen, ils peuvent faire un gros commerce sans avoir besoin qu'il y ait entre eux une circulation d'argent. Car en évaluant, d'après le prix courant, les marchandises qu'ils se sont confiées, il n'y aura à payer que ce que quelques-uns auront fourni de plus, encore pourra-t-on s'acquitter envers eux en leur envoyant d'autres marchandises. C'est ainsi que les plus grandes entreprises sont souvent celles où l'argent circule en moindre quantité.

Mais il faut de l'argent pour les dépenses journalières : il en faut pour payer le salaire des artisans qui vivent de leur travail au jour le jour : il en faut pour les petits marchands qui n'achètent et ne revendent qu'en détail, et qui ont besoin que leurs fonds leur rentrent continuellement.

C'est dans les petits canaux que la circulation se fait plus sensiblement et plus rapidement. Mais plus elle est rapide, plus les mêmes pièces de monnaie passent et repassent souvent par les mêmes mains ; et comme, en pareil cas, une seule tient lieu de plusieurs, il est évident que ce petit commerce peut se faire avec une quantité qui décroît à proportion que la circulation devient plus rapide. Ainsi dans les petits canaux il faut peu d'argent, parce qu'il circule avec rapidité ; et dans les grands il en faut moins encore, parce que souvent il circule à peine.

Concluons qu'il est impossible de rien assurer sur la quantité précise d'argent circulant qui est ou qui doit être dans le commerce. Je pourrais l'avoir portée beaucoup trop haut lorsque je l'ai supposée à peu-près égale à la valeur des productions qui se consomment annuellement dans les villes. Car, au commencement de janvier, chaque citoyen n'a certainement pas tout l'argent dont il aura besoin dans le cours de l'année ; mais, parce qu'à mesure qu'il en dépense il en gagne, on conçoit qu'à la fin de l'année les mêmes pièces de monnaie sont rentrées bien des fois dans les villes, comme elles en sont sorties bien des fois.

La circulation de l'argent serait bien lente s'il fallait toujours le transporter à grands frais dans les lieux éloignés où l'on peut en avoir besoin. Il importerait donc de pouvoir lui faire franchir en quelque sorte les plus grands intervalles. C'est à quoi on réussit par le moyen du change, dont nous allons traiter.

Section 17
Du change

Pourquoi les opérations, simples en elles-mêmes, sont-elles devenues dans toutes les langues des choses si difficiles à comprendre ? Etait-il donc impossible aux banquiers de s'expliquer plus clairement ? Je n'ai point étudié leur langage : mais, dans le dessein où je suis de répandre quelques lumières sur cette partie du commerce, je n'ai besoin que d'étudier le change, il s'expliquera de lui-même, si je m'en fais des idées exactes.

Je veux faire passer cent mille francs à Bordeaux. Si j'étais obligé de les faire voiturer, il m'en coûterait des frais, et j'aurais des risques à courir. Mais il y a à Paris des Bordelais qui ont eux-mêmes besoin de faire venir de l'argent de Bordeaux, et il y a des négociants à qui cette ville doit parce qu'ils y ont envoyé des marchandises.

Je cherche et je trouve un Bordelais qui a, à Bordeaux, cinquante mille francs qu'il voudrait avoir à Paris. Il ne s'agit plus que de faire un échange de cinquante mille francs qui sont à Paris, contre cinquante mille francs qui sont à Bordeaux. Or nous y avons tous les deux le même avantage, puisque nous évitons l'un et l'autre tous frais et tous risques. En conséquence, je lui compte cinquante mille

Étienne Bonnot de Condillac

francs à Paris, et il me donne, sur celui qui a ses fonds à Bordeaux, une lettre par laquelle il lui dit de payer à mon ordre cinquante mille francs au porteur. Voilà donc la moitié de ma somme que j'ai fait passer à Bordeaux. L'autre moitié y passera de la même manière, parce que je trouve des négociants à qui il est dû dans cette ville, et qui me donnent de pareilles lettres pour cinquante mille francs que je leur compte.

Par le moyen de ces lettres, on échange donc des sommes qui sont à distance l'une de l'autre. C'est pourquoi on les a nommées Lettres de change.

Dans toutes les villes du royaume, il y a des personnes qui sont dans le même cas que moi ; et dans toutes aussi on a la ressource des lettres de change, parce que le commerce qu'elles font entre elles les met continuellement dans un état de dettes les unes par rapport aux autres. Il faut seulement remarquer que cette ressource est plus fréquente dans les villes marchandes ou d'un grand abord.

Mais si, toutes les fois qu'on a besoin d'une lettre de change, il fallait aller de porte en porte pour trouver, le négociant qui la peut donner, ce serait certainement un grand embarras. Voilà ce qui a réveillé l'industrie de quelques particuliers, et ce qui a produit peu-à-peu une classe d'hommes qu'on nomme agents de change, parce qu'avec les lettres qu'ils donnent on fait l'échange de deux sommes qui sont à distance l'une de l'autre.

Entre plusieurs manières dont cette classe a pu se produire, j'en imagine une. Je suppose un particulier riche qui a des terres dans différentes provinces, et qui, ne sachant comment faire venir ses revenus, charge son homme d'affaires d'y pourvoir. Celui-ci cherche dans Paris des négociants qui tirent de ces provinces différentes marchandises, et qui, par conséquent, ont besoin d'y faire passer de l'argent. Il leur donne des lettres de change sur ces provinces : les négociants le paient lui-même à Paris ; et, une fois qu'il a établi une correspondance avec eux, les revenus de son maître arrivent toutes les années avec la même facilité.

Le maître, qui ne sait point comment tout cela se fait, admire l'esprit de son homme d'affaires. Il ne cesse d'en faire l'éloge à ses connaissances. Tous les gens riches s'adressent donc à cet homme, et il les étonne tous également.

Le voilà agent de change : avec une correspondance qui s'étend continuellement, il est en état de faire trouver de l'argent partout, et on vient à lui de toutes parts. Alors il n'a plus besoin de servir un maître. Il prend une maison dans laquelle il établit son bureau de change, et, de la table sur laquelle il compte l'argent, et qu'on nomme banque, il prend le nom de banquier. S'il était seul, il porterait son salaire au plus haut, mais, heureusement pour le public, sa fortune, qui est une preuve de ce qu'il gagne, lui donne des concurrents, et les banquiers se multiplient.

On nommait originairement agio le profit que faisait un banquier dans son négoce, terme qui est devenu odieux, et qui signifie aujourd'hui un profit excessif et usuraire, fait dans la banque.

Il est dû sans doute un bénéfice aux banquiers. Quelquefois ils sont obligés de faire voiturer de l'argent : ils font des frais pour entretenir leurs correspondances, enfin ils donnent leur temps et leurs soins.

On conçoit que leur salaire se réglera, comme tous les autres, par la concurrence. Mais il se trouve dans le change une multitude de circonstances que le public ignore, et un banquier, qui a eu l'art de gagner la confiance, peut d'autant plus en abuser, qu'il fait la banque en quelque sorte exclusivement. Observons le change entre les différentes villes d'un royaume : nous l'observerons ensuite de nation à nation.

Dans le commerce, celui qui prend des marchandises pour les payer dans un terme convenu, reconnaît par écrit qu'il paiera telle somme ; et cette reconnaissance, entre les mains de celui à qui il la fait, se nomme créance, parce qu'elle est un titre, sur lequel on doit croire qu'on sera payé. Ainsi créance est opposé à dette, comme créancier à débiteur.

Je suppose que des marchands de Paris aient pour cent mille francs de créances sur Bordeaux, et que des marchands de Bordeaux aient pour pareille somme des créances sur Paris : toutes ces créances disparaîtront par un simple virement de parties, c'est-à-dire, lorsqu'à Bordeaux les marchands qui doivent à Paris paieront ceux à qui Paris doit, et qu'à Paris les marchands qui doivent à Bordeaux paieront ceux à qui Bordeaux doit.

Si Paris doit à Nantes cent mille francs, Nantes cent mille francs à Bordeaux, Bordeaux cent mille francs à Lyon, et Lyon cent mille francs à Paris, il suffira, pour solder toutes ces dettes, que Paris envoie à Nantes cent mille francs de lettres de change sur Lyon, parce qu'avec ces lettres Nantes paiera Bordeaux, et Bordeaux paiera Lyon. En pareil cas, les négociants peuvent faire le change entre eux, sans l'entremise d'aucun banquier, et l'opération en est bien simple.

Mais moi, qui ne fais pas le négoce, et qui ne suis point instruit de ce qui se passe dans les places de commerce, je suis obligé de m'adresser à un banquier lorsque je veux faire passer de l'argent dans une province. Or ce banquier pourrait n'avoir à payer que les frais de transport de chez lui chez quelques marchands de Paris, et cependant il dépendrait de lui de se prévaloir de mon ignorance, et d'exiger de moi un salaire beaucoup trop fort. Cet abus pourrait avoir lieu s'il n'y avait à Paris qu'un seul banquier ; mais il y en a plusieurs, beaucoup d'honnêtes, et la concurrence les force tous à l'être.

Toute lettre de change suppose une dette de la part de celui sur qui elle est tirée. Bordeaux, par exemple, n'en peut donner sur Paris que parce que Paris doit à Bordeaux. Or ce sont les dettes ou créances réciproques entre les villes qui règlent toutes les opérations du change.

Entre deux villes, les dettes peuvent être égales de part et d'autre : Lyon peut devoir à Paris cent mille francs, et Paris peut devoir à Lyon pareille somme. Les dettes peuvent aussi être inégales : Lyon peut devoir à Paris trois cent mille francs, et Paris peut en devoir à Lyon quatre cent mille.

Dans le cas d'égalité de dettes de part et d'autre, si nous n'avons égard qu'à cette seule considération, il est certain que deux marchands, dont l'un, qui est à Paris, a besoin de cent mille francs à Lyon, et dont l'autre, qui est à Lyon, a besoin de cent mille francs à Paris, doivent faire cet échange, somme égale pour somme égale. Car ils trouvent tous deux le même avantage à donner cent mille francs pour cent mille francs ; et, puisque cet échange n'oblige pas l'un à plus de frais que l'autre, aucun des deux n'est en droit d'exiger au-delà de cent mille francs.

Lorsque le change se fait d'une ville à l'autre, somme égale pour somme égale, on dit qu'il est au pair.

Remarquez que je dis somme et non pas valeur : car ces deux mots ne sont pas synonymes. Lorsqu'à Paris je vous donne cent mille francs pour toucher cent mille francs à Lyon, les sommes sont égales, et cependant je donne une valeur moindre par rapport à moi pour une plus grande, s'il m'est plus avantageux d'avoir cent mille francs à Lyon qu'à Paris. Il en est de même de vous : vous me donnez une valeur moindre pour une plus grande, si vous trouvez un avantage à avoir cet argent à Paris plutôt qu'à Lyon. Il faut se rappeler ce que nous avons dit sur les échanges.

Dans le cas où les dettes, entre deux villes, sont inégales, lorsque Paris doit à Lyon, par exemple, quatre cent mille livres, et que Lyon n'en doit à Paris que trois cent mille, on en pourra solder trois cent mille avec des lettres de change ; mais il restera cent mille francs qu'il faudra voiturer de Paris à Lyon.

En soldant les trois cent mille francs de dettes respectives avec des lettres de change, les marchands peuvent faire entre eux le change au pair, c'est-à-dire, somme égale pour somme égale.

Il reste encore cent mille francs à payer. Les marchands de Paris s'adressent à un banquier, qui, n'ayant pas de fonds à Lyon, est obligé d'y faire voiturer cette somme et à qui par conséquent, outre un salaire, on devra des frais de voiture. Or je suppose qu'on est convenu de lui donner pour le tout quatre pour cent, on lui comptera donc quatre mille francs à Paris, et il donnera des lettres sur Lyon pour cent mille.

Dans cet exemple, le change hausse au-dessus du pair, puisque les marchands donnent à Paris une somme plus grande que celle qu'on leur fait toucher à Lyon.

Les marchands de Lyon ont des créances sur Paris. Ils ne sont donc pas dans le cas d'y envoyer de l'argent, ils ont plutôt besoin d'en faire venir.

Que, dans cette circonstance, quelqu'un offre de leur donner quatre-vingt-dix-huit mille francs pour cent mille francs de lettres de change sur Paris, ils accepteront la proposition, parce qu'il ne leur en coûtera, pour avoir leur argent à Lyon, que deux mille livres, au lieu de quatre mille que leurs correspondants auraient payées au banquier.

Étienne Bonnot de Condillac

Quand on donne une moindre somme pour en recevoir une plus grande, on dit que le change est au-dessous du pair.

D'après ces explications on peut juger que le change, ainsi que l'échange, n'est d'une part qu'un achat, et de l'autre qu'une vente ; que dans ce négoce l'argent est la seule marchandise qui s'achète et qui se vend ; et que les banquiers ne sont que des marchands d'argent. Il est essentiel de ne voir dans les choses que ce qu'il y a, si on veut en parler avec clarté et précision.

Dès que le change est un achat, on peut considérer, comme prix du change, la somme que je donne à Paris pour une somme qu'on doit me livrer à Lyon. Aussi lui donne-t-on le nom de prix du change.

Le change se réglerait, comme je viens de l'expliquer, si on savait toujours exactement l'état des dettes réciproques entre deux villes ; mais cela n'est pas possible, surtout lorsque le change se fait entre deux villes qui, telles que Paris et Lyon, font un grand commerce l'une avec l'autre.

Si on sait, par exemple, que Paris doit, on ignore la quantité, soit parce que cette quantité peut varier d'un jour à l'autre, soit parce que les négociants, qui s'assemblent dans la place du change, ne peuvent pas tous être informés sur-le-champ de ces variations, soit enfin parce que les uns sont intéressés à exagérer la dette, tandis que les autres sont intéressés à la diminuer.

Ceux-là l'exagèrent, qui, voulant vendre des lettres sur Lyon, voudraient porter le prix du change à quatre pour cent au-dessus du pair : ceux-là la diminuent, qui, voulant acheter des lettres sur Lyon, ne voudraient payer, au-dessus du pair, que deux pour cent.

Voilà donc une altercation : mais enfin on se rapprochera, et le prix du change sera réglé, pour ce jour-là et les suivants, jusqu'à la première assemblée, à trois pour cent.

Il y a donc trois manières de considérer le prix du change. Il est au pair, il est au-dessus, il est au-dessous.

Lorsqu'il est au pair, on donne somme égale pour somme égale, et on sera peut-être étonné d'entendre dire qu'une somme égale est le prix d'une somme égale ; que cent francs est le prix de cent francs. Il n'y a point de prix, dira-t-on, puisqu'on n'ajoute rien de part ni d'autre.

Mais il faut se rappeler que le prix d'une chose est relatif au besoin de celui qui la reçoit en échange : c'est d'après ce besoin qu'il l'estime ; et, à proportion qu'il en a plus ou moins besoin, il lui donne un prix plus ou moins grand. Cela étant, cent francs que vous recevez à Paris sont pour vous le prix de cent francs que vous me faites toucher à Lyon ; parce que vous estimez vous. même que cet argent a pour vous, à Paris, où il vous est utile, une plus grande valeur qu'à Lyon, où vous n'en avez pas besoin. Si les sommes sont égales, les valeurs ne le sont pas ; et, comme nous l'avons remarqué, il ne faut pas confondre somme et valeur.

Par la même raison, quand le change est au-dessous du pair, et que je vous donne, par exemple, quatre-vingt-seize livres à Paris pour en recevoir cent à Lyon, ces quatre-vingt-seize livres sont pour vous à Paris le prix de cent à Lyon. Elles en sont le prix, dis-je, tout autant que cent quatre, lorsque le change est au-dessus du pair.

On conçoit donc comment vous et moi, dans le change, nous donnons chacun une valeur moindre pour une plus grande, en quelque rapport d'ailleurs que soient les sommes entre elles. C'est que la valeur, pour me répéter encore, est uniquement fondée sur l'utilité que les choses ont relativement à ceux qui les échangent.

Mais si, pour faire passer notre argent de Paris à Lyon, ou de Lyon à Paris, nous avions à traiter avec un homme, à qui il fût indifférent d'avoir son argent dans l'une ou l'autre de ces villes, il est évident qu'alors les valeurs seraient, par rapport à cet homme, comme les sommes : cent quatre livres seraient pour lui d'une plus grande valeur que cent, et cent d'une plus grande que quatre-vingt seize. Voilà précisément le cas où se trouvent les banquiers, et c'est pourquoi ils gagnent doublement à faire le change. Ils gagnent sur vous qui voulez faire passer de l'argent de Paris à Lyon, et sur moi qui en veux faire venir de Lyon à Paris.

Soit donc que le change hausse au-dessus du pair, ou baisse au-dessous, il peut toujours y avoir du bénéfice pour le banquier, à qui il est indifférent que son argent soit dans une ville plutôt que dans une autre, Comme il ne se trouve pas dans les mêmes circonstances que les négociants, il n'a d'autre intérêt que d'acquérir une plus grande somme pour une moindre, et cette plus grande

Étienne Bonnot de Condillac

somme a toujours pour lui une plus grande valeur.

Mais, dira-t-on, si dans le change, un négociant donnait toujours lui-même une plus petite valeur pour une plus grande, il gagnerait toujours ; et cependant finirait par se ruiner s'il donnait toujours une plus grande somme pour une plus petite.

Cela est vrai : mais cette objection est un sophisme qui me ferait dire qu'un négociant donne toujours, dans le change, une plus grande somme pour une plus petite, et que cette plus grande somme est toujours une plus petite valeur.

Je dis donc qu'il donne une somme tantôt plus grande, tantôt plus petite, et que cette somme, quelle qu'elle soit, est toujours pour lui d'une moindre valeur, parce qu'il juge lui-même que celle qu'on lui rend en échange a plus d'utilité pour lui. C'est là une vérité dont tout le monde peut avoir fait l'expérience.

Au reste, puisque le change, dans son cours, éprouve nécessairement des hausses et des baisses alternatives, il est évident que les marchands, tour-à-tour, donneront tantôt une plus grande somme pour une plus petite, tantôt une plus petite pour une plus grande ; et il se pourrait qu'après un certain temps le résultat fût, pour les uns et pour les autres, le même, ou à-peu-près, que s'ils avaient toujours fait le change au pair.

Nous avons remarqué qu'on ne peut pas savoir exactement l'état des dettes réciproques entre plusieurs villes. On voit seulement qu'elles doivent plus qu'il ne leur est dû, lorsque le change y est au-dessus du pair ; et que, lorsqu'il est au-dessous, on leur doit plus qu'elles ne doivent. Encore cette règle n'est-elle pas absolument sans exception : car, indépendamment de l'état des dettes, plusieurs circonstances peuvent faire varier le prix du change.

Si lorsqu'à Lyon le change est au-dessous du pair, et qu'on ne paie que quatre-vingt dix-huit livres pour en recevoir cent à Paris, plusieurs personnes demandent en même temps sur Paris pour cinq à six cent mille francs de lettres de change, cette demande fera hausser le prix du change ; en sorte que, pour acheter cent francs qui sont à Paris, il en faudra payer à Lyon cent, au lieu de quatre-vingt-dix-huit, ou même cent deux, cent trois. Il arrive ici ce que nous avons remarqué dans les marchés, où les prix haussent et baissent, suivant la proportion où sont les choses mises en vente avec la demande qu'on en fait. Si, dans la place du change, on offre plus de lettres qu'on n'en demande, elles seront à un plus bas prix ; et elles seront à un plus haut si on en demande plus qu'on n'en offre.

La jalousie des banquiers pourra seule quelquefois faire varier le prix du change.

Je suppose que, dans une ville, un banquier riche, qui a gagné la confiance, veuille faire la banque à lui seul ; il a un moyen sûr pour écarter tout concurrent. Il n'a qu'à baisser tout-à-coup le prix du change, et vendre ses lettres à perte, il sacrifiera, s'il le faut, quinze à vingt mille francs : mais il aura dégoûté ceux qui voulaient faire ce négoce avec lui ; et, quand il le fera seul, il saura bien recouvrer ce qu'il a perdu et au-delà. Si, dans cette ville, il y avait plusieurs banquiers accrédités, ils pourraient se concerter pour faire à frais communs ce que je fais faire à un seul. Il est certain qu'en général les négociants songent à diminuer, autant qu'il est possible, le nombre de leurs concurrents. Or les banquiers ont à cet égard d'autant plus de facilité, qu'ils ont persuadé que la banque est une chose fort difficile, parce qu'en effet leur jargon est fort difficile à entendre. Dans les places mêmes de commerce, le plus grand éloge qu'on croie pouvoir faire d'un marchand, c'est de dire, Il entend le change. On voit que l'ignorance livre les marchands à la discrétion des banquiers.

Plusieurs causes, telles que celles que je viens d'indiquer, peuvent faire varier le prix du change ; mais, comme elles sont accidentelles, il est inutile de nous y arrêter. Il suffit de se souvenir que, hors le cas où elles agissent, le change, suivant qu'il est au-dessus ou au-dessous du pair, fait juger si une ville doit ou s'il lui est dû.

Le change hausse et baisse alternativement dans toutes les villes qui ont quelque commerce entre elles. Or ces hausses et ces baisses successives, sous lesquelles il se montre alternativement de ville en ville, est ce que je nomme cours du change ; et voici maintenant tout le mystère de ce genre de négoce.

Un banquier observe le cours du change par lui-même et par ses correspondants. Il sait donc non seulement qu'il hausse dans telle ville, et qu'il baisse dans telle autre ; il sait encore de combien il hausse au-dessus du pair, ou de combien il baisse au-dessous.

L'état actuel du change étant donné, il peut prévoir, d'après ce que son expérience lui apprend sur le flux et reflux du commerce, que là où le change est haut, il ne tardera pas de baisser ; et que là où il est bas il ne tardera pas de hausser.

J'ajoute même qu'il en pourra souvent juger avec certitude. Car, s'il est bien averti par ses correspondants, il saura quelles sont les villes qui doivent faire de grands envois de marchandises dans quelques mois. Il jugera donc d'avance que dans telle place où le change est haut actuellement, parce qu'elle doit, le change y sera bas quelques mois après, parce qu'elle aura acquis des créances. Que Lyon, par exemple, doive à Paris, le change y sera haut, et il faudra payer cent trois livres pour avoir sur Paris une lettre de cent. Mais, dans six mois, il sera bas si Lyon acquiert des créances sur Paris.

Or, dès qu'un banquier connaît d'avance les hausses et les baisses du change dans les principales villes de commerce, il lui sera facile de prendre de loin ses mesures pour les faire tourner à son avantage. Il saisira le moment ; et, faisant passer rapidement son argent ou son crédit de place en place, il gagnera, dans chacune en peu de temps, deux, trois, quatre pour cent ou davantage. Donnons un exemple.

Je suppose deux banquiers qui ont du crédit, l'un établi à Paris, l'autre à Lyon.

Le banquier de Lyon, qui voit que le change y est à trois pour cent au-dessus du pair, parce que Lyon doit à Paris plus de cinq cent mille francs, sait qu'il se prépare un grand envoi de marchandises pour cette capitale, et que, dans trois mois, elle devra elle-même plus de cinq cent mille francs à Lyon.

Dans cette circonstance, ce banquier saisira toutes les occasions de tirer sur son correspondant à Paris, et, pour avoir la préférence, il se contentera, s'il le faut, de gagner, sur chaque lettre de change, deux et demi pour cent.

Trois mois après, lorsque Paris devra à Lyon, et que le change y sera haussé de trois pour cent au-dessus du pair, son correspondant fera la même manœuvre. Il se trouvera donc qu'en peu de mois, ils auront fait chacun un bénéfice de deux et demi ou de trois pour cent, en tirant des lettres de change l'un sur l'autre.

Remarquez que, pour avoir tiré ces lettres de change, ils ne se sont pas dessaisis de leurs fonds. Car, lorsque le banquier de Paris a payé cent mille francs, le banquier de Lyon les avait reçus, et à son tour, celui de Paris les avait reçus, lorsque celui de Lyon les a payés. Outre le bénéfice du change, ils ont donc encore le produit de ces cent mille francs qu'ils continuent de faire valoir.

C'est qu'une lettre de change s'achète argent comptant, et se paie à terme. Vous donnez cent mille francs aujourd'hui pour en toucher cent mille dans un mois Le banquier de Lyon jouit donc pendant un mois du produit des cent mille francs que vous lui avez comptés ; et celui de Paris jouit, pendant le même intervalle, du produit des cent mille qu'il ne vous paiera que dans un mois.

Telles sont les grandes spéculations que nous admirons, parce que nous sommes portés à admirer, quand nous ne comprenons rien aux choses. Nous ressemblons tous à ce maître dont j'ai parlé, qui était tout étonné de l'esprit de son homme d'affaires.

Les principes que nous avons donnés pour le change entre les différentes villes d'un royaume sont les mêmes pour le change de nation à nation. Mais on tient un autre langage, parce que les monnaies n'ont ni les mêmes valeurs, ni les mêmes dénominations. Un banquier vous dira : Le prix du change de Paris pour Londres est soixante sous pour vingt-neuf, trente-et-un, trente-deux deniers sterling ; et, à ce langage, vous ne pouvez point juger si le change est au pair, au-dessus ou au-dessous, parce que vous ne savez pas ce que vaut un denier sterling.

Il vous dira encore que le prix du change de Paris pour Amsterdam est trois livres pour cinquante-quatre gros de Hollande, ou pour soixante. En un mot, il vous parlera toujours un langage que vous n'entendez pas. Vous l'entendriez s'il vous disait : La somme que vous voulez faire passer à Londres contient tant d'onces d'argent. Aujourd'hui le change est au pair. Voilà une lettre avec laquelle vous recevrez la même quantité d'onces à Londres en monnaie d'Angleterre, et on vous comptera tant de livres sterling. C'est ainsi qu'il évalue lui-même les monnaies des différents pays. Car il sait bien que de Paris à Londres ou à Amsterdam, comme de Paris à Lyon, le change est au pair lorsqu'on donne cent onces pour cent onces ; qu'il est au-dessus du pair quand on en donne davantage ; et qu'il est au-dessous quand on en donne moins.

Étienne Bonnot de Condillac

Je ne sais pas pourquoi les banquiers affectent un langage obscur ; mais il est certain que ce langage empêche de voir clair dans leurs opérations, et qu'il diminue le nombre de leurs concurrents, parce qu'il porte à croire que la banque est une science bien difficile. Dans l'impuissance où je suis de connaître tous les moyens qu'ils mettent en usage pour faire de grands bénéfices, Je ne parlerai que de ceux que j'aperçois dans la nature de la chose.

Qu'à Paris on me charge de faire passer à Amsterdam mille onces d'argent, lorsque le change est à six pour cent au-dessus du pair ; et supposons qu'alors il soit de quatre pour cent au-dessus du pair de Paris à Londres, et de deux pour cent au-dessous de Londres à Amsterdam. Dans une pareille circonstance, on voit qu'il y a un bien plus grand profit à tirer d'abord sur Londres, pour tirer ensuite de Londres sur Amsterdam, qu'à tirer directement de Paris sur Amsterdam. L'habileté d'un banquier consiste donc à prendre quelquefois une route indirecte plutôt qu'une route directe.

On apporte chez moi mille onces d'argent que Paris doit à Londres, et on me paie quatre pour cent pour le transport. Mais, parce que j'ai du crédit en Angleterre, au lieu d'y faire passer cette somme, j'y envoie des lettres de change. Je gagne donc tout-à-la-fois, et les quatre pour cent qu'on m'a d'abord payés, et l'intérêt que mille onces d'argent rapportent en France. Tant que mon crédit pourra faire durer cette dette, je répéterai la même opération, et je pourrai faire valoir à mon profit deux, trois, quatre mille onces d'argent, ou davantage.

L'intérêt en Hollande est plus bas qu'en France, et les négociants de cette république ont souvent beaucoup plus d'argent qu'ils n'en peuvent employer dans le commerce. Si je suis accrédité parmi eux, on s'adressera surtout à moi pour avoir des lettres de change sur Amsterdam. J'en tirerai autant qu'on m'en demandera : l'argent que j'aurai reçu restera entre mes mains plus ou moins longtemps : j'en paierai l'intérêt en Hollande deux et demi ou trois pour cent, et j'en tirerai en France cinq à six. De la sorte je ferai continuellement valoir à mon profit des sommes qui ne seront pas à moi. Plus je m'enrichirai, plus je serai accrédité, et plus aussi je trouverai de bénéfice dans mon négoce. Je ferai la banque presqu'à moi seul.

Voilà une légère idée des profits qu'on peut faire dans le change.

Première partie

On voit que, si l'art de mettre en valeur les terres avait fait les mêmes progrès que l'art de mettre l'argent en valeur, nos laboureurs ne seraient pas aussi misérables qu'ils le sont.

Section 18
Du prêt à intérêt

Un fermier, qui prend une terre à bail, échange son travail contre une partie du produit, et donne l'autre partie au propriétaire, et cela est dans l'ordre.

Or l'emprunteur serait-il dans le même cas que le fermier ? Ou l'argent a-t-il un produit dont l'emprunteur doive une partie au prêteur.

Un septier de blé peut en produire vingt, trente ou davantage, suivant la bonté du sol et l'industrie du cultivateur.

Sans doute l'argent ne se reproduit pas de la même manière. Mais ce n'est pas au blé qu'il le faut comparer : c'est à la terre qui ne se reproduit pas plus que l'argent.

Or l'argent, dans le commerce, a un produit suivant l'industrie de celui qui l'emprunte, comme la terre en a un suivant l'industrie du fermier.

En effet un entrepreneur ne peut soutenir son commerce qu'autant que l'argent, dont il fait les avances, lui rentre continuellement avec un produit, où il trouve sa subsistance et celle des ouvriers qu'il fait travailler, c'est-à-dire, un salaire pour eux, et un salaire pour lui.

S'il était seul, il se prévaudrait du besoin qu'on aurait des choses qu'il vend, et il porterait ce produit au plus haut. Mais dès que plusieurs entrepreneurs font le même commerce, forcés à vendre au rabais les uns des autres, ils se contentent d'un moindre salaire, et ceux qu'ils emploient sont réduits à de moindres profits. Ainsi la concurrence règle le produit qu'ils peuvent raisonnablement retirer des avances qu'ils ont faites, avances qui sont pour eux ce que sont, pour les fermiers, les frais de culture.

Si le commerce ne pouvait se faire que par des entrepreneurs assez riches pour en faire les fonds, un petit nombre le ferait exclusivement. Moins forcés par la concurrence à vendre au rabais, ils mettraient leur salaire à un prix d'autant plus haut qu'ils seraient moins pressés de vendre leurs marchandises, et qu'il leur serait facile de se concerter pour attendre le moment de se prévaloir des besoins des citoyens. Alors leur salaire pourrait être porté à cent pour cent ou davantage.

Mais si le commerce se fait au contraire par des entrepreneurs à qui on a fait les avances de leurs fonds, ils seront pressés de vendre pour payer au terme de leur engagement. Il ne sera donc pas en leur pouvoir d'attendre, d'un jour à l'autre, le moment où l'on aura un plus grand besoin de leurs marchandises, et la concurrence les forcera d'autant plus à se contenter d'un moindre salaire, qu'étant en plus grand nombre, et pour la plupart dans la nécessité de faire de l'argent, il leur sera plus difficile de se concerter. On ne doutera pas qu'il ne soit à désirer que le commerce se fasse par de pareils entrepreneurs.

Or je suppose qu'après avoir prélevé tous les frais de commerce, il reste net en général pour salaire à chaque entrepreneur quinze à vingt pour cent.

Comment fera un homme qui est sans biens, et qui cependant pourrait faire quelque espèce de commerce avec industrie ? Il n'a que deux moyens. Il faut qu'on lui prête un fonds de marchandises ou qu'on lui prête de l'argent pour l'acheter ; et il est évident que ces deux moyens reviennent au même.

Il s'adresse à un riche négociant qui lui dit : Ce que je vous livrerais pour cent onces d'argent, si vous pouviez me payer comptant, je vais vous l'avancer, et dans un an vous m'en donnerez cent dix onces. Il accepte cette proposition, où il voit pour lui un profit de cinq à dix pour cent sur quinze à vingt qu'on est dans l'usage de gagner, lorsqu'on est propriétaire de ses fonds.

Personne ne condamnera ce marché qui se fait librement, qui est tout-à-la-fois avantageux aux deux parties contractantes, et qui, en multipliant les marchands, augmente la concurrence, absolument nécessaire au commerce pour l'avantage de l'État.

On ne niera pas que le riche négociant ne soit en droit d'exiger un intérêt pour des avances qu'il court risque de perdre. Il compte, à la vérité, sur la probité et sur l'industrie de ceux à qui il les fait ;

mais il peut y être trompé : il l'est quelquefois : il faut que ceux qui le paient le dédommagent des pertes qu'il fait avec les autres. Serait-il juste de le condamner à faire des avances où il pourrait souvent perdre sans jamais pouvoir se dédommager ? Il ne les ferait certainement pas.

D'ailleurs on ne peut pas nier qu'un négociant, qui avance un fonds de marchandises, n'ait le droit de se réserver une part dans les profits que ce fonds doit produire, lui qui, avant d'avancer les fonds, avait seul droit aux profits.

Or nous venons de remarquer qu'avancer à un entrepreneur un fonds de marchandises, ou lui avancer l'argent dont il a besoin pour acheter ce fonds, c'est la même chose. Si on est en droit, dans le premier cas, d'exiger un intérêt, on a donc le même droit dans l'autre. Il est de fait que le prêt à intérêt soutient le commerce. Il est d'ailleurs démontré qu'il multiplie les marchands ; qu'en les multipliant, il augmente la concurrence ; qu'en augmentant la concurrence, il rend le commerce plus avantageux à l'État. Le prêt à intérêt est donc une chose juste, et doit être permis.

Je sais que les casuistes le condamnent lorsqu'il se fait en argent : mais je sais aussi qu'ils ne le condamnent pas lorsqu'il se fait en marchandises. Ils permettent à un négociant de prêter à dix pour cent, par exemple, des marchandises pour la valeur de mille onces d'argent, et ils ne lui permettent pas de prêter, au même intérêt, les mille onces en nature.

Quand je dis que les casuistes permettent de prêter des marchandises à dix pour cent, je ne veux pas les accuser de se servir de ce langage, prêter à dix pour cent : ils se contrediraient trop sensiblement. Je veux dire qu'ils permettent à un négociant de vendre dix pour cent de plus les marchandises qu'il avance pour un an. On voit que la contradiction est moins palpable.

Nos législateurs, s'il est possible, raisonnent encore plus mal que les casuistes. Ils condamnent le prêt à intérêt, et ils le tolèrent. Ils le condamnent sans savoir pourquoi, et ils le tolèrent parce qu'ils y sont forcés. Leurs lois, effet de l'ignorance et des préjugés, sont inutiles, si on ne les observe pas ; et, si on les observe, elles nuisent au commerce.

L'erreur où tombent les casuistes et les législateurs vient uniquement des idées confuses qu'ils se sont faites. En effet, ils ne blâment pas le change, et ils blâment le prêt à intérêt. Mais pourquoi l'argent aurait-il un prix dans l'un, et n'en aurait-il pas dans l'autre ? Le prêt et l'emprunt sont-ils autre chose qu'un change ? Si, dans le change, on échange des sommes qui sont à distance de lieu, dans le prêt ou l'emprunt n'échange-t-on pas des sommes qui sont à distance de temps ? Et, parce que ces distances ne sont pas de la même espèce, faut-il en conclure que l'échange dans un cas n'est pas un échange dans l'autre ? On ne voit donc pas que prêter à intérêt, c'est vendre ; qu'emprunter à intérêt, c'est acheter ; que l'argent qu'on prête, est la marchandise qui se vend ; que l'argent qu'on doit rendre, est le prix qui se paie ; et que l'intérêt est le bénéfice dû au vendeur ? Certainement, si on n'avait vu dans le prêt à intérêt que marchandise, vente et bénéfice, on ne l'aurait pas condamné : mais on n'y a vu que les mots prêt, intérêt, argent ; et, sans trop se rendre compte de ce qu'ils signifient, on a jugé qu'ils ne doivent pas aller ensemble.

L'intérêt à dix pour cent n'est qu'une supposition que je fais, parce que j'avais besoin d'en faire une. Il peut être plus haut, comme il peut être plus bas ; c'est une chose sur laquelle le législateur ne doit rien statuer, s'il ne veut pas porter atteinte à la liberté. L'usage, qui réglera cet intérêt, le fera varier suivant les circonstances, et il en faut permettre les variations. Observons comment il doit nécessairement hausser et baisser tour-à-tour.

Il sera haut, en quelque abondance que soit l'argent, s'il y a beaucoup de personnes qui cherchent à emprunter, et s'il y en a peu qui veuillent prêter.

Que ceux qui ont l'argent, ou qui en ont la principale partie, en aient besoin eux-mêmes pour soutenir les entreprises dans lesquelles ils se sont engagés, ils ne pourront prêter qu'en renonçant à leurs entreprises, et, par conséquent, ils ne prêteront qu'autant qu'on leur assurera un profit égal à celui qu'ils auraient fait, ou plus grand. Il faudra donc leur accorder un gros intérêt.

Mais, lors même de la rareté de l'argent, l'intérêt sera bas, si l'argent est principalement entre les mains d'une multitude de propriétaires économes qui cherchent à le placer.

L'intérêt hausse donc et baisse alternativement, dans la proportion où est l'argent qu'on demande à emprunter, avec l'argent qu'on offre de prêter. Or cette proportion peut varier continuellement.

Dans un tems où les riches propriétaires feront de plus grandes dépenses en tous genres, on empruntera davantage ; premièrement, parce qu'ils seront souvent eux-mêmes forcés à faire des emprunts ; en second lieu, parce que, pour fournir à toutes les consommations qu'ils font, il s'établira un plus grand nombre d'entrepreneurs, ou de gens qui sont, pour la plupart, dans la nécessité d'emprunter. Voilà une des raisons pourquoi l'intérêt est plus haut en France qu'en Hollande.

Dans un temps, au contraire, où les propriétaires plus économes dépenseront moins, il y aura moins d'emprunteurs ; car, au lieu d'avoir eux-mêmes des emprunts à faire, ils auront de l'argent à prêter ; et, puisqu'ils consommeront moins, ils diminueront le nombre des entrepreneurs, et par conséquent des emprunteurs. Voilà une des raisons pourquoi l'intérêt est plus bas en Hollande qu'en France.

Si un nouveau genre de consommations donne naissance à une nouvelle branche de commerce, les entrepreneurs ne manqueront pas de se multiplier à proportion qu'on croira pouvoir se promettre de plus grands profits ; et l'intérêt de l'argent haussera, parce que le nombre des emprunteurs sera plus grand.

Que cette branche de commerce vienne à tomber, l'argent reviendra à ceux qui l'avaient prêté. Ils chercheront à le placer une seconde fois, et l'intérêt baissera, parce que le nombre des prêteurs sera augmenté.

Si les entrepreneurs conduisent leur commerce avec autant d'économie que d'industrie, ils deviendront peu-à-peu propriétaires des sommes qu'ils avaient empruntées. Il faudra donc les retrancher du nombre des emprunteurs ; et il faudra les ajouter à celui des prêteurs, lorsqu'ils auront gagné au-delà de l'argent dont ils ont besoin pour conduire leur commerce.

Enfin les lois augmenteront le nombre des prêteurs quand elles permettront le prêt à intérêt. Aujourd'hui, au contraire, elles tendent à le diminuer.

Mais il est inutile de chercher à épuiser tous les moyens qui font varier la proportion où est l'argent qu'on demande à emprunter, avec l'argent qu'on offre de prêter : j'en ai assez dit pour faire voir

Étienne Bonnot de Condillac

que l'intérêt doit être tantôt plus haut, tantôt plus bas.

Comme les prix se règlent au marché, d'après les altercations des vendeurs et des acheteurs, l'intérêt ou le prix de l'argent se règle, dans les places de commerce, d'après les altercations des emprunteurs et des prêteurs. Le gouvernement reconnaît qu'il ne lui appartient pas de faire des lois pour fixer le prix des choses qui se vendent au marché : pourquoi donc croit-il devoir fixer l'intérêt ou le prix de l'argent ?

Pour faire une loi sage sur cette matière, il faudrait qu'il saisît la proportion de la quantité d'argent à prêter avec la quantité à emprunter. Mais puisque cette proportion varie continuellement, il ne la saisira point, ou il ne la saisira que pour un moment, et par hasard : il faudra donc qu'il fasse toujours de nouveaux règlements, sans jamais pouvoir être sûr d'en faire un bon : ou s'il s'obstine à vouloir faire observer ceux qu'il a faits, parce qu'il ne sait pas comment en faire d'autres, il ne fera que troubler le commerce. On éludera ses règlement dans des marchés clandestins ; et l'intérêt qu'il prétendait fixer haussera d'autant plus, que les prêteurs, ayant la loi contre eux, prêteront avec moins de sûreté.

Dans les places de commerce, au contraire, l'intérêt se réglerait toujours bien et de lui-même, parce que c'est là que les offres des prêteurs, et les demandes des emprunteurs, mettent en évidence la proportion où est l'argent à prêter avec l'argent à emprunter.

Non seulement l'intérêt peut varier d'un jour à l'autre, il varie encore suivant l'espèce de commerce. C'est ce qui nous reste à observer.

Il faut qu'un marchand, qui a emprunté pour lever un fonds de boutique, gagne, au-delà de sa subsistance, de quoi payer les intérêts qu'il doit. S'il a formé une grande entreprise, et qu'il la conduise avec industrie, sa dépense, pour son entretien, sera peu de chose, comparée aux profits qu'il peut faire. Il sera donc plus en état de payer : on courra donc moins de risques à lui prêter ; on lui prêtera donc avec plus de confiance, et par conséquent à moindres intérêts.

Mais si, avec un commerce qui produit peu, il gagne à peine de quoi subsister, alors ce qu'il faut à sa subsistance est beaucoup, comparé à ce qu'il gagne. Il n'y a donc plus la même sûreté à lui prêter. Or il est naturel que l'intérêt qu'exigent les prêteurs augmente à proportion que leur confiance diminue.

À Paris, les revendeuses des halles paient cinq sols d'intérêt par semaine, pour un écu de trois livres. Cet intérêt renchérit le poisson qu'elles vendent dans les rues ; mais le peuple aime mieux acheter d'elles que d'aller aux halles se pourvoir.

Cet intérêt revient par an à plus de quatre cent trente pour cent. Quelque exorbitant qu'il soit, le gouvernement le tolère, parce qu'il est avantageux, pour les revendeuses, de pouvoir à ce prix faire leur commerce, ou peut-être encore parce qu'il ne peut pas l'empêcher.

Cependant il n'y a point de proportion entre le prix que le prêteur met à son argent, et le profit que fait la revendeuse. C'est pourquoi cet intérêt est odieux, et il devient d'autant plus abusif, que les prêts se font clandestinement.

Il n'est pas de même des prêts faits aux entrepreneurs qui font un grand négoce. L'intérêt qu'on exige, proportionné aux profits qu'ils font, est réglé par l'usage ; parce que l'argent, dans les places de commerce, a un prix courant, comme le blé en a un dans les marchés. On traite publiquement, ou du moins on ne se cache point, et on vend son argent comme on vendrait toute autre marchandise.

C'est uniquement dans ces places de commerce qu'on peut apprendre quel intérêt il est permis de retirer de son argent. Tout prêt qui s'y conforme est honnête, parce qu'il est dans la règle.

Si actuellement on demande ce que c'est que l'usure, je dis qu'il n'y en a point dans les prêts dont je viens de parler, et qui se règlent sur le prix que les négociants ont mis eux-mêmes à l'argent, et ont mis librement.

Mais les prêts, faits aux revendeuses des halles, sont usuraires, parce qu'ils sont sans règles, clandestins, et que l'avarice du prêteur se prévaut tyranniquement de la nécessité de l'emprunteur.

En général, entre marchands et négociants, tout prêt est usuraire lorsque l'intérêt qu'on retire est plus fort que celui qui a été réglé publiquement dans les places de commerce Mais lorsque les prêts se font à des particuliers, qui ne font aucune sorte de trafic ou de négoce, quelle est la règle pour juger de l'intérêt qu'on peut retirer de son argent ? La loi. C'est ici, je pense, que le gouvernement peut sans inconvénients, fixer l'intérêt. Il le doit même, et il fera une chose avantageuse à l'état, s'il rend les emprunts plus difficiles. Qu'il ne permette de prêter qu'au plus bas intérêt aux propriétaires des terres, les pères de famille auront moins de facilité à se ruiner, et l'argent refluera dans le commerce. Qu'il taxe d'usure, ou qu'il couvre d'une note plus flétrissante encore, tout prêt, ne fût-il qu'à un pour cent, fait à un fils qui emprunte sans l'aveu de ses parents. Qu'il défende les emprunts clandestins, ou que, s'il est possible de les prévenir, il donne lui-même des secours aux entrepreneurs qui sont dans la dernière classe des marchands. En un mot, qu'en laissant la liberté des emprunts dans les places de commerce, il la réprime partout où elle peut dégénérer en abus. L'exécution de ce projet n'est pas facile sans doute, mais il serait utile de s'en occuper.

Section 19
De la valeur comparée des métaux dont on fait les monnaies

Le cuivre, l'argent et l'or, qu'on emploie dans les monnaies, ont, comme toutes les marchandises une valeur fondée sur leur utilité ; et cette valeur augmente ou diminue à proportion qu'on les juge plus rares ou plus abondants.

Supposons qu'il y ait en Europe cent fois autant de cuivre que d'argent, et vingt fois autant d'argent que d'or. Dans cette supposition, où nous ne considérons ces métaux que par rapport à la quantité, il faudra cent livres de cuivre pour faire une valeur équivalente à une livre d'argent, et vingt livres d'argent pour en faire une équivalente à une livre d'or. On exprimera donc ces rapports, en disant que le cuivre est à l'argent comme cent à un, et que l'argent est à l'or comme vingt à un.

Mais si on découvre des mines fort abondantes en argent et surtout en or, ces métaux n'auront plus la même valeur relative. Le cuivre sera, par exemple, à l'argent comme cinquante à un, et l'argent sera à l'or comme dix à un.

Il ne peut y avoir toujours, dans le commerce, une même quantité de chacun de ces métaux. Leur valeur relative doit donc varier de temps à autre. Cependant elle ne varie pas seulement en raison de la quantité, parce que la quantité restant la même, il y a une autre cause qui peut rendre ces métaux plus rares ou plus abondants.

En effet, l'usage qu'on fait d'un métal peut être plus ou moins commun. Si on employait le cuivre dans la plupart des ustensiles où on emploie la terre, ce métal deviendrait plus rare, et, au lieu d'être à l'argent dans le rapport de cinquante à un, il pourrait être dans le rapport de trente à un. Il deviendrait au contraire plus abondant, et il serait à l'argent comme quatre-vingt à un, Si, dans nos cuisines, on venait à se servir de fer, au lieu de batteries de cuivre.

Ce n'est donc pas uniquement par la quantité que nous jugeons de l'abondance ou de la rareté d'une chose : c'est par la quantité considérée relativement aux usages que nous en faisons. Or il est évident que cette quantité relative diminue à mesure que nous employons une chose à un plus grand nombre d'usages, et qu'elle augmente à mesure que nous l'employons à un plus petit nombre.

Nous ferons le même raisonnement sur l'or et sur l'argent. Que, lorsque ces métaux sont dans le rapport de vingt à un, l'usage s'introduise de prodiguer l'argent sur les meubles et sur les habits, l'argent deviendra plus rare, et pourra être avec l'or dans le rapport de dix à un. Mais qu'alors on vienne à préférer, dans les meubles et dans les habits, l'or à l'argent, l'or à son tour deviendra plus rare, et sera avec l'argent dans le rapport d'un à quinze.

Les métaux sont donc plus rares ou plus abondants, suivant que nous les employons à plus ou moins d'usages. Par conséquent, nous ne pouvons juger de leur valeur relative, qu'autant que nous pouvons comparer les usages qu'on fait de l'un avec ceux qu'on fait de l'autre.

Mais comment juger de ces usages et les comparer ? Par la quantité qu'on demande de chacun de ces métaux dans le marché. Car on n'achète les choses qu'autant qu'on en veut faire usage. La valeur relative des métaux est donc appréciée dans les marchés. À la vérité, elle ne l'est pas géométriquement : elle ne peut l'être avec une exacte précision. Mais enfin les marchés seuls font la règle, et le gouvernement est obligé de la suivre.

Si cette valeur doit varier de temps à autre, les variations n'en sont jamais brusques, parce que les usages changent toujours lentement. Aussi l'or et l'argent conservent-ils longtemps la même valeur, relativement l'un à l'autre.

Entre des peuples voisins, le commerce tend à rendre les mêmes choses également abondantes chez les uns et chez les autres ; et par conséquent il leur donne chez tous la même valeur ; il y réussit, surtout quand elles sont, comme l'or et l'argent, d'un transport qui se fait facilement et sans obstacle. C'est qu'alors elles circulent parmi plusieurs nations, comme elles circuleraient dans une seule ; et elles se vendent dans tous les marchés, comme si elles se vendaient dans un seul marché commun.

Supposons que les États de l'Europe sont tous dans l'usage de défendre l'exportation et l'importation de l'or et de l'argent, et que cette prohibition a eu son effet.

Supposons encore qu'il y a en Angleterre et en France la même quantité d'or, mais plus d'argent dans l'un de ces royaumes que dans l'autre. Supposons enfin qu'il y a en Hollande beaucoup plus d'or que partout ailleurs, et beaucoup moins d'argent.

Dans ces suppositions où la quantité de l'or relativement à l'argent est différente d'un État à l'autre, la valeur relative de ces métaux ne pourra pas être la même dans les marchés de ces trois nations. L'or, par exemple, aura un prix en France, un autre en Hollande, un autre en Angleterre.

Mais si on permet à ces métaux de circuler librement parmi tous les peuples de l'Europe, alors on ne les appréciera pas d'après le rapport où ils sont l'un à l'autre en France, en Hollande ou en Angleterre ; mais on les appréciera d'après le rapport où ils sont l'un à l'autre chez toutes les nations prises ensemble. Quoique inégalement répartis, ils seront censés être en même quantité partout, parce que ce qu'il y aura de plus en or, par exemple, aujourd'hui dans un État, peut en sortir et passer demain dans un autre. Voilà pourquoi, dans tous les marchés de l'Europe, on juge du rapport de l'or à l'argent comme on en jugerait dans un seul marché commun.

On voit donc comment la valeur relative de l'or à l'argent s'apprécie de la même manière dans plusieurs États, où ces métaux passent librement de l'un chez l'autre. Mais lorsque des nations éloignées ne peuvent pas avoir entr'elles un commerce continuel, et, pour ainsi dire, journalier, alors cette valeur s'apprécie différemment chez chacune, parce qu'elle se règle dans des marchés qui n'ont point entre eux assez de relation, et, dont, par cette raison, on ne saurait former un seul marché commun. Au Japon, par exemple, l'or est à l'argent comme un à huit, tandis qu'il est en Europe comme un à quatorze et demi, ou comme un à quinze.

J'ai dit que les marchés font la loi au gouvernement. Pour le comprendre, supposons que, dans tous les marchés de l'Europe, l'or soit à l'argent comme un à quatorze, et que cependant le gouvernement évalue en France ces métaux dans le rapport d'un à quinze, et voyons ce qui doit en résulter.

En France, il faudra quinze onces d'argent pour payer une once d'or ; tandis que, chez l'étranger, on paiera une once d'or avec quatorze onces d'argent : sur quinze onces d'argent, on gagnera donc une once, toutes les fois qu'on en portera chez l'étranger pour l'échanger contre de l'or ; et par conséquent l'argent sortira insensiblement du royaume. Quand ensuite le gouvernement voudra le faire revenir, il perdra encore un quinzième, parce que, pour une once d'or, on ne lui donnera que quatorze onces d'argent. Or il éviterait toutes ces pertes s'il se conformait au prix du marché commun.

Section 20
Du vrai prix des choses

Nous venons de voir comment le prix de l'or et de l'argent s'établit le même dans tous les marchés de plusieurs nations, lorsque ces métaux peuvent sans obstacles passer continuellement de l'une chez l'autre. En raisonnant d'après les mêmes principes : il nous sera facile de juger du vrai prix de chaque chose.

Je suppose que, dans un pays grand comme la France, les provinces se sont interdit tout commerce entr'elles, et qu'il y en ait cependant où la récolte ne soit jamais suffisante, d'autres où elle ne fournisse, années communes, que ce qu'il faut à la consommation, et d'autres où il y ait presque toujours surabondance. C'est ce qui doit arriver.

Considérons d'abord une province où les récoltes ne sont jamais suffisantes. Si nous supposons que le commerce intérieur y jouisse d'une liberté entière, tous ses marchés communiqueront entre eux ; et, par conséquent, les denrées se vendront, dans chacune séparément, comme si elles venaient toutes se vendre dans un marché commun. Parce que, de proche en proche, on saura dans chacun ce qu'elles se vendent dans tous, il ne sera pas possible de les vendre dans l'un à beaucoup plus haut prix que dans les autres. C'est ainsi que l'or a le même prix, à peu de chose près, dans tous les marchés de l'Europe.

Dans cette province, les récoltes ne sont jamais suffisantes, c'est ce que nous avons supposé ; et, puisque nous supposons encore qu'elle s'est interdit tout commerce extérieur, c'est une conséquence que les autres provinces ne puissent pas suppléer à ce qui lui manque.

Cela étant, le blé sera à un prix d'autant plus haut, qu'il y en aura moins, et qu'il en faudra davantage ; et, parce que c'est une nécessité que ses habitants se réduisent au nombre qu'elle peut nourrir, elle se dépeuplera infailliblement.

Dans une province où il y a presque toujours surabondance, les blés, en supposant le commerce intérieur parfaitement libre, se vendront, dans tous les marchés, à peu-près au même prix, parce qu'ainsi que dans la première, ils s'y vendront comme s'ils se vendaient dans un seul marché commun.

Cette province, nous l'avons supposé, s'est aussi interdit tout commerce extérieur. Elle ne peut donc pas exporter. Ses blés seront donc à un prix d'autant plus bas, qu'elle en a plus, et qu'il lui en faut moins.

Cette surabondance étant à charge au cultivateur qui n'en vend pas une plus grande quantité de blé, et qui cependant le vend à plus bas prix, il cessera de labourer et d'ensemencer une partie de ses champs.

Il y sera même forcé ; car, avec le faible bénéfice qu'il trouve dans les blés qu'il vend, il pourra d'autant moins s'engager dans de grands frais de culture, que le journalier qui, par le bas prix du pain, gagne en un jour de quoi subsister deux, ne voudra pas travailler tous les jours, ou exigera de plus forts salaires.

Il arrivera donc nécessairement que les récoltes, dans cette province, diminueront pour se mettre en proportion avec la population, comme, dans l'autre, la population a diminué pour se mettre en proportion avec les récoltes.

Considérons enfin une province où les récoltes, années com-

munes, fournissent précisément ce qu'il faut à la consommation ;
et supposons-lui, comme aux deux autres, au-dedans un commerce parfaitement libre, et point de commerce au-dehors.

Puisque, années communes, cette province ne récolte précisément que ce qu'il lui faut, il y aura rareté dans quelques années, et
surabondance dans d'autres. Le prix du blé variera donc d'année en
année ; mais, années communes, il y sera plus bas que dans la province où nous avons supposé que la récolte n'est jamais suffisante,
et il sera plus haut que dans la province où nous avons supposé que
la récolte est presque toujours surabondante.

Dans cette province, la culture et la population pourront se maintenir au même degré, ou à-peu-près. Elle sera seulement exposée à
de grandes variations dans les prix, puisque nous supposons qu'on
ne lui apportera pas des blés lorsqu'elle en manquera, et qu'elle n'en
exportera pas lorsqu'elle en aura trop.

Dans ces trois provinces nous avons trois prix différents : dans la
première, un prix haut ; dans la troisième, un prix bas, et dans la
seconde, un prix moyen.

Il n'est donc pas possible qu'aucun de ces prix soit pour toutes en
même temps le vrai prix du blé, c'est-à-dire, le prix qu'il importe à
toutes de lui donner.

Chacune apprécie le blé d'après le rapport qu'elle aperçoit, ou croit
apercevoir entre la quantité et le besoin. Juge-t-elle que la quantité
n'est pas suffisante, le prix est haut ; la juge-t-elle suffisante, le prix
est bas.

J'appelle proportionnels les prix qui s'établissent sur de pareils
rapports. Par où l'on voit que, quels que soient les prix, ils sont toujours proportionnels, parce qu'ils sont toujours fondés sur l'opinion qu'on a de la quantité relativement au besoin. Mais le prix, qui
a cours dans une de nos provinces, quoique proportionnel chez
elle, serait disproportionnel chez les autres, et ne peut leur convenir.

Les prix des blés ne sont si différents dans ces trois provinces, que
parce que nous avons interdit tout commerce entre elles. Ils ne le
seront donc plus, si nous leur accordons la liberté d'exporter réciproquement des unes chez les autres.

En effet, si elles commercent librement, il arrivera aux marchés qui se tiennent dans toutes les trois ce qui est arrivé aux marchés qui se tenaient dans chacune en particulier. Ils communiqueront les uns avec les autres, et le blé se vendra dans tous, au même prix, comme s'il se vendait dans un seul marché commun. Alors ce prix, le même pour toutes trois, et tout-à-la-fois proportionnel chez chacune, sera celui qu'il importe également à toutes trois de donner au blé ; et, par conséquent, ce sera, pour toutes trois, le vrai prix.

Ce prix est celui qui est le plus avantageux à la province dont le sol, par sa nature, est d'un produit surabondant, parce qu'elle vendra les blés qu'elle ne consomme pas, et qu'elle ne sera plus dans le cas d'abandonner une partie de sa culture pour proportionner ses récoltes à sa consommation.

Ce prix est également avantageux à la province dont le sol est naturellement peu fertile, parce qu'elle achètera les blés dont elle manque, et qu'elle ne sera plus dans le cas de se dépeupler pour proportionner sa population à ses récoltes.

Enfin ce prix n'est pas moins avantageux à la province dont le sol ne fournit, années communes, que ce qu'il faut à sa consommation. Elle ne sera plus exposée à voir ses blés trop hausser ou trop baisser tout-à-coup et comme par secousses, parce que, dans la surabondance, elle pourra vendre au prix du marché commun, et que dans la rareté elle pourra acheter au même prix. En un mot, ce prix du blé, ce vrai prix fera verser continuellement le surabondant d'une province dans l'autre, et répandra l'abondance dans toutes.

Je dis qu'il répandra l'abondance dans toutes. C'est qu'une mauvaise récolte ne pourra pas occasionner une disette, même dans la province la moins fertile, car cette province a les blés qui surabondent ailleurs, puisque, par la liberté dont jouit le commerce, ils sont toujours prêts à entrer chez elle.

Quand je dis qu'elle achète au même prix que les deux autres, c'est que je considère les achats dans le marché commun où le prix est le même pour toutes trois, et je fais abstraction des frais de transport qu'elle aura à payer de plus. Je ne dis pas, comme quelques écrivains, que les frais de transport ne font pas partie du prix du blé, car certainement on ne paierait pas ces frais, si on ne jugeait pas que le blé les vaut. Mais j'en fais abstraction, parce que, pour juger du vrai prix qui doit être le même pour toutes les provinces, il ne faut considérer les achats et les ventes que dans le marché commun. J'ajoute que ce marché se tient toujours dans la province où le blé surabonde, ou dans celle qui est située pour servir d'entrepôt à toutes. C'est là qu'on arrive de toutes parts pour en acheter.

Les raisonnements, que je viens de faire sur ces trois provinces, pourraient se faire sur un plus grand nombre, sur toutes celles de la France, par exemple, et alors on verrait qu'un commerce libre entre elles établirait un prix, tout-à-la-fois le même pour toutes, tout-à-la-fois proportionnel dans chacune, et qui, par conséquent, serait le vrai prix pour la France, ou le plus avantageux à toutes ses provinces.

On ne sait point quel est le vrai prix du blé en Europe, et on ne peut pas le savoir. Il y a un prix, chez chaque nation, qui est le vrai prix pour elle, mais il ne l'est que pour elle. Chacune a le sien ; et, de tous ces prix, aucun ne saurait être tout-à-la-fois proportionnel chez toutes, et, par conséquent, aucun ne saurait être le vrai pour toutes également.

Si, dans un temps où les Anglais et les Français ne commercent point ensemble, les récoltes surabondantes en Angleterre ont été insuffisantes en France, il s'établira deux prix, tous deux fondés sur la quantité relativement au besoin, et tous deux différents, puisque la quantité relativement au besoin n'est pas la même en France et en Angleterre. Aucun de ces prix ne sera donc tout-à-la-fois proportionnel pour toutes deux : aucun ne sera également avantageux à toutes deux : aucun ne sera, pour toutes deux, le vrai prix.

Mais, si les Anglais et les Français commerçaient entre eux avec une liberté pleine et entière, le blé, qui surabonde en Angleterre, se verserait en France ; et, parce qu'alors les quantités, relativement au besoin, seraient les mêmes dans l'une et l'autre monarchie, il s'établirait un prix qui serait le même pour toutes deux, et ce serait le vrai pour l'une comme pour l'autre, puisqu'il leur serait également avantageux.

On voit par-là combien il importerait à toutes les nations de l'Europe de lever les obstacles qu'elles mettent, pour la plupart, à l'exportation et à l'importation.

Il n'est pas possible que, dans la même année, les récoltes soient chez toutes également mauvaises : il n'est pas plus possible qu'elles soient chez toutes, dans la même année, également bonnes. Or un commerce libre, qui ferait circuler le surabondant, produirait le même effet que si elles étaient bonnes partout, c'est-à-dire, que si elles étaient partout suffisantes à la consommation. Le blé, les frais de voiture défalqués, aurait dans toute l'Europe le même prix ; ce prix serait permanent, et le plus avantageux à toutes les nations.

Mais lorsqu'elles défendent l'exportation et l'importation, ou qu'elles mettent sur l'une et sur l'autre des droits équivalents à une prohibition ; lorsqu'en permettant d'exporter, elles défendent d'importer, ou qu'en permettant d'importer, elles défendent d'exporter ; lorsqu'enfin, sous prétexte de se conduire différemment suivant la différence des circonstances, elles défendent ce qu'elles ont permis, elles permettent ce qu'elles ont détendu, tour-à-tour, subitement, sans principes, sans règles, parce qu'elles n'en ont point, et qu'elles ne peuvent en avoir : alors il est impossible que le blé ait un prix qui soit le même et le vrai pour toute l'Europe, il est impossible qu'il ait nulle part un prix permanent. Aussi voit-on qu'il monte à un prix excessif chez une nation, tandis qu'il tombe à un vil prix chez une autre.

Ce n'est pas que le vrai prix puisse être, toutes les années, absolument le même : il doit varier sans doute ; mais il se maintiendra toujours entre deux termes peu distants l'un de l'autre. C'est ce qu'il faut expliquer.

Nous avons remarqué que les récoltes ne sauraient être ni également bonnes, ni également mauvaises, dans toute l'Europe : mais on conçoit qu'il y aura quelquefois des années où elles seront généralement plus abondantes, et que quelquefois aussi il y aura d'autres années où elles le seront généralement moins. Le vrai prix du blé baissera donc, et haussera quelquefois.

Il baissera dans la plus grande abondance générale à proportion que la quantité des blés sera plus grande que la consommation ; et, dans une moindre abondance générale, il haussera à proportion que la quantité des blés se rapprochera de ce qui s'en consomme.

Je dis qu'il haussera dans une moindre abondance générale, et je ne dis pas dans une disette. Car il serait bien extraordinaire qu'il y eût de mauvaises années pour l'Europe entière. Il peut seulement y en avoir de meilleures les unes que les autres ; et ce sont ces meilleures années qui feront baisser le prix du blé.

L'Europe, si toutes ces provinces commerçaient librement les unes avec les autres, récolterait, années communes, autant de grains qu'elle en consomme, parce que la culture se réglerait sur la consommation. Le prix des blés serait donc constamment fondé sur une même quantité relativement au besoin, et, par conséquent, il serait constamment le même.

Or supposons que le blé fût à vingt-quatre livres le septier : dans une abondance grande et générale, il pourra baisser à vingt-deux, à vingt, ou, si l'on veut, à dix-huit. Mais certainement l'abondance générale ne sera jamais assez grande pour le faire descendre à un vil prix.

De même, dans une moindre abondance générale, il pourra hausser à vingt-six, vingt-huit ou trente. Mais la rareté ne sera jamais généralement assez grande pour l'élever à un prix excessif. J'ai même peine à croire qu'il pût varier de dix-huit à trente : car ces termes me paraissent bien distants.

Au contraire, lorsque les nations de l'Europe s'interdisent mutuellement le commerce par des prohibitions expresses, ou par des droits équivalents, on conçoit que le prix du blé doit, tour-à-tour, tantôt chez l'une, tantôt chez l'autre, varier au point qu'il sera impossible d'assigner un terme au plus haut prix et au plus bas. Le même peuple verra tout-à-coup descendre le blé à dix livres, ou monter à cinquante. Arrêtons-nous sur les suites funestes de ces variations.

Lorsque le blé est à dix livres, le cultivateur en vend plus que lorsqu'il est à cinquante, parce qu'on en consomme davantage. Mais il n'est à dix livres que parce qu'il en a beaucoup plus qu'il n'en peut vendre, et ce plus est pour lui une non-valeur. Cependant il ne trouve point de dédommagement dans le blé qu'il vend, parce qu'il le vend à vil prix. Il a donc cultivé, et il n'en retire aucun bénéfice. Peut-être même que les frais de culture ne lui rentreront pas.

Il n'est donc pas de son intérêt d'ensemencer autant de terres qu'il aurait fait. Quand il le voudrait, il ne le pourrait pas. Il n'est pas en état d'en faire les avances.

Il n'est pas en état, dis-je, d'en faire les avances : premièrement, parce qu'il n'a pas assez gagné sur la vente de ses blés ; en second

Étienne Bonnot de Condillac

lieu, parce que les journaliers qui, en un jour, comme nous l'avons déjà remarqué, gagnent de quoi subsister deux, travaillent la moitié moins. Ils sont donc plus rares, et, étant plus rares, ils sont à plus haut prix. Ainsi les frais augmentent pour le cultivateur lorsque son bénéfice diminue.

Il a donc moins ensemencé ; par conséquent la récolte sera moindre, et elle se réduira à bien peu de chose si l'année est mauvaise.

Le surabondant de la récolte précédente y suppléera, dira-t-on. Je réponds que, si le cultivateur avait pu le vendre à l'étranger, il aurait retiré un plus grand bénéfice de la vente de ses blés, parce qu'il les aurait vendus à meilleur prix et en plus grande quantité. Il aurait été en état d'ensemencer plus de terres, il y aurait trouvé son intérêt, et la récolte eût été plus abondante.

Il n'a pu conserver le surabondant de son blé sans frais et sans déchet ; et c'est sans frais et sans déchet qu'il eût conservé l'argent qu'il en aurait retiré. Il serait donc plus riche, avec cet argent, qu'il ne l'est avec le surabondant qui lui reste. Le moyen le plus sûr et le moins dispendieux de garder le blé, c'est de le garder en argent : car c'est garder le blé que de garder l'argent avec lequel on peut toujours en acheter. Pour quoi forcer le cultivateur à bâtir des greniers, à quitter la charrue pour visiter ses blés, à payer des valets pour les remuer ?

S'il n'est pas assez riche pour faire ces dépenses, ses blés germeront, ils seront consommés par les insectes, et le surabondant sur lequel on avait compté ne se trouvera plus.

Aussi observe-t-on que la disette vient toujours après l'abondance, et que, lorsque les blés ont été à vil prix, ils passent tout-à-coup à un prix excessif. Or ce prix, à charge au peuple, ne dédommage pas le cultivateur à qui une mauvaise récolte laisse d'autant moins de blé à vendre qu'il n'a ensemencé qu'une partie de ses terres.

Nous avons remarqué que, lorsque le blé est à vil prix, les journaliers se mettent à un prix trop haut : nous remarquerons ici que, lorsqu'il est à un prix excessif, ils se mettent à un prix trop bas.

Dans le premier cas, comme il faut peu gagner pour avoir de quoi acheter du pain, plusieurs passent des jours sans travailler. Au contraire, dans le second tous demandent à l'envi de l'ouvrage, ils en demandent tous les jours, et ils s'offrent au rabais. Encore plusieurs s'offrent-ils inutilement. Les cultivateurs, qui se ressentent des pertes qu'ils ont faites, ne sont pas assez riches pour faire travailler tous ceux qui se présentent.

Dans ces temps de variations les salaires sont donc nécessairement trop haut ou trop bas, et cela est vrai de tous ; car l'artisan, comme le journalier, vend son travail au rabais quand le pain est cher, et quand le pain est à bon marché il met son travail à l'enchère.

Pendant ce désordre, toutes les fortunes se dérangent plus ou moins. Le grand nombre retranche sur son nécessaire, les gens riches retranchent au moins sur leurs superfluités, beaucoup d'ouvriers manquent d'ouvrages, les manufactures tombent, et on voit la misère se répandre dans les campagnes et dans les villes, que le commerce aurait pu rendre florissantes.

Si le commerce jouissait toujours et partout d'une le vrai prix liberté pleine et entière, le vrai prix des grains s'établirait nécessairement, et il serait permanent : alors le désordre cesserait. Les salaires, qui se proportionneraient avec le prix permanent du blé, mettraient toutes les espèces de travaux à leur vrai prix. Le cultivateur jugerait mieux des dépenses qu'il a à faire, et il craindrait d'autant moins de s'y engager qu'il serait assuré de trouver dans ses récoltes ses frais et son bénéfice. J'en dis autant des entrepreneurs dans tous les genres. Tous emploieraient un plus grand nombre d'ouvriers, parce que tous en auraient la faculté ; et que tous seraient assurés du bénéfice dû à leur industrie. Alors plus de bras oisifs. On travaillerait également dans les villes et dans les campagnes : on ne serait pas réduit à retrancher sur son nécessaire : on pourrait au contraire se procurer de nouvelles jouissances, et le commerce serait aussi florissant qu'il peut l'être.

On demandera peut-être à quoi on pourra reconnaître le vrai prix. On le reconnaîtra en ce que ses variations seront toujours renfermées entre deux termes peu distants, et c'est en ce sens que je l'appelle permanent. S'il ne variait, par exemple, que de vingt à vingt-quatre, il serait bas à vingt, haut à vingt-quatre, et moyen à vingt-deux. Tout autre prix serait un faux prix, qui prendrait le nom de cherté, lorsqu'il s'élèverait au-dessus de vingt-quatre, et qui prendrait celui de bon marché, lorsqu'il descendrait au-dessous de vingt. Ce faux prix causerait nécessairement des désordres, parce que, dans le bon marché, le producteur serait lésé, et le consommateur le serait dans la cherté. Or le vrai prix doit être également avantageux à tout le monde.

Section 21
Du monopole

Faire le monopole, c'est vendre seul. Ce mot qui est devenu odieux ne doit pas l'être toujours. Un grand peintre vend seul ses ouvrages, par la raison qu'il peut seul les faire.

Il porte son salaire au plus haut : il n'a d'autre règle que la fortune des amateurs qui sont curieux de ses tableaux.

A-t-on la fantaisie d'être peint par lui, parce qu'il saisit parfaitement les ressemblances, et toujours en beau ? Il fera payer un portrait cent louis, ou même davantage, si à ce prix on lui en demande plus qu'il n'en peut faire. Son intérêt est de gagner beaucoup, en faisant peu de portraits ; d'en faire peu, afin de les faire mieux, et d'assurer par-là de plus en plus sa réputation.

Ce prix peut paraître exorbitant. Cependant il ne l'est pas : c'est le vrai prix. Il est réglé par une convention faite librement entre le peintre et celui qui se fait peindre, et personne n'est lésé. N'êtes-vous pas assez riche pour payer votre portrait cent louis ? Ne le faites pas faire, vous pouvez vous en passer. Êtes-vous assez riche ? C'est à vous de voir lequel vous aimez le mieux de garder vos cent louis, ou de les échanger contre votre portrait.

Ce prix, parce qu'il est le vrai, est fondé sur la quantité relativement au besoin. Ici le besoin est la fantaisie que vous avez d'être peint, et la quantité est une, puisque nous ne supposons qu'un seul peintre qui saisisse les ressemblances à votre gré. Plus donc votre fantaisie sera grande, plus le peintre sera en droit d'exiger de vous un fort salaire. Votre portrait vous coûtât-il mille louis, il ne sera pas cher, c'est-à-dire, au-dessus du vrai prix.

Il ne faut pas raisonner sur les jouissances qu'on se procure par fantaisie, par caprice, par mode, comme sur les jouissances qui sont d'une nécessité absolue. Si vous étiez seul marchand de blé, et que vous me le fissiez payer cent francs le septier, vous ne pourriez pas dire que vous me l'avez vendu d'après une convention passée librement entre vous et moi : il serait évident que j'ai été forcé par le besoin, et que vous avez cruellement abusé de ma situation. Voilà le monopole qui devient odieux, parce qu'il est injuste.

Dans le commerce des nécessaires, le prix, lorsqu'il est le vrai, est permanent ; et c'est à cela, comme nous l'avons remarqué, qu'il se reconnaît.

Dans le commerce des superfluités, le prix n'est point permanent : il ne peut l'être, il varie comme les modes. Aujourd'hui un artiste est en vogue, demain un autre. Bientôt, au lieu d'un concurrent, il en a plusieurs. Réduit donc à se borner à de moindres salaires, il vendra à bas prix ce qu'il vendait auparavant à prix haut. Nous avons vu à deux ou trois louis des tabatières de carton, qui sont aujourd'hui à vingt-quatre sous. Malgré cette variation, elles ont toujours été à leur vrai prix. C'est que le prix des choses de fantaisie ne peut se fixer, et qu'il peut être très-haut en comparaison de celui des choses de nécessité.

Puisque, dans le commerce, le vrai prix est un prix permanent, il est évident qu'il ne peut subsister avec le monopole, qui le ferait hausser brusquement coup sur coup. Mais, si celui qui vend seul fait hausser les prix, il suffira, pour les faire baisser, de multiplier les vendeurs.

Or ils se multiplieront d'eux-mêmes, quand on n'y mettra point d'obstacles. Comme toute espèce de commerce offre un bénéfice, il ne faut pas craindre qu'il ne se fasse pas. Si on laisse la liberté de le faire, il se fera, et le nombre des marchands croîtra, tant qu'en le faisant concurremment ils y trouveront assez de bénéfice pour subsister. S'ils venaient à se multiplier trop, ce qui doit arriver quelquefois, une partie abandonnera un commerce qui ne lui est pas avantageux, et il restera précisément le nombre de marchands dont on a besoin. Il faut, encore un coup, laisser faire : la liberté, s'il y a des monopoleurs, en purgera la société.

Tout vendeur veut gagner, et gagner le plus qu'il peut. Il n'en est aucun qui ne voulût écarter tous ses concurrents, et vendre seul, s'il le pouvait.

Étienne Bonnot de Condillac

Tout acheteur voudrait acheter au plus bas prix, et il désirerait que les vendeurs, à l'envi les uns des autres, lui offrissent les choses au rabais.

Cependant tout vendeur dans un genre est acheteur dans un autre. S'il lui importe d'être sans concurrents, il lui importe que les vendeurs dont il achète en aient beaucoup, et il n'importe pas moins à ceux-ci qu'il ne soit pas seul.

De ces intérêts contraires, il en résulte que l'intérêt de tous n'est pas de vendre au plus haut prix et d'acheter au plus bas, mais de vendre et d'acheter au vrai prix. Ce vrai prix est donc le seul qui concilie les intérêts de tous les membres de la société. Or il ne pourra s'établir que lorsqu'il y aura, dans chaque branche de commerce, le plus grand nombre possible de marchands.

Il n'y a, comme nous l'avons remarqué, que les grands artistes, uniques en leur genre, qui puissent, sans injustice, faire le monopole. Ils ont, par leurs talents, le privilège de vendre seuls. Mais, lorsqu'il s'agit du commerce des choses nécessaires, où heureusement il ne faut pas des talents rares, j'entends par monopoleurs un petit nombre de marchands qui achètent et qui revendent exclusivement ; et je dis qu'il y a monopole, par conséquent injustice et désordre, toutes les fois que ce nombre n'est pas aussi grand qu'il pourrait l'être.

Aujourd'hui tout le commerce en Europe se fait donc par des monopoleurs. Je ne veux pas parler des douanes, des péages, des privilèges exclusifs qui gênent le commerce intérieur de province en province : nous traiterons ailleurs de ces abus. Je ne parle que des entraves qu'on a mises au commerce de nation à nation.

Lorsqu'en France nous défendons l'importation des marchandises anglaises, nous diminuons le nombre des marchands qui nous auraient vendu ; et, par conséquent, nos marchands nationaux deviennent des monopoleurs, qui vendent à plus haut prix qu'ils n'auraient fait, s'ils avaient vendu concurremment avec les marchands anglais.

Lorsque nous défendons l'exportation en Angleterre, nous diminuons pour les Anglais le nombre des marchands qui leur auraient vendu, et, par conséquent, ceux qui leur vendent deviennent des monopoleurs, qui leur font payer les choses à plus haut prix qu'ils n'auraient fait s'ils avaient vendu concurremment avec nos marchands.

Appliquons ce raisonnement partout où le gouvernement défend d'exporter et d'importer, et nous reconnaîtrons que les nations semblent avoir oublié leurs vrais intérêts pour ne s'occuper que des moyens de procurer de plus gros bénéfices à des marchands monopoleurs.

En effet, comme nous diminuons le nombre de ceux qui nous vendent, et que nous achetons tout à plus haut prix lorsque nous défendons l'importation, nous diminuons le nombre de ceux qui achètent de nous, et nous vendons tout à plus bas prix lorsque nous défendons l'exportation, c'est-à-dire, que nous ne sommes jamais au vrai prix. Nous sommes au-dessus pour acheter cher, et au-dessous pour vendre à bon marché. Certainement ce n'est pas le moyen de faire un commerce avantageux. Cependant c'est dans l'espérance d'acheter à bon marché et de vendre cher qu'on a imaginé ces prohibitions. Les nations ont voulu se nuire mutuellement, et elles se sont nui chacune à elles-mêmes. Il n'y a que la concurrence du plus grand nombre possible de vendeurs et d'acheteurs qui puisse mettre les choses à leur vrai prix, c'est-à-dire, à ce prix qui, étant également avantageux à toutes les nations, exclut tout-à-la-fois la cherté et le bon marché.

Section 22
De la circulation des blés

Lorsque, n'ayant pas de quoi attendre une seconde récolte, on n'a du blé, par exemple, que pour neuf mois, on est menacé d'en manquer, s'il n'en arrive pas ; et il renchérit d'autant plus qu'on espère moins d'en voir arriver. Ce renchérissement, qui le fait hausser au-dessus du vrai prix, devient cherté. On crie donc à la disette, non qu'on manque totalement de blé, mais parce qu'on est menacé d'en manquer, et que ceux qui ne peuvent pas le payer au prix où il est en manquent déjà.

Cette disette réelle, si en effet il n'y a pas assez de blé, n'est qu'une disette d'opinion, lorsque le blé, qui ne manque pas dans les greniers, manque seulement dans les marchés. C'est ce qui arrive quand il y a monopole. Les monopoleurs retardent de le mettre en vente, afin de trouver, dans un plus grand renchérissement, un plus grand bénéfice. Leur cupidité alarme le peuple : la disette d'opinion croît, et le blé monte à un prix excessif.

Quand la disette est réelle, nous n'avons de secours à attendre que des étrangers : il faut qu'ils nous en apportent autant qu'il nous en manque.

Si elle n'est que dans l'opinion, il suffira qu'ils nous en montrent. Au bruit seul qu'il en arrive, les marchands, qui voudront profiter du moment où il est encore à un prix haut, se hâteront de le mettre en vente, et, par conséquent, ils en feront bientôt baisser le prix.

Dans la surabondance même, il y aurait cherté et apparence de disette, si ceux qui ont les blés s'obstinaient à les garder dans leurs greniers, ou à n'en mettre en vente qu'une quantité qui ne suffirait pas à la consommation journalière ; et, dans la plus grande rareté, il y aurait bon marché et apparence de surabondance, si on les forçait à mettre en vente tous leurs blés à-la-fois, ou seulement une quantité plus que suffisante à la consommation journalière.

Dans le premier cas, le peuple souffrirait comme dans une disette réelle ; et, dans le second, les cultivateurs et les marchands seraient lésés.

Il serait donc également nuisible de mettre en vente tout-à-la-fois une quantité de blé qui doit servir à la subsistance de plusieurs mois, ou de n'en mettre en vente à chaque fois qu'une quantité qui ne suffirait pas à la subsistance d'un marché à l'autre.

C'est donc peu-à-peu que le blé doit sortir des greniers. Il suffit qu'on en livre autant qu'on en demande, et que la vente se fasse dans la proportion du besoin.

Mais les cultivateurs, pour le vendre cher, voudraient qu'il fût rare dans les marchés ; et le peuple, pour l'acheter à bon marché, voudrait qu'il y fût surabondant. Cependant, dans l'un et l'autre cas, il y aurait lésion de part ou d'autre, et même des deux côtés à-la-fois.

Il est vrai que, lorsque le cultivateur vend cher, il fait un plus grand bénéfice sur ce qu'il vend : mais il vend en moindre quantité, parce qu'il force le peuple à vivre de châtaignes, de pommes de terre, de racines, etc. Il l'accoutume donc à consommer moins de blé ; et, en faisant diminuer la consommation, il fait diminuer ses ventes pour

98

les années suivantes, et par conséquent ses revenus. Que sera-ce si le peuple s'ameute et pille les greniers ? Le cultivateur, qui veut vendre cher, est donc la victime de sa cupidité.

Le peuple ne se trompe pas moins lorsqu'il veut acheter bon marché. Il est vrai qu'il y trouve d'abord un avantage momentané. Mais nous avons vu que le bon marché est toujours suivi d'une cherté où le peuple manque de pain, et ne peut pas même travailler pour en gagner.

La lésion que le cultivateur et le peuple se font tour-à-tour, par la cherté et par le bon marché, retombe donc, par contrecoup, sur tous les deux.

Par conséquent, il importe que le blé ne se mette en vente, ni en trop grande quantité, ni en trop petite, puisqu'il importe qu'il ne soit ni cher, ni bon marché.

Mais, parce qu'on en consomme toujours, il importe qu'il y en ait toujours en vente autant qu'on a besoin d'en consommer ; et c'est alors qu'il sera à son vrai prix.

Le blé ne croît pas également partout. Il ne s'en produit pas un épi dans les villes, où il s'en fait la plus grande consommation. On n'y sait pas même comment il se produit ailleurs ; et voilà pourquoi on y raisonne communément si mal sur le commerce des blés.

Quoi qu'il en soit, pour que les blés soient en vente toujours et partout en quantité suffisante, il faut que des lieux où ils surabondent ils ne cessent de se verser dans les lieux où ils manquent ; ce qui ne peut se faire que par un mouvement prompt et jamais interrompu : prompt, dis-je, et jamais interrompu, parce que tous les jours les consommateurs en ont le même besoin. Ce mouvement est ce que j'appelle circulation des blés.

Le versement se fait de proche en proche ou à distance.

De proche en proche, lorsqu'on porte le blé dans les marchés, et qu'il passe successivement de l'un dans l'autre.

Ces marchés, qui sont autant de débouchés, ne sauraient trop se multiplier. Il faut qu'il y en ait de tous côtés, et qu'ils soient dans les lieux les plus commodes pour les vendeurs, comme pour les acheteurs. Ils devraient être à leur choix, sans droits, sans gênes.

Le versement se fait à distance lorsque dans une province, on fait des envois de blé pour une autre, ou lorsqu'on en porte chez l'étranger.

Pour avoir ces débouchés, il faut des chemins, des canaux, des rivières navigables et une marine marchande, point de péages, point de douanes, aucune espèce de droits.

Voilà la route tracée à la circulation : observons comment elle doit se faire.

Les soins de la culture ne permettent pas toujours à un fermier de vendre ses grains aux marchés même les plus voisins. En effet, dans un jour favorable aux labours, aux ensemencements, à la récolte, quittera-t-il ses champs au hasard de ne plus retrouver un jour aussi favorable ? Or, s'il ne peut pas toujours porter lui-même ses blés dans le marché voisin, il peut encore moins entreprendre de les porter dans les marchés éloignés.

Il faut donc qu'il s'établisse des marchands qui achètent du fermier pour revendre au consommateur.

Ces marchands sont des hommes que l'expérience a formés. Ils ne réussiront dans leur commerce qu'autant qu'ils s'en seront occupés uniquement, et qu'ils auront acquis un nombre de connaissances qui ne s'acquièrent qu'avec le temps.

Il faut qu'ils connaissent la qualité des blés pour n'être pas trompés sur le choix ; qu'ils aient appris à les voiturer au meilleur compte possible ; qu'ils sachent apprécier le déchet, les frais de transport, et tous les risques à courir ; qu'ils jugent d'où il peut arriver des blés dans les lieux où ils se proposent d'en porter, et qu'ils prévoient quand ils y arriveront. Car les marchands, qui se montreront les premiers, sont seuls assurés de vendre avec bénéfice.

Il faut donc encore, dans le cas où l'on aurait fait de fausses spéculations, s'être préparé d'autres débouchés, et savoir où l'on portera ses grains, pour n'être pas forcé de les vendre à perte.

Parce qu'on ne peut pas tout voir par soi-même, et qu'on le peut d'autant moins qu'en entreprendra un commerce plus étendu et plus au loin, il faudra avoir des correspondants intelligents, attentifs, dont la capacité soit reconnue : autrement un faux avis engagerait dans des entreprises ruineuses. Il n'est pas moins nécessaire de s'assurer de l'exactitude et de la fidélité de tous ceux à qui on confie la garde ou la vente de ses blés ; et il faut avoir des hommes habitués à les voiturer, et sur qui on puisse également compter. C'est par le concours d'une multitude d'agents, toujours en mouvement, que se fait la circulation des blés. Le peuple des villes est bien loin de l'imaginer.

Il est à propos de distinguer deux sortes de marchands de blé. Les uns sont des négociants qui, faisant ce commerce en grand, entreprennent d'approvisionner des provinces éloignées, soit au-dedans, soit au-dehors du royaume. Les autres sont de petits marchands qui, le faisant en détail dans un lieu circonscrit, paraissent se borner à l'approvisionnement d'un canton. C'est par ceux-ci surtout que le commerce se fait de proche en proche. On les nomme Blatiers.

Aux négociants il faut de grands magasins dans plus d'un lieu, beaucoup de valets pour garder leurs blés, des correspondants ou associés partout, et des voituriers en quelque sorte sur tous les chemins. Il est évident que, s'ils peuvent faire de grands profits, ils courent aussi de grands risques. Plus leur commerce est étendu, plus ils ont de spéculations à faire, et plus aussi le succès de leur entreprise est incertain.

Ayant fait de grandes avances, ils veulent faire de gros bénéfices. Aussi ne se pressent-ils pas de vendre. Ils épient le moment. Mais, parce que le blé est une denrée qu'on ne peut garder longtemps sans beaucoup de frais, qu'il y a un déchet toujours plus grand à le garder, et toujours plus de risques à courir, si l'occasion d'un gros bénéfice se fait trop attendre, ils sont obligés de se contenter d'un moindre. Alors ils se forcent la main, et ils servent le public malgré eux. Ils n'auront pas besoin d'une longue expérience pour apprendre qu'il est de leur intérêt de vendre toutes les fois qu'ils trouvent, dans la vente, tous leurs frais et un bénéfice.

Les blatiers achètent des fermiers pour revendre. À peine ont-ils besoin d'un magasin. S'ils en ont un, la garde n'en est pas dispendieuse ; et ils ont peu de déchet à craindre, parce qu'ils le vident presque aussitôt qu'ils l'ont rempli. Un valet leur suffit. Il ne leur faut qu'un âne ou un mulet pour voiturer leurs grains ; et ils n'ont pas besoin de correspondants, parce qu'ils font leur commerce dans un petit canton où ils sont habitués.

Il y a pour eux moins d'avances que pour les grands négociants, moins de frais, moins de risques, et ils se contentent d'un moindre bénéfice ; toujours pressés de se le procurer, parce qu'ils ne sont pas assez riches pour hasarder d'en attendre un plus grand. Leur intérêt est de vendre promptement, afin de racheter pour revendre. Ils ont besoin, pour subsister, que des achats et des ventes répétées fassent continuellement repasser par leurs mains leurs premières avances avec le bénéfice.

La circulation des blés se fait donc par un grand nombre de négociants, et par un plus grand nombre de blatiers.

Si nous avons besoin de blé, tous ces marchands n'ont pas moins besoin d'en vendre. Nous n'en manquerons donc pas si la plus grande liberté donne lieu à la plus grande concurrence.

Supposons qu'un riche négociant achète ou arrhe tous les blés d'une province dans le dessein d'y mettre la cherté, il causera sans doute un renchérissement, mais un renchérissement momentané. Car aussitôt, de toutes les provinces voisines, les blés reflueront, et le négociant, trompé dans son attente, se verra forcé, par un grand nombre de concurrents, à baisser le prix de ses blés. Il ne sera donc pas tenté de répéter cette opération. Il n'y aurait, dans ce monopole, que des risques et des pertes. Un négociant habile n'en fera pas l'essai.

Au lieu de songer à mettre la cherté dans un pays abondant en grains, et où, par conséquent, elle ne pourra passe maintenir, un négociant a un moyen plus simple et plus sûr pour faire le commerce de ses blés avec avantage : c'est de les envoyer partout où la cherté est une suite naturelle de la disette. Qu'il ait les yeux ouverts sur toute l'Europe, qu'il soit toujours prêt à faire des envois : s'il est bien informé de l'état des récoltes, ou seulement de l'opinion qu'on en a chez chaque nation, il pourra d'avance prévoir dans quels lieux les prix hausseront, et prendre ses mesures pour y faire ses envois à propos.

C'est ainsi, lorsque le commerce est parfaitement libre, qu'une multitude de marchands veillent sur les besoins de tous les peuples. Reposons-nous-en donc sur l'intérêt qu'ils ont à ne pas nous laisser manquer de blé : laissons-les faire, et nous n'en manquerons pas. Puisqu'il y a toujours quelque part des chertés naturelles qui leur offrent un bénéfice sûr, pourquoi s'occuperaient-ils des moyens d'en causer d'artificielles qui ne leur assureraient pas le même bénéfice ? Plus nous les jugeons intéressés, plus nous devons croire qu'ils sont éclairés sur leurs intérêts.

Mus donc par cet intérêt, les marchands, grands et petits, multipliés en raison de nos besoins, feront circuler les blés, les mettront partout au niveau, partout au vrai prix, et chacun sera entraîné par le mouvement général, qu'il ne pourra ni ralentir, ni précipiter.

Le monopole, dira-t-on, serait donc impossible. Sans doute il le serait dans le cas où le commerce des blés jouirait d'une liberté pleine, entière et permanente. Or c'est dans cette supposition que je viens d'observer la circulation des blés. Nous verrons ailleurs comment le monopole ne deviendra que trop facile.

Section 23
Le blé considéré comme mesure des valeurs

De toutes les marchandises, les métaux sont les plus propres à servir de mesure commune, nous en avons vu la raison. Mais, parce que, d'un siècle à l'autre, ils sont eux-mêmes plus rares ou plus abondants, et que, par conséquent, ils ont plus ou moins de valeur, ils ne peuvent pas être pris pour une mesure propre à déterminer dans quel rapport la valeur d'une marchandise, dans une époque, a été avec la valeur de cette même marchandise, dans une époque différente. Par exemple, je suppose que, dans le douzième siècle où l'argent était rare, une once fût le prix d'une aune de drap, aujourd'hui que l'argent est beaucoup plus abondant, il en faudra, pour payer l'aune de ce même drap, deux ou trois onces, ou peut-être quatre.

La valeur de l'argent est donc elle-même trop variable pour servir, dans tous les temps, de mesure à toutes les valeurs. Aussi avons-nous remarqué que, dans un siècle où il est une fois plus rare, on est aussi riche avec un revenu de cinquante onces, qu'on le serait dans un siècle où il est une fois plus abondant, avec cent onces de revenu.

Non seulement l'argent n'est pas une mesure exacte pour toutes les époques, il n'est pas même une mesure exacte pour tous les lieux. C'est qu'il n'a pas la même valeur partout.

Portés par habitude à juger des prix d'après la quantité d'argent que les choses nous coûtent, nous supposons précipitamment que ce que nous payons deux onces d'argent dans une grande ville marchande est un prix double de ce que nous payons une once dans une province où le commerce a peu de débouchés. Mais, en pareil cas, la différence entre les prix ne peut pas être exactement comme la différence du plus au moins d'argent. Ce métal est alors une mesure fausse. Il a une plus grande valeur dans la province sans commerce, où il est plus rare : il en a une moindre dans la ville marchande, où il est plus abondant. Comment donc pourrait-il mesurer le rapport où sont les prix qui ont cours dans l'une avec les prix qui ont cours dans l'autre ?

La circulation de l'argent se ralentit de campagne en campagne en raison de l'éloignement où elles sont des principales villes ; et en supposant l'éloignement le même, elle se ralentit encore en raison des obstacles qui rendent plus dispendieux le transport des marchandises. Dès que l'argent circule moins, il est plus rare, dès qu'il est plus rare, il a plus de valeur ; dès qu'il a plus de valeur, on en donne une moindre quantité pour les choses qu'on achète, et en conséquence, ces choses paraissent à plus bas prix qu'elles ne sont.

A juger donc des revenus par la quantité d'argent qu'on reçoit chaque année, on paraît plus riche dans une ville qu'on ne l'est, et on l'est plus dans une campagne qu'on ne le paraît. C'est que, depuis que les métaux ont été pris pour mesure commune des valeurs, on est porté à ne voir des richesses que là où l'on voit beaucoup d'or et beaucoup d'argent, et cette méprise a commencé dans les villes où l'argent fait toute la richesse. Mais notre manière de voir ne change pas la nature des choses. Qu'importe, en effet, le plus ou le moins d'argent, lorsque le moins vaut le plus ? Si, avec cent onces d'argent, je puis faire dans une campagne les mêmes consommations que vous faites dans une ville avec trois ou quatre cents, ne suis-je pas aussi riche que vous ?

Une marchandise aurait toujours une même valeur, si, toujours également nécessaire, elle étoit, dans toutes les époques et dans tous les lieux, en même quantité relativement au besoin. Alors elle serait une mesure avec laquelle nous pourrions apprécier la valeur de l'argent dans tous les siècles et dans tous les lieux. Le blé est cette marchandise.

Il serait superflu de prouver que le blé est toujours également nécessaire : il suffira de prouver qu'il y en a toujours une même quantité relativement au besoin. Cela est facile : car cette question, comme toutes celles qu'on fait sur l'économie politique, se résout d'elle-même.

Dans un temps où la population est plus grande, on consomme plus de blé, et il se reproduit en plus grande quantité.

Dans un temps où la population est moins grande, on consomme moins de blé, et il se reproduit en moindre quantité. Cela a été prouvé.

La production est donc, années communes, toujours en proportion avec la consommation, et, par conséquent, la quantité relativement au besoin est toujours la même, années communes. Or c'est d'après la quantité relativement au besoin que le blé s'apprécie. Il a donc toujours la même valeur, une valeur fixe et permanente.

Il n'en serait pas de même d'une denrée à laquelle on pourrait suppléer par d'autres, et qui, par conséquent, serait d'une moindre nécessité. Le vin, par exemple, ne peut pas avoir une valeur fixe et invariable.

Cependant il faut remarquer que le blé lui-même ne peut avoir une valeur fixe et invariable, que dans la supposition où le commerce de cette denrée se fait avec une liberté entière et permanente. S'il est gêné par des droits, des prohibitions, des monopoles, il ne peut pas se mettre à son vrai prix ; et, s'il ne peut pas être à son vrai prix, il aura une valeur qui variera continuellement. Lorsque, par intervalles, on force le peuple à brouter l'herbe, il n'est pas possible de déterminer la quantité du blé relativement au besoin, et, par conséquent, il n'est plus possible d'en fixer la valeur. Je laisse à juger si l'Europe a une mesure pour apprécier les valeurs dans toutes les époques et dans tous les lieux.

Dans l'usage où l'on est communément d'affermer les terres en argent, il y a lésion pour le fermier, si le blé tombe à bas prix, et s'il monte à un prix haut, il y a lésion pour les propriétaires. Cet usage est d'autant plus nuisible, que les fermiers, étant tous obligés de payer dans les mêmes termes, et, par conséquent, de mettre tous en vente à-la-fois, font, toutes les années et dans les mêmes mois, baisser le prix du blé, à leur grand dommage et à l'avantage des monopoleurs. Il serait donc avantageux, pour les propriétaires, pour les fermiers et pour l'État, que le prix des baux se payât en denrées. Il y aurait de l'avantage, non seulement lorsque le commerce des blés est gêné, il y en aurait encore lorsqu'il est libre, parce qu'il en serait plus libre : car les fermiers ne seraient pas plus forcés de vendre dans un temps que dans un autre.

Section 24
Comment les productions se règlent d'après les consommations

Après avoir expliqué tout ce qui a rapport au vrai prix des choses, je me propose d'observer la cause des progrès de l'agriculture et des arts, l' emploi des terres, l'emploi des hommes, le luxe, les revenus publics et les richesses respectives des nations. Voilà l'objet des chapitres par où je terminerai cette première partie.

Le besoin que les citoyens ont les uns des autres les met tous dans une dépendance mutuelle.

Maîtres des terres, les propriétaires le sont de toutes les richesses qu'elles produisent. À cet égard, il paraît qu'ils sont indépendants, et que le reste des citoyens dépend d'eux. En effet tous sont à leurs gages : c'est avec le salaire qu'ils paient que subsistent les fermiers, les artisans, les marchands, et voilà pourquoi les écrivains économistes les jugent indépendants.

Mais, si les terres n'étaient pas cultivées, les matières premières manqueraient aux artisans, les marchandises manqueraient aux commerçants, les productions de toutes espèces manqueraient aux propriétaires, et le pays ne suffirait pas à la subsistance de ses habitants. Il n'y aurait plus proprement ni artisans ni marchands. ni propriétaires.

Les fermiers, comme première cause des productions, paraissent donc à leur tour tenir tous les citoyens dans leur dépendance. C'est leur travail qui les fait subsister. Cependant, si les matières premières n'étaient pas travaillées, l'agriculture et tous les arts manqueraient des instruments les plus nécessaires. Il n'y aurait plus d'arts, par conséquent, et la société serait détruite, ou réduite à un état misérable. Tous les citoyens sont donc encore dans la dépendance des artisans.

Notre peuplade n'avait pas besoin de marchands lorsque les colons, seuls propriétaires des terres, habitaient les champs qu'ils cultivaient. Alors chacun pouvait, par des échanges avec ses voisins, se procurer les choses dont il manquait. Tantôt on achetait une denrée qu'on n'avait pas avec le surabondant d'une autre : tantôt, avec ce même surabondant, on payait à un artisan la matière première qu'il avait travaillée. Ces échanges se faisaient sans monnaie, et on ne songeait pas encore aux moyens d'apprécier exactement la valeur des choses.

Mais à mesure que les propriétaires s'établissent dans les villes, il leur est d'autant plus difficile de se procurer toutes les choses dont ils manquent, qu'ils font alors de plus grandes consommations. Il faut donc qu'il s'établisse des magasins où ils puissent se pourvoir.

Ces magasins ne sont pas moins nécessaires aux artisans qui, d'un jour à l'autre, ont besoin de matières premières, et qui ne peuvent pas, à chaque fois, les aller acheter dans les campagnes souvent éloignées. Enfin ils le sont aux fermiers à qui il importe, toutes les fois qu'ils viennent à la ville, de vendre promptement leurs productions, et d'acheter en même temps tous les ustensiles dont ils ont besoin. Voilà l'époque où tous les citoyens tombent dans la dépendance des marchands, et où les choses commencent à avoir une valeur appréciée par une mesure commune.

Tel est en général le caractère des hommes : celui de qui on dépend veut s'en prévaloir, et tous seraient despotes s'ils le pouvaient. Mais quand, à différents égards, la dépendance est mutuelle, tous sont forcés de céder les uns aux autres, et personne ne peut abuser du besoin qu'on a de lui. Ainsi les intérêts se rapprochent, ils se confondent, et, quoique les hommes paraissent tous dépendants, tous, dans le fait, sont indépendants. Voilà l'ordre : il naît des intérêts respectifs et combinés de tous les citoyens.

Parmi ces intérêts respectifs et combinés, il y en a un qui paraît le mobile de tous les autres : c'est celui des propriétaires. Comme les plus grandes consommations se font dans les villes, et qu'ils y ont eux-mêmes la plus grande part, leur goût sera la règle des fermiers, des artisans et des marchands. On cultivera, par préférence, les denrées dont ils aiment à se nourrir, on travaillera aux ouvrages dont ils sont curieux, et on mettra en vente les marchandises qu'ils recherchent.

Il est naturel que cela arrive. Puisque les propriétaires, comme maîtres des terres, sont maîtres de toutes les productions, eux seuls peuvent payer le salaire qui fait subsister le fermier, l'artisan et le marchand. Tout l'argent, qui doit circuler, et qui, par conséquent, doit être le prix de tous les effets commerçables, est originairement à eux. Ils le reçoivent de leurs fermiers, et ils le dépensent comme il leur plaît.

Il faut que cet argent retourne aux fermiers, soit immédiatement lorsqu'ils vendront eux-mêmes aux propriétaires, soit médiatement lorsqu'ils vendront à l'artisan ou au marchand, à qui les propriétaires auront donné, pour salaire, une partie de cet argent.

Or cette circulation sera rapide, si les fermiers, les artisans et les marchands étudient les goûts des propriétaires, et s'y conforment. Ils le feront, puisque c'est leur intérêt.

Supposons que, de génération en génération, les propriétaires se sont fait une habitude des mêmes consommations ; nous en conclurons que, tant qu'il n'y a pas eu de variations dans leurs goûts, on a cultivé les mêmes productions, travaillé aux mêmes ouvrages, et fait la même espèce de commerce.

Voilà l'état par où notre peuplade a dû passer. Accoutumée à une vie simple, elle se sera longtemps contentée des premières productions qu'elle aura eu occasion de connaître, et il n'y en aura pas eu d'autres dans le commerce.

Plus recherchée dans la suite, elle variera dans ses goûts, préférant dans un temps ce qu'elle aura rejeté, et rejetant dans un autre ce qu'elle aura préféré. Mais alors les choses qu'elle recherche le plus ne seraient pas en proportion avec le besoin qu'elle s'en fait, si les fermiers, les artisans et les marchands ne s'occupaient pas à l'envi des moyens de suppléer au surcroît de cette espèce de consommation.

Or ils ont un intérêt à s'en occuper ; car, dans les commencements, ces choses n'étant pas assez abondantes, elles sont à un plus haut prix, ils peuvent donc compter sur un salaire plus fort.

Ils ne se contenteront pas même d'observer ces variations qui leur procurent de nouveaux profits. Dès qu'ils auront remarqué qu'elles sont possibles, ils mettront toute leur industrie à les faire naître, et il se fera une révolution dans le commerce, dans les arts et dans l'agriculture. Auparavant les consommations se réglaient d'après les productions ; alors les productions se régleront d'après les consommations.

Le commerce, plus étendu, embrassera un plus grand nombre d'objets. Il réveillera l'industrie des artisans et des cultivateurs, et tout prendra une nouvelle vie. Mais cela n'est vrai que dans la supposition où le commerce serait parfaitement libre. S'il ne l'était pas, il dégénérerait bientôt en un état de convulsion, qui, faisant hausser et baisser sans règles le prix des choses, ferait faire mille entreprises ruineuses pour quelques-unes qui réussiraient, et répandrait le désordre dans les fortunes.

Notre peuplade n'en est pas encore là. Son commerce, que je suppose renfermé dans ses possessions, doit naturellement produire l'abondance. Il en ouvre toutes les sources, il les répand ; et les champs, auparavant stériles, sont cultivés et deviennent fertiles. Il est certain que, tant que son commerce se soutient par les seules productions de son sol, la multitude des consommations, soit en denrées, soit en matières premières, ne peut qu'inviter les fermiers à tirer de ce sol toutes les richesses qu'il renferme.

Voilà les effets d'un commerce intérieur et libre. Un peuple alors est véritablement riche, parce que ses richesses sont à lui, et ne sont qu'à lui. C'est dans ses possessions uniquement qu'il en trouve toutes les sources, et c'est son travail seul qui les dirige.

Les consommations, multipliées tout-à-la-fois par les goûts nouveaux et par les goûts renaissants, doivent donc multiplier les productions tant qu'il reste des terres à cultiver, ou des terres à mettre en plus grande valeur. Jusque-là les richesses iront toujours en croissant, et elles n'auront un terme que dans les derniers progrès de l'agriculture. Heureux le peuple libre, qui, riche de son sol, ne serait pas à portée de commercer avec les autres !

Étienne Bonnot de Condillac

Section 25
De l'emploi des terres

On ne peut multiplier les productions qu'à proportion de la quantité des terres, de leur étendue, et des soins qu'on donne à la culture.

Si nous supposons que toutes les terres sont en valeur, et qu'elles produisent chacune autant qu'elles peuvent produire, les productions seront au dernier terme d'abondance, et il ne sera plus possible de les augmenter.

Alors, si nous voulons, dans un genre de denrées, avoir une plus grande abondance, il faudra nécessairement nous résoudre à en avoir une moindre dans un autre genre. Pour avoir plus de fourrage, par exemple, il faudra mettre en prairies des champs qu'on était en usage d'ensemencer : on aura donc une moindre récolte en blé.

Les mêmes productions ne sont pas également propres à la subsistance des animaux de toutes espèces. Par conséquent, si les terres sont employées à nourrir beaucoup de chevaux, elles ne pourront pas nourrir le même nombre d'hommes.

Suivant l'emploi des terres, la population sera donc plus ou moins grande.

Mais les hommes consomment plus ou moins à proportion qu'ils ont plus ou moins de besoins. Il faut donc que la population diminue à proportion que les besoins se multiplient davantage ; ou, si la population ne diminue pas, il faut qu'on ait trouvé les moyens d'augmenter les productions en raison des consommations.

En un mot, il n'y a jamais dans un pays que la quantité d'habitants qu'il peut nourrir. Il y en aura moins, toutes choses d'ailleurs égales, si chacun d'eux consomme davantage : il y en aura moins encore, si une partie des terres est consacrée à des productions dont ils ne se nourrissent pas.

Observons maintenant notre peuplade. Supposons que, dans le pays qu'elle habite, elle a dix millions d'arpents également propres à la culture, et, afin qu'elle ne puisse pas étendre ses possessions, plaçons-la dans une île, au sein de l'Océan, ou, pour lui ôter jusqu'aux ressources que la mer pourrait lui fournir, transportons ses terres au milieu d'un immense désert, de toutes parts sablonneux et aride.

D'abord, comme nous l'avons remarqué, elle a peu de besoins. Vêtue d'écorces d'arbres ou de peaux grossièrement cousues, sans commodités, sans savoir même qu'elle en manque, elle couche sur la paille ; elle ne connaît pas l'usage du vin ; elle n'a pour nourriture que des grains, des légumes, le lait et la chair de ses troupeaux. Seulement elle n'est exposée ni à souffrir de la faim, ni à souffrir des injures de l'air, et cela lui suffit.

Dans les commencements, peu nombreuse par rapport au pays qu'elle habite, il lui est facile de proportionner ses productions à ses consommations. Car, par les denrées dont l'échange se fait au marché, elle jugera de l'espèce et de la quantité de celles qui se consomment, et elle emploiera les terres en conséquence.

Quand on aura saisi cette proportion, la peuplade subsistera dans l'abondance, puisqu'elle aura tout ce qu'il faut à ses besoins ; et, tant que cette abondance pourra se concilier avec un plus grand nombre d'habitants, la population croîtra. C'est une chose de fait que les hommes multiplient toutes les fois que les pères sont assurés de la subsistance de leurs enfants.

Je suppose, que dans le pays qu'habite notre peuplade, chaque homme, en travaillant, peut subsister du produit d'un arpent, et ne peut subsister à moins. Or elle a dix millions d'arpents propres à la culture. La population pourra donc croître jusqu'à dix millions d'habitants ; et, parvenue à ce nombre, elle ne croîtra plus.

Elle ne s'est accrue à ce point que parce que les hommes ont continué de vivre dans leur première grossièreté, et qu'ils ne se sont pas fait de nouveaux besoins.

Mais lorsque, par les moyens que nous avons indiqués, quelques propriétaires auront augmenté leurs possessions, et que, rassemblés dans une ville, ils chercheront plus de commodités dans la nourriture, dans le vêtement, dans le logement, alors ils consommeront davantage, et le produit d'un arpent ne suffira plus à la subsistance de chacun d'eux.

S'ils font de plus grandes consommations en viande, il faudra nourrir une plus grande quantité de troupeaux, et par conséquent mettre en pâturages des terres à blé.

Étienne Bonnot de Condillac

S'ils boivent du vin, il faudra employer en vignes une partie des champs qu'on ensemençait ; et il faudra en employer une partie en plantations, s'ils brûlent plus de bois.

C'est ainsi que les consommations, qui se multiplient comme les besoins, changent l'emploi des terres ; et on voit que les productions, nécessaires à la subsistance de l'homme, diminuent dans la proportion où les autres augmentent.

Plus les nouvelles consommations se multiplieront, plus il y aura de mouvement dans le commerce qui embrassera tous les jours de nouveaux objets. Ce sera donc une nécessité d'entretenir un grand nombre de chevaux pour voiturer les marchandises de la campagne dans les villes, et de province en province : nouvelle raison de multiplier les prairies, aux dépens des terres à blé. Que sera-ce si les propriétaires, qui vivent dans les villes, veulent, pour leur commodité, avoir des chevaux, et se piquent d'en avoir beaucoup ? Que sera-ce s'ils mettent en jardins et en parcs des champs qu'on ensemençait ? On conçoit que, dans cet état des choses, un seul pourra consommer, pour sa subsistance, le produit de dix, douze, quinze, vingt arpents, ou davantage. Il faut donc que la population diminue.

Mais il est naturel que les marchands et les artisans qui se sont enrichis imitent les propriétaires, et fassent aussi de plus grandes consommations. Chacun d'eux voudra, suivant ses facultés, jouir des commodités que l'usage introduit.

Les hommes qui changeront le moins sensiblement leur manière de vivre sont ceux qui, subsistant au jour le jour, gagnent trop peu pour améliorer leur condition. Tels sont les petits marchands, les petits artisans et les laboureurs. Cependant chacun d'eux fera ses efforts pour jouir, dans son état, des mêmes commodités dont d'autres jouiront ; et ils y parviendront peu-à-peu, parce qu'insensiblement ils obtiendront de plus forts salaires. Alors tous à l'envi consommeront davantage. Les laboureurs, par exemple, prendront pour modèles les gros fermiers qui font de plus grandes consommations, parce qu'ils envoient faire de plus grandes aux propriétaires, leurs maîtres, et qu'ils en ont le pouvoir.

Ainsi, de proche en proche, tous, à l'exemple les uns des autres, consommeront de plus en plus. Il est vrai qu'en général chacun réglera sa dépense sur celle qu'il voit faire aux gens de son état ; mais, dans toutes les conditions, la dépense sera nécessairement plus grande. Le moindre laboureur ne pourra donc plus subsister d'un seul arpent : il en consommera deux, trois ou quatre.

A ne considérer que les besoins du laboureur, la population pourrait donc être réduite à la moitié, au tiers, au quart ; et elle pourrait être réduite à un vingtième, si nous ne considérons que les propriétaires qui consomment le produit de vingt arpents. Ainsi, sur vingt laboureurs, les nouvelles consommations en retrancheront quinze, et sur vingt propriétaires elles en retrancheront dix-neuf. Il n'est pas nécessaire de chercher à mettre plus de précision dans ce calcul. Je veux seulement faire comprendre comment la population, que nous avons supposée de dix millions d'hommes, pourrait n'être plus que de cinq à six millions, ou moindre encore.

Comme les changements dans la manière de vivre ne sont pas subits, la population diminueras Si insensiblement, que notre peuplade ne s'en apercevra pas. Elle croira, dans les derniers temps, son pays aussi peuplé qu'il l'ait jamais été, et elle sera fort étonnée si on lui soutient le contraire. Elle n'imaginera pas que la population puisse diminuer dans un siècle où chaque citoyen jouit de plus d'abondance et de plus de commodités, et c'est néanmoins par cette raison qu'elle diminue.

C'est d'une génération à l'autre et insensiblement que se fait cette révolution. Puisqu'à chaque génération les consommations augmentent comme les besoins, il ne peut plus y avoir autant de familles, et elles ne sauraient être aussi nombreuses.

En effet, chaque homme veut pouvoir entretenir sa famille dans l'aisance dont l'habitude fait un besoin à tous ceux de son état. Si un laboureur juge qu'il faut à cet entretien le produit de deux ou trois arpents, il ne songera à se marier que lorsqu'il pourra disposer de ce produit. Il sera donc forcé d'attendre. Si ce moment n'arrive pas, il renoncera au mariage, et il n'aura point d'enfants. Si ce moment arrive tard, il ne se mariera que lorsqu'il sera avancé en âge, et il ne pourra plus avoir une famille nombreuse. Il y en aura sans doute quelques-uns qui se marieront sans penser à l'avenir. Mais la misère où ils tomberont sera une leçon pour les autres ; et leurs enfants périront faute de subsistance, ou ne laisseront point

Étienne Bonnot de Condillac

de postérité. On peut faire le même raisonnement sur les marchands, sur les artisans et sur les propriétaires.

Concluons que l'emploi des terres est différent lorsque les besoins multipliés multiplient les consommations, et qu'alors la population diminue nécessairement.

Il est vrai que, si nous avions mis notre peuplade dans toute autre position, elle trouverait des ressources dans les contrées dont elle serait environnée. Elle y pourrait envoyer des colonies ; et, dans ce cas, il serait possible que la population ne diminuât pas, elle pourrait même croître encore. Mais, si ces contrées étaient occupées par d'autres peuples, il faudrait armer, et la guerre détruirait les habitants que les terres ne pourraient pas nourrir.

Je conviens encore que, lorsque les troupeaux consommeront le produit d'un grand nombre d'arpents, les terres réservées pour la subsistance des hommes en deviendront plus fertiles, parce qu'on y répandra l'engrais en plus grande abondance. Mais on conviendra aussi avec moi que cette fertilité ne sera pas une compensation suffisante. Quand même, ce qui n'est pas possible, ces terres, prises séparément, produiraient autant que toutes ensemble, comment pourraient-elles suffire à la même population dans un temps où les hommes consomment à l'envi toujours davantage ?

On dit souvent qu'on peut juger, par la population, de la prospérité d'un état : mais cela n'est pas exact ; car certainement on n'appellera pas prospérité ces temps où j'ai représenté notre peuplade, lorsque j'en portais la population à dix millions d'âmes. Cependant la multiplication des hommes ne peut être aussi grande que lorsqu'ils se contentent de vivre, comme elle, chacun du produit d'un arpent.

Ce n'est donc pas la plus grande population, considérée en elle-même, qui doit faire juger de la prospérité d'un État : c'est la plus grande population qui, étant considérée par rapport aux besoins de toutes les classes de citoyens, se concilie avec l'abondance à laquelle ils ont tous droit de prétendre. Deux royaumes pourraient être peuplés inégalement, quoique le gouvernement fût également bon ou également mauvais dans l'un et dans l'autre.

La Chine, par exemple, renferme un peuple immense. C'est que l'unique nourriture de la multitude est le riz, dont on fait, chaque année, dans plusieurs provinces, trois moissons abondantes : car la terre ne s'y repose point, et produit souvent cent pour un. Cette multitude, qui a peu de besoins, est presque nue, ou est vêtue de coton, c'est-à-dire, d'une production si abondante, qu'un arpent peut fournir de quoi habiller trois à quatre cents personnes. Cette grande population ne prouve donc rien en faveur du gouvernement : elle prouve seulement que les terres ont une grande fertilité, et qu'elles sont cultivées par des hommes laborieux qui ont peu de besoins.

Les terres seront en valeur partout où l'agriculture jouira d'une entière liberté ; et alors la population, en proportion avec les consommations, sera aussi grande qu'elle peut l'être. Voilà la prospérité de l'État.

On pourrait demander s'il est plus avantageux pour un royaume d'avoir un million d'habitants qui subsistent, l'un portant l'autre, du produit de dix arpents par tête, ou dix millions qui subsistent chacun du produit d'un seul arpent. Il est évident que cette question reviendrait à celle-ci : Est-il plus avantageux pour un royaume que ses habitants aient le moins de besoins possibles, ou qu'ils en aient beaucoup ? ou encore : est-il plus avantageux pour un royaume que ses habitants restent dans le premier état où nous avons représenté notre peuplade, ou est-il à désirer qu'ils en sortent ? Je réponds qu'il faut qu'ils en sortent. Mais quel est le terme où il faudrait pouvoir les arrêter ? C'est ce que nous examinerons dans le chapitre suivant.

Section 26
De l'emploi des hommes dans une société qui a des mœurs simples

En Amérique, dans des terres abandonnées à leur fécondité naturelle, et couvertes de forêts, il faut, à la subsistance d'un sauvage, le produit de quatre-vingts ou cent arpents, parce que les animaux, dont il fait sa principale nourriture, ne peuvent pas se multiplier beaucoup dans des bois où ils trouvent peu de pâturages, et que d'ailleurs les sauvages détruisent plus qu'ils ne consomment.

À ces vastes pays presque déserts, nous pouvons opposer celui de notre peuplade, lorsque le nombre des hommes était égal au nombre des arpents. Voilà les deux extrêmes de la population.

Cette peuplade a, sur une horde sauvage, l'avantage de trouver l'abondance dans les lieux où elle s'est fixée : mais elle a besoin de plusieurs arts pour sortir de l'état grossier où elle se trouve d'abord.

Je n'entreprendrai pas d'expliquer comment elle en fera la découverte : cette recherche n'est pas de mon sujet. Je passe aux temps où elle connaîtra ceux qui remontent à la plus haute antiquité : l'art de moudre le froment et d'en faire du pain ; l'art d'élever des troupeaux ; l'art de former des tissus avec la laine des animaux, avec leur poil, avec le coton, le lin, etc., enfin un commencement d'architecture.

Alors elle trouve, dans le pain, une nourriture plus délicate que dans le blé qu'elle mangeait auparavant tel qu'elle l'avait récolté. Elle a, dans le lait de ses troupeaux et dans leur chair, un surcroît de nourriture qui la fait subsister avec plus d'aisance. Les étoffes ou tissus dont elle s'habille garantissent mieux des injures de l'air que des peaux grossièrement cousues ensemble ; et elles sont d'autant plus commodes qu'elles ont une souplesse qui laisse au corps la liberté de tous ses mouvements.

Enfin ses bâtiments, plus solides et plus grands, sont un abri plus sûr pour les choses qu'elle veut conserver, et elle y trouve plus de commodités.

Quand les étoffes sont commodes et durables, il importe peu qu'elles soient travaillées avec plus de finesse : si la nourriture est abondante et saine, il serait peut-être dangereux qu'elle devînt plus délicate ; et, lorsque des bâtiments solides sont assez grands pour loger une famille, et renfermer toutes les choses dont elle a besoin, est-il absolument nécessaire d'y trouver toutes les commodités dont un peuple amolli s'est fait autant d'habitudes ?

Entre une vie grossière et une vie molle, je voudrais distinguer une vie simple, et en déterminer l'idée, s'il est possible, avec quelque précision.

Je me représente une vie grossière dans le premier état où a été notre peuplade : je me représente une vie molle dans ces temps où les excès en tous genres ont corrompu les mœurs. Ces extrêmes sont faciles à saisir. C'est entre l'un et l'autre que nous devons trouver la vie simple. Mais où commence-t-elle et où finit-elle ? Voilà ce qu'on ne peut montrer qu'à-peu-près.

Nous passons de la vie grossière à la vie simple, et de la vie simple à la vie molle par une suite de ces choses que l'habitude nous rend nécessaires, et que, par cette raison, j'ai appelé de seconde nécessité. Il faut donc que les arts fassent quelques progrès pour nous tirer d'une vie grossière ; et il faut qu'ils s'arrêtent après quelques progrès, pour nous empêcher de tomber dans une vie molle. Le passage de l'une à l'autre est insensible, et ce n'est jamais que du plus au moins que la vie simple s'éloigne d'un des extrêmes, comme ce n'est jamais que du plus au moins qu'elle s'approche de l'autre. Il n'est donc pas possible d'en parler avec une exacte précision.

Il est aisé de se représenter ce que c'était que la vie simple, lorsque les hommes avant de s'être rassemblés dans les villes, habitaient les champs qu'ils cultivaient. Alors, quelques progrès qu'eussent faits les arts, tous se rapportaient à l'agriculture, qui était le premier art, l'art estimé par-dessus tous.

Or, tant que l'agriculture a été regardée comme le premier art, comme celui auquel tous les autres doivent se rapporter, les hommes, bien loin de pouvoir s'amollir, ont été nécessairement sabres et laborieux. Le gouvernement, simple alors, demandait peu de lois, et n'engageait pas dans de longues discussions. Les affaires entre particuliers, mises en arbitrages, avaient pour juges les voisins dont l'équité était reconnue. Les intérêts généraux se traitaient dans l'assemblée des pères de famille ou des chefs qui les représentaient ; et l'ordre se maintenait en quelque sorte de lui-même chez un peuple qui avait peu de besoins.

Voilà la vie simple : elle se reconnaît sensiblement à l'emploi des hommes, dans une société agricole qui se maintient avec peu de lois. Cette simplicité subsistera tant que les citoyens ne seront qu'agriculteurs ; et il s'en conservera quelques restes dans tous les temps où l'agriculture sera en quelque considération parmi eux.

Après la fondation des villes, le gouvernement ne pouvait plus être aussi simple, et les désordres commencèrent. Les propriétaires, comme plus riches, se trouvèrent saisis de la principale autorité, ils paraissaient y avoir plus de droit, parce qu'étant maîtres des terres, ils avaient un plus grand intérêt au bien général.

Étienne Bonnot de Condillac

Tous voulaient avoir la même part à la puissance, et tous cependant ne le pouvaient pas. Les richesses donnaient l'avantage aux uns, plus d'adresse ou plus de talents le donnaient aux autres ; et, dans ce conflit, l'autorité devait être flottante, jusqu'à ce qu'un chef de parti s'en fût saisi, ou que la nation, assemblée, eût donné une forme au gouvernement. C'est alors qu'on créa un sénat pour veiller aux intérêts de tous ; et on lui donna un chef avec le nom de roi, nom qui devint ce que nous appelons un titre, lorsque la royauté se fut arrogé la plus grande puissance. Mais les rois, dans les commencements, n'ont eu qu'une autorité bien limitée.

Sous cette nouvelle forme de gouvernement, il n'y avait encore qu'un petit nombre de lois, et ce petit nombre est une preuve de la simplicité des mœurs. C'est dans les temps de corruption que les lois se multiplient. On en fait continuellement, parce qu'on en sent continuellement le besoin, et il semble qu'on en fait toujours inutilement : car elles tombent bientôt en désuétude, et on est sans cesse obligé d'en refaire.

On juge avec raison que, lorsqu'une nation n'est recherchée, ni dans sa nourriture, ni dans son habillement, ni dans son logement, il suffit, pour la faire subsister dans l'abondance et dans l'aisance, d'employer le quart des citoyens aux travaux journaliers de la culti-vation et des arts grossiers.

Un autre quart, ou à-peu-près, sont trop jeunes ou trop vieux pour contribuer, par leur travail, aux avantages de la société. Il en resterait donc la moitié qui serait sans occupation. C'est cette moi-tié qui se retire dans les villes. Elle comprend les propriétaires, qui se trouvent naturellement chargés des principaux soins du gouver-nement, les marchands qui facilitent le plus grand débit de toutes les choses nécessaires à la vie ; et les artisans qui travaillent avec plus d'art les matières premières.

Si les arts restent dans cet état, où le travail d'un quart des ci-toyens suffit à la subsistance de tous, la plupart de ceux qui n'au-ront point de terres en propriété seront dans l'impuissance de sub-sister, puisqu'ils seront sans occupations, et ce serait le plus grand nombre.

On ne peut pas ne pas reconnaître que ce ne fût là une source de désordres. Or, s'il importe d'un côté que chaque citoyen puisse vivre de son travail, il est certain de l'autre qu'on ne pourra donner de l'occupation à tous, qu'autant que les arts auront fait de nouveaux progrès. Il est donc de l'intérêt de la société que ces progrès se fassent.

Les artisans, qui réussissent dans ces arts perfectionnés, font du linge plus fin, de plus beau drap, des vases d'une forme plus commode, des instruments plus solides ou plus utiles, des ustensiles de toutes espèces, propres à de nouveaux usages, ou plus propres aux anciens que ceux dont on se servait. Tous ces arts, tant qu'on n'y mettra point trop de recherches, se concilieront avec la simplicité.

Ce que j'appelle recherches peut se trouver dans les matières premières et dans le travail : dans les matières premières, lorsqu'on préfère celles qu'on tire de l'étranger, uniquement parce qu'elles sont plus rares, et sans y trouver d'ailleurs aucun avantage : dans le travail, lorsqu'on préfère un ouvrage plus fini, quoiqu'il n'en soit ni plus solide, ni plus utile.

Or, dès qu'il y aura moins de recherches dans les matières premières et dans le travail, les ouvrages en seront à moins haut prix. Dès que les ouvrages seront à moins haut prix, ils seront plus proportionnés aux facultés des citoyens. L'usage n'en sera donc interdit à aucun d'eux : tous en jouiront, ou se flatteront au moins d'en pouvoir jouir. Ce sont surtout les jouissances exclusives qui font disparaître la simplicité. Quand on commence à croire qu'on en vaut mieux, parce qu'on jouit des choses dont les autres ne jouissent pas, on ne cherche plus à valoir que par ces sortes de choses : on croit se distinguer en affectant d'en jouir, lors même qu'on n'en sent plus la jouissance ; et on cesse d'être simple, non seulement parce qu'on n'est pas comme les autres, mais encore parce qu'on veut paraître ce qu'on n'est pas.

Tel est donc l'emploi des hommes chez notre peuplade. Elle a des magistrats qu'elle a chargés des soins du gouvernement, des laboureurs qui cultivent les terres, des artisans pour les arts grossiers, d'autres artisans pour les arts perfectionnés, et des marchands qui mettent tous les citoyens à portée des choses à leur usage. Tout le monde travaille à l'envi dans cette société ; et, parce que chacun a le choix de ses occupations, et jouit d'une liberté entière, le travail de l'un ne nuit point au travail de l'autre. La concurrence, qui distri-

Étienne Bonnot de Condillac

bue les emplois, met chacun à sa place : tous subsistent, et l'État est riche des travaux de tous. Voilà le terme où les arts doivent tendre, et où ils devraient s'arrêter.

En effet, si, pour faire de nouveaux progrès, ils mettent trop de recherches dans les choses d'usage ; s'ils nous font un besoin d'une multitude de choses qui ne servent qu'à la magnificence ; s'ils nous en font un autre d'une multitude de frivolités, c'est alors que les citoyens, bien loin de contribuer par leurs travaux à élever et à consolider l'édifice de la société, paraissent au contraire le saper par les fondements. Le luxe, dont nous allons traiter, enlèvera les artisans aux arts les plus utiles : il enlèvera le laboureur à la charrue : il fera hausser le prix des choses les plus nécessaires à la vie ; et, pour un petit nombre de citoyens qui vivront dans l'opulence, la multitude tombera dans la misère.

Un peuple ne sortira point de la simplicité lorsqu'au lieu de marcher pieds nus, il aura des chaussures commodes ; lorsqu'aux vases de bois, de pierre, de terre, il préférera des vases plus solides, faits avec des métaux communs ; lorsqu'il se servira de linge ; lorsque ses vêtements seront d'une forme plus propre aux usages auxquels il les destine ; lorsqu'il aura des ustensiles de toutes espèces, mais d'un prix proportionné aux facultés de tous : en un mot, il n'en sortira point, lorsque, dans les arts qu'il crée ou qu'il perfectionne, il ne cherchera que des choses d'un usage commun.

Concluons que, puisque dans une société tous les citoyens doivent être occupés, il est avantageux ou même nécessaire que les arts fassent assez de progrès pour fournir de l'occupation à tous. Ce sont les choses dont l'usage fait sentir la nécessité qui doivent être la règle de l'emploi des hommes, et procurer aux uns les moyens de subsister en travaillant, sans exposer les autres à tomber dans la mollesse.

Le sujet de ce chapitre s'éclaircira encore dans le suivant, où nous traiterons du luxe, c'est-à-dire, d'un genre de vie qui est le plus éloigné de la simplicité.

Section 27
Du luxe

Depuis qu'on écrit sur le luxe, les uns en font l'apologie, les autres en font la satire, et on ne prouve rien. C'est qu'on ne cherche pas à s'entendre.

On parle du luxe comme d'une chose dont on se serait fait une idée absolue, et cependant nous n'en avons qu'une idée relative. Ce qui est luxe pour un peuple ne l'est pas pour un autre ; et, pour le même peuple, ce qui l'a été peut cesser de l'être.

Luxe, dans la première acception du mot, est la même chose qu'excès ; et, quand on l'emploie en ce sens, on commence à s'entendre. Mais, lorsque nous oublions cette première acception, et que nous courons, pour ainsi dire, à une multitude d'idées accessoires, sans nous arrêter à aucune, nous ne savons plus ce que nous voulons dire. Substituons, pour un moment, le mot d'excès à celui de luxe.

La vie grossière de notre peuplade, lors de son établissement, serait un excès de recherches aux yeux d'un sauvage, qui, accoutumé à vivre de chasse et de pêche, ne comprend pas la nécessité des besoins qu'elle s'est faits. Parce que la terre, sans être travaillée, fournit à sa subsistance, il lui paraît que ceux qui la cultivent sont trop recherchés sur les moyens de subsister.

Voilà donc, à son jugement, un excès, qui n'en est pas un au jugement de notre peuplade, ni au nôtre.

Mais chez notre peuplade même chaque nouvelle commodité, dont l'usage s'introduira, pourra être regardée comme un excès de recherches par tous ceux qui n'en sentiront pas encore le besoin. Est-elle donc condamnée à tomber d'excès en excès, à mesure qu'elle fera des progrès dans les arts.

Les hommes ne jugent différemment de ce que tous s'accordent à nommer excès que parce que n'ayant pas les mêmes besoins, il est naturel que ce qui paraît excès à l'un ne le paroisse pas à l'autre. Voilà sans doute pourquoi on a tant de peine à savoir ce qu'on veut dire quand on parle du luxe.

Je distingue deux sortes d'excès : les uns qui ne le sont que parce qu'ils paraissent tels aux yeux d'un certain nombre ; les autres qui le sont parce qu'ils doivent paraître tels aux yeux de tous. C'est dans ces derniers que je fais consister le luxe. Voyons donc quelles sont les choses qui doivent paraître un excès aux yeux de tous.

Quelque recherchées que les choses aient pu paraître dans les

Étienne Bonnot de Condillac

commencements, elles ne sont point un excès lorsqu'elles sont de nature à devenir d'un usage commun. Alors elles sont une suite des progrès qu'il est important de faire faire aux arts ; et il viendra un temps où tout le monde s'accordera à les regarder comme nécessaires. On voit même qu'elles peuvent se concilier avec la simplicité.

Quand au contraire les choses, de nature à ne pouvoir être communes, sont réservées pour le plus petit nombre, à l'exclusion du plus grand, elles doivent toujours être regardées comme un excès : ceux-mêmes qui aiment le plus à en jouir n'en pourront pas disconvenir. Le luxe consiste donc dans les choses qui paraissent un excès aux yeux de tous, parce qu'elles sont, par leur nature, réservées pour le petit nombre à l'exclusion du plus grand.

Le linge, qui a été un luxe dans son origine, n'en est pas aujourd'hui. L'or et l'argent, qui, dans les meubles et dans les habits, a toujours été un luxe, en sera toujours un.

La soie était un luxe pour les Romains, parce qu'ils la tiraient des Indes, et que, par conséquent, elle ne pouvait pas être commune chez eux. ; Elle a commencé à être moins luxe pour nous, quand elle a commencé à être une production de notre climat ; et elle le sera moins, à proportion qu'elle deviendra plus commune.

Enfin les pommes de terre seraient un luxe sur nos tables si nos champs n'en produisaient pas, et qu'il fallût les faire venir à grands frais de l'Amérique septentrionale, d'où elles viennent originairement. Les gens riches, dont le goût est en proportion avec la rareté des mets, les jugeraient excellentes ; et un plat de cette racine, dernière ressource des paysans à qui le pain manque, ferait la célébrité d'un repas.

Pour juger s'il y a du luxe dans l'usage des choses, il suffirait donc souvent de considérer l'éloignement des lieux d'où on les tire. En effet, lorsque le commerce se fait entre deux nations voisines, le luxe peut ne s'introduire ni chez l'une, ni chez l'autre ; parce que les mêmes choses peuvent, par des échanges, devenir communes chez toutes deux.

Il n'en est pas de même lorsque le commerce se fait entre deux peuples fort éloignés. Ce qui est commun chez nous devient luxe aux Indes, où il est nécessairement rare ; et ce qui est commun aux

Indes devient luxe chez nous, où il est rare aussi nécessairement.

Le luxe peut donc avoir lieu dans l'usage des choses qu'on fait venir de loin : mais ce n'est pas le seul. Il peut y en avoir un dans l'usage des choses qu'on tire d'une nation voisine, et même dans l'usage de celles qu'on trouve chez soi.

On prétend que, si la France payait en vin de Champagne les dentelles de Bruxelles, elle donnerait, pour le produit d'un seul arpent de lin, le produit de plus de seize mille arpents en vignes. Les dentelles quoiqu'elles ne nous viennent pas de loin, sont donc une chose dont l'usage ne peut pas être commun, ou une chose de luxe.

Mais, quand les dentelles se feraient en France, elles n'en seraient pas moins luxe : elles seraient même encore à plus haut prix, et, par conséquent, d'un usage moins commun.

Le prix de la main-d'œuvre, transforme donc en choses de luxe les matières premières que notre sol produit en plus grande abondance. Il y a beaucoup de ce luxe dans nos meubles, dans nos équipages, dans nos bijoux, etc.

Quoique tous ces luxes tendent à corrompre les mœurs, ils ne sont pas tous également nuisibles. Considérons-les d'abord par rapport à l'État, nous les considérerons ensuite par rapport aux particuliers.

Deux nations commerceront avec le même avantage, toutes les fois que chacune recevra en productions une quantité égale à la quantité qu'elle livrera. Mais, si l'une donne le produit de seize mille arpents pour le produit d'un seul, il est évident qu'elle sera prodigieusement lésée. Le luxe des dentelles est donc nuisible à la France. Il enlève une grande subsistance, et, par conséquent, il tend à diminuer la population.

Il pourrait être avantageux pour l'Europe d'envoyer aux Indes le surabondant de ses productions. Mais, si elle n'avait un surabondant que parce qu'elle se dépeuple, elle ferait mieux d'employer ses terres à la subsistance de ses propres habitants, et d'augmenter ses productions, afin d'augmenter sa population.

Il lui a été surtout avantageux de se débarrasser, dans ce commerce, d'une partie de l'or et de l'argent que l'Amérique lui fournissait en trop grande abondance. Mais les choses de luxe, qu'elle tire des Indes, lui coûtent en échange des millions d'hommes.

Étienne Bonnot de Condillac

Combien n'en périt-il pas dans le trajet ! Combien dans des climats malsains, où elle est obligée d'avoir des entrepôts ! Combien dans les guerres avec les Indiens ! Combien enfin dans les guerres que ce commerce suscite entre les nations rivales ! Je croirai ce luxe avantageux pour l'Europe lorsqu'il sera prouvé qu'elle a une surabondance de population.

Quant aux choses de luxe qui viennent de notre sol et de notre industrie, elles peuvent avoir quelque utilité ; mais elles ne sont pas sans abus.

Lorsque, dans la primeur, un homme riche achète cent écus un litron de petits pois, c'est un luxe, tout le monde en convient. Mais il serait à souhaiter que tous les excès des hommes à argent fussent de cette espèce : car leurs richesses se verseraient immédiatement sur les champs comme un engrais propre à les rendre fertiles.

Il n'est pas douteux-que les sommes que nous dépensons en meubles, en équipages, en bijoux, ne se versent aussi sur nos champs, lorsque nous employons à ces ouvrages nos propres ouvriers, puisque ces ouvriers les rendent en détail au laboureur qui les fait subsister. Mais elles ne s'y versent pas immédiatement. Elles commencent par enrichir l'ouvrier ; elles l'accoutument à des jouissances qui sont un luxe pour lui : et ces jouissances excitent l'envie ou l'émulation de tous ceux qui se flattent de réussir dans le même métier.

En effet, comme cet ouvrier est un paysan dont tous les parents sont laboureurs, sa condition améliorée fera voir à tout son village combien l'industrie dans les villes a d'avantages sur les travaux de la campagne. On désertera donc les villages. Sur dix paysans qui auront pris des métiers un seul réussira, et neuf ne gagneront pas de quoi vivre. Il y aura donc dix hommes de perdus pour l'agriculture, et neuf pauvres de plus dans la ville. Voilà, pour l'État, les inconvénients que produit le luxe, lorsqu'il consiste dans des ouvrages auxquels nous employons nos propres ouvriers.

Pour juger des inconvénients du luxe par rapport aux particuliers, j'en distingue de trois espèces : luxe de magnificence, luxe de commodités, luxe de frivolités.

Le premier me paraît le moins ruineux, parce qu'une partie des choses qui ont servi à la peuvent y servir encore ; et que d'ailleurs, lorsqu'elles sont de nature à ne pas se consommer, elles conservent une grande valeur, même après avoir été employées à nos usages. De ce genre sont la vaisselle d'or ou d'argent, les diamants, les vases de pierres rares, les statues, les tableaux, etc.

Celui de commodités, plus contagieux, parce qu'il est proportionné aux facultés d'un plus grand nombre de citoyens, peut être fort dispendieux : car il devient plus grand à mesure qu'on s'amollit davantage, et la plupart des choses qu'on y emploie perdent toute leur valeur.

Enfin le luxe de frivolités, assujetti aux caprices de la mode, qui le reproduit continuellement sous des formes nouvelles, jette dans des dépenses dont on ne voit point les bornes, et cependant les frivolités, pour la plupart, n'ont de valeur qu'au moment où on les achète.

Quelle est la fortune qui peut suffire à toutes ces sortes de luxe ? Il faut donc des ressources, et on en trouve malheureusement pour achever sa ruine. On dira sans doute que le luxe fait subsister une multitude d'ouvriers, et que, lorsque les richesses restent dans l'État, il importe peu qu'elles passent d'une famille dans une autre.

Mais, quand le désordre est dans toutes les fortunes, peut-il ne pas y en avoir dans l'État ? Que deviennent les mœurs lorsque les principaux citoyens, qu'on prend pour exemple, forcés à être tout-à-la-fois avides et prodigues, ne connaissent que le besoin d'argent, que tout moyen d'en faire est reçu parmi eux, et qu'aucun ne déshonore ? Le luxe fait subsister une multitude d'ouvriers, j'en conviens. Mais faut-il fermer les yeux sur la misère qui se répand dans les campagnes ? Qui donc a plus de droit à la subsistance, est-ce l'artisan des choses de luxe, ou le laboureur ?

C'est une chose de fait que la vie simple peut seule rendre un peuple riche, puissant, et heureux. Voyez la Grèce dans ses tems florissants : c'est à un reste de simplicité qu'elle devait cette puissance qui étonne les nations amollies. Voyez même les peuples de l'Asie avant Cyrus. Ils avaient des vices, ils connaissaient le faste ; mais le luxe n'avait pas encore répandu son poison mortel sur toutes les parties de la société. Si la magnificence se montrait dans des trésors qu'on amassait pour le besoin, dans de grandes entreprises, dans des travaux aussi vastes qu'utiles ; si elle se montrait

Étienne Bonnot de Condillac

dans les meubles, dans l'habillement, au moins ne connaissait-on pas toutes nos commodités, et on connaissait moins encore toutes les frivolités, dont nous n'avons pas honte de nous faire autant de besoins. Le luxe même de la table, quel qu'il fût, n'avait lieu que dans des festins d'apparat. Il consistait dans l'abondance plutôt que dans la délicatesse. Ce n'était pas deux fois par jour, jusques dans les maisons des particuliers, une profusion de mets, apprêtés avec élégance, et étalés avec faste.

Autrefois le luxe était plus tolérable en Asie qu'il ne l'est aujourd'hui en Europe

Je ferais volontiers l'apologie du luxe des anciens peuples de l'Asie. Je le vois se concilier avec un reste de simplicité jusques dans les palais des souverains. S'il est grand, je le vois soutenu par des richesses plus grandes encore, et je comprends qu'il a pu être de quelque utilité. Mais nous qui, dans notre misère, n'avons que des ressources ruineuses, et qui, pour nous procurer ces ressources, ne craignons pas de nous déshonorer, nous voulons vivre dans le luxe, et nous voulons que notre luxe soit utile !

Section 28
De l'impôt, source des revenus publics

En considérant comment les richesses se produisent, se distribuent et se conservent, nous avons vu que le commerce a besoin d'une puissance qui le protège. J'appelle revenus publics ou de l'État les revenus qu'on accorde à cette puissance. Il s'agit de savoir pourquoi et par qui ils doivent être payés.

Une société civile est fondée sur un contrat, exprès ou tacite, par lequel tous les citoyens s'engagent, chacun pour leur part, à contribuer à l'avantage commun.

En général, pour contribuer à cet avantage, il suffit d'être utile ; et on le sera, toutes les fois qu'on aura un état, et qu'on en remplira les devoirs.

Cette manière de contribuer est une obligation que tous les citoyens, sans exception, ont contractée en se réunissant en corps de société.

Un homme inutile n'est donc pas un citoyen. À charge à la société, il ne fait rien pour elle : elle ne lui doit rien.

Mais il ne suffit pas toujours d'avoir un état et d'en remplir les devoirs. Dans le gouvernement de toute société civile, il y a des dépenses publiques, nécessaires, indispensables, et auxquelles, par conséquent, les citoyens doivent contribuer.

Ils ne le peuvent qu'en deux manières ; l'une en travaillant eux-mêmes aux ouvrages publics, l'autre en fournissant la subsistance à ceux qui travaillent. Or, comme cette subsistance et ce travail peuvent s'évaluer en argent, nous réduirons, pour plus de simplicité, à une contribution faite en argent ces deux manières de contribuer. Une pareille contribution, si elle est réglée par la nation même, se nomme subside ou don gratuit, et on le nomme impôt, si elle est imposée par le gouvernement. On demande qui doit payer les subsides ou impôts ?

Il n'y a en général que deux classes de citoyens : celle des pro-priétaires, à qui toutes les terres et toutes les productions appar-tiennent, et celle des salariés, qui, n'ayant ni terres, ni productions en propre, subsistent avec les salaires dû à leur travail.

La première peut facilement contribuer, parce que, toutes les pro-ductions étant à elle, si elle n'a pas tout l'argent, elle a plus que l'équivalent, et que d'ailleurs il passe entièrement par ses mains.

La seconde ne le saurait. Elle ne peut pas fournir la subsistance à ceux qui travaillent, puisqu'elle n'a point de productions en propre. Elle ne peut pas leur donner l'argent dont ils ont besoin pour ache-ter cette subsistance, puisqu'elle n'a pour tout argent que son sa-laire, et que ce salaire, réduit au plus bas par la concurrence, n'est précisément que ce qu'il lui faut pour subsister elle-même.

Représentons-nous des peuples qui n'ont aucun de nos préjugés, des peuples tels que ceux que j'ai supposés : la première idée qui s'offrira à eux serait-elle de dire : Il faut que ceux qui n'ont rien contribuent aux dépenses publiques comme ceux qui ont quelque chose ; ou autrement, il faut que ceux qui n'ont que des bras et de l'industrie pour tout avoir, contribuent aux dépenses publiques avec un argent qu'ils n'ont pas. Or la classe salariée ne gagnant que l'argent nécessaire à sa subsistance, mettre un impôt sur elle, c'est vouloir qu'elle paie avec un argent qu'elle n'a pas.

Étienne Bonnot de Condillac

Les impôts sur l'industrie nous paraissent raisonnables et justes, parce que, sans avoir approfondi les choses, sans même y avoir pensé, nous les jugeons raisonnables et justes toutes les fois qu'elles sont dans l'ordre que nous trouvons établi. Cependant cet ordre n'est souvent qu'un abus. Notre conduite le prouve, lors même que nous n'en voulons pas convenir.

En effet, si nous allons chez des marchands sur qui on a mis une nouvelle imposition, nous ne serons pas étonnés qu'ils veuillent vendre à plus haut prix. Nous jugerons même qu'ils sont fondés en raison, et nous paierons le prix qu'ils exigent. Nous sommes donc en contradiction avec nous-mêmes ; nous voulons que les marchands contribuent aux dépenses publiques, et, quand ils ont contribué, nous voulons les rembourser. Ne serait-il pas plus simple de nous charger nous-mêmes de toutes ces dépenses ?

Mais il y a des marchands et des artisans qui s'enrichissent. Voilà sans doute ce qui entretient notre préjugé. Eh bien ! qu'on les fasse contribuer, ils se feront rembourser. Il est donc impossible qu'ils contribuent.

On dira sans doute que, dans la nécessité où ils sont de vendre, ils ne se feront pas toujours rembourser dans la proportion des impositions ; et que, par conséquent, ils en porteront une partie.

Cela peut être : mais il faut remarquer que la partie dont ils resteront chargés sera prise sur leur salaire, et que par conséquent ils seront réduits à consommer moins qu'ils n'auraient fait. Voilà donc, dans un État tel que la France, plusieurs millions de citoyens qui sont forces à retrancher sur leurs consommations. Or je demande si les terres rapporteront le même revenu lorsqu'on vendra une moindre quantité de productions à plusieurs millions de citoyens. Soit donc que les salariés se fassent rembourser en entier, ou ne se fassent rembourser qu'en partie, il est démontré que, dans un cas comme dans l'autre, l'impôt qu'on met sur eux retombe également sur les propriétaires. En effet, il faut bien que les propriétaires paient pour les salariés, puisque ce sont les propriétaires qui paient les salaires. En un mot, de quelque façon qu'on s'y prenne, il faut qu'ils paient tout.

Ou le pays qu'une nation habite fournit abondamment tout ce qui est nécessaire aux besoins des citoyens, ou il n'en fournit qu'une partie, quelque soin qu'on donne à la culture des terres.

Dans le premier cas, la nation, riche par son sol, se suffit à elle-même. Mais les productions, qui font toute sa richesse, appartiennent entièrement et uniquement aux propriétaires des terres. Cette classe peut donc seule faire toutes les dépenses publiques.

Dans le second cas, cette nation sera, je suppose, sur des côtes peu fertiles, dont le produit ne suffira qu'à la subsistance de la dixième partie de ses citoyens. Condamnée par son sol à la pauvreté, elle ne peut être riche qu'autant qu'elle s'appropriera les productions qui croissent sur un sol étranger. Or elle s'en appropriera par son industrie, ou plutôt elle ne s'est accrue par degrés que parce qu'elle s'en est approprié peu-à-peu. Elle fait le trafic. C'est par elle que les peuples, qui ne commercent pas immédiatement et par eux-mêmes, font l'échange de leur surabondant ; et elle trouve, dans les profits qu'elle fait sur les uns et sur les autres, les productions dont elle a besoin.

Riche uniquement par son industrie, elle n'a qu'une richesse précaire qui lui sera enlevée aussitôt que les autres peuples voudront faire par eux-mêmes leurs échanges. Elle se dépeuplera donc à mesure qu'elle perdra son trafic ; et, lorsqu'elle l'aura tout-à-fait perdu, elle se trouvera réduite à la dixième partie de ses citoyens, puisque nous supposons qu'elle n'a, dans le produit de son sol, que de quoi faire subsister cette dixième partie.

Mais, tant que son commerce est florissant, les neuf dixièmes des richesses de cette nation, ou des productions qu'elle consomme, appartiennent à la classe marchande, qui les a acquis, par son travail et par son industrie, sur les peuples étrangers. Si cette classe ne payait pas de subsides, ceux qui seraient payés par les propriétaires ne suffiraient pas aux dépenses publiques. Il faut donc qu'elle contribue pour neuf dixièmes, lorsque les propriétaires contribueront pour un.

Cependant, lorsque cette classe paie neuf dixièmes, c'est qu'elle les fait payer aux peuples dont elle est commissionnaire ; et, par conséquent, les dépenses publiques d'une nation marchande sont payées, pour la plus grande partie, par des propriétaires | des terres dans les pays étrangers.

Cette nation fait fort bien d'exiger des subsides de ses trafiquants, puisqu'elle n'a pas d'autre moyen de fournir aux dépenses publiques. Elle fait d'autant mieux, que ce ne sont pas ses propriétaires qui paient pour ses trafiquants : ce sont les propriétaires des autres nations. C'est sur eux proprement qu'elle fait retomber les impôts : c'est avec leurs productions qu'elle subsiste ; et elle met à contribution tous les peuples pour qui elle fait le trafic.

Telle est à-peu-près la situation de la Hollande. Ainsi, parce que, dans cette république, l'industrie paie des subsides, il n'en faudrait pas conclure qu'elle doive, en France, payer des impôts.

Mais, dira-t on, est-ce qu'il ne peut pas y avoir en France, comme en Hollande, des trafiquants qui mettent à contribution les propriétaires des nations étrangères ? Il y aura donc, pour la France, le même avantage que pour la Hollande, à imposer ses trafiquants.

Je réponds qu'en France les trafiquants commenceront par mettre à contribution les propriétaires nationaux : c'est à ces propriétaires qu'ils feront payer la plus grande partie de l'impôt mis sur l'industrie ; et, par conséquent, ils ne le paieront pas eux-mêmes. J'avoue que quelques-uns en feront payer une partie aux propriétaires étrangers, mais cet avantage ne serait pas une raison pour imposer les trafiquants Français.

Si la Hollande impose ses trafiquants, ce n'est pas parce qu'elle y trouve l'avantage de mettre à contribution les nations étrangères, c'est parce qu'elle ne peut pas faire autrement.

En effet, on conviendra que cette république aurait un commerce bien plus florissant si elle pouvait exempter de toute taxe ceux qui le font. Elle ne le peut pas : elle est forcée à exiger des subsides de la part de ses trafiquants. Elle y est forcée par sa constitution même, qui est une suite nécessaire de sa position : en un mot, elle y est forcée, parce que les subsides, s'ils n'étaient pris que sur les terres, ne suffiraient pas aux dépenses publiques. L'impôt sur l'industrie est donc chez elle un vice inhérent à la constitution de l'État, et il faut qu'elle subsiste avec ce vice. Tel est le sort d'une nation qui n'a qu'une richesse précaire.

Mais la France n'est pas forcée à mettre des impôts sur l'industrie : la France, dis-je, où la classe des propriétaires a toutes les richesses, et des richesses qui seraient bien surabondantes si les terres étaient mieux cultivées.

La France est riche en productions, et le surabondant de ces productions est le fonds avec lequel ses marchands font le commerce. Ils exportent ce surabondant qui nous serait inutile : ils l'échangent, et, en nous apportant des productions utiles, ils augmentent la masse de nos richesses. Mettons des impôts sur nos trafiquants, ils vendront à plus haut prix le surabondant qu'ils exporteront, ils en vendront moins, par conséquent, et ils nous rapporteront, en échange, une moindre quantité de marchandises étrangères, dont le prix haussera pour nous.

Alors nous serons moins riches, parce que le surabondant, qui cessera de se consommer, cessera de se reproduire, et que nous serons privés des richesses qu'il nous aurait procurées par des échanges.

L'impôt sur l'industrie, toujours illusoire, puisque, dans toutes les suppositions, il retombe toujours sur les propriétaires, est donc un vice qui ne doit être souffert que lorsqu'il tient à la constitution même, et qu'il ne peut être extirpé. Il diminue nécessairement la consommation , et, en diminuant la consommation, il empêche la reproduction. Il tend donc à détériorer l'agriculture.

Section 29
Des richesses respectives des nations

Nous avons distingué des richesses foncières et des richesses mobilières.

Parmi les richesses foncières, je mets non seulement toutes les productions, mais encore tous les bestiaux : en effet ils doivent être regardés comme un produit des terres qui les nourrissent.

Parmi les richesses mobilières, je mets toutes les choses auxquelles la main-d'œuvre a fait prendre une nouvelle forme. Voilà à quoi se réduisent toutes les richesses : il serait impossible d'en imaginer d'une troisième espèce.

Si on disait que l'or et l'argent sont d'un autre genre, je demanderais si ces métaux ne se forment pas dans la terre, et s'il n'est pas vrai qu'ils ne se produisent réellement pour nous que lorsque nous les tirons de la mine et que nous les affinons.

Étienne Bonnot de Condillac

L'or et l'argent sont donc des richesses foncières qui, comme le blé, sont le produit de la terre et de notre travail ; et ces métaux sont des richesses mobilières lorsque nous leur avons fait prendre des formes qui les rendent propres à divers usages, lorsque nous en avons fait de la monnaie, des vases, etc.

Nous avons vu que toutes ces richesse ne se multiplient qu'en raison de notre travail. Nous devons toutes les productions au travail du cultivateur ; et nous devons au travail de l'artisan ou de l'artiste toutes les formes données aux matières premières.

Nous avons vu encore que toutes ces richesses ne sont à leur valeur qu'autant que la circulation les fait passer, des lieux où elles surabondent, dans les lieux où elles manquent. Cette circulation est l'effet du commerce. La valeur des richesses est donc, en partie due aux travaux des marchands.

Enfin nous avons vu combien, pour être produites et conservées, les richesses ont besoin d'une puissance qui protège le cultivateur, l'artisan, l'artiste et le marchand, c'est-à-dire, qui maintienne l'ordre sans avoir de préférences.

Les travaux de cette puissance concourent donc à l'accroissement comme à la conservation des richesses.

D'après ce résumé, il est aisé de juger quelle est la nation qui doit être la plus riche.

C'est celle où il y a à-la-fois le plus de travaux dans tous les genres.

Toutes les terres sont-elles aussi bien cultivées qu'elles peuvent l'être ? Tous les ateliers des artisans et des artistes sont-ils remplis d'ouvriers continuellement occupés ? Des marchands en nombre suffisant font-ils circuler promptement et continuellement tout ce qui surabonde ? Enfin la vigilance de la puissance souveraine, ce travail qui veille sur tous les travaux, maintient-elle, sans préférences, l'ordre et la liberté ? Alors une nation est aussi riche qu'elle peut l'être.

Qu'on ne demande donc pas s'il faut préférer l'agriculture aux manufactures, ou les manufactures à l'agriculture. Il ne faut rien préférer : il faut s'occuper de tout.

C'est au particulier qu'il appartient d'avoir des préférences : il a de droit la liberté de choisir le genre de travail qui lui convient. Or il perdrait ce droit si le gouvernement protégeait exclusivement ou par préférence un genre de travail.

Un peuple, destiné par son sol à être agricole, négligera-t-il les productions que la nature veut lui prodiguer, ces richesses qui sont à lui, qui ne sont qu'à lui, et qu'on ne peut lui enlever ?

Les négligera-t-il, dis-je, pour passer ses jours dans des ateliers ? A la vérité, il acquerra de vraies richesses ; mais ce sont des richesses du second ordre ; elles sont précaires, et les autres nations peuvent se les approprier.

Ce peuple, parce qu'il est agricole, dédaignera-t-il tous les travaux qui ne se rapportent pas immédiatement à l'agriculture ? Voudra-t-il n'avoir ni artisans, ni artistes ? Il tirera donc de dehors toutes les choses mobilières, et il sera dans la nécessité de les acheter à plus haut prix, parce qu'il aura les frais de transport à payer. Il aurait pu avoir chez lui un grand nombre d'ouvriers qui auraient consommé ses productions, et il leur enverra à grands frais ces productions, pour les faire subsister dans les pays étrangers.

Soit donc qu'un peuple donne la préférence à l'agriculture, soit qu'il la donne aux manufactures, il est certain que, dans l'un et l'autre cas, il n'est jamais aussi riche qu'il aurait pu l'être.

Négligera-t-il l'agriculture et les manufactures pour s'occuper principalement du commerce de commission ? Il se réduira donc à n'être que le facteur des autres peuples. Il n'aura rien à lui, et il ne subsistera qu'autant que les nations ne lui envieront pas le bénéfice qu'il fait sur elles. Le commerce de commission ne doit être préféré que lorsqu'un peuple, n'ayant par lui-même ni assez de denrées, ni assez de matières premières, relativement à sa population, n'a pas d'autres ressources pour subsister.

Afin donc qu'un pays agricole soit aussi riche qu'il peut l'être, il faut qu'on s'y occupe en même temps de toutes les espèces de travaux : il faut que les différentes occupations se répartissent entre les citoyens, et que, dans chaque profession, le nombre des travailleurs se proportionne au besoin qu'on en a. Or nous avons vu comment cette répartition se fait naturellement, lorsque le commerce jouit d'une liberté pleine, entière et permanente.

Qu'on me permette de supposer, pour un moment, que toutes de se conduire les nations de l'Europe se conduisent d'après ces principes qu'elles ne connaîtront peut-être jamais.

Dans cette supposition, chacune acquerrait des richesses réelles et solides, et leurs richesses respectives seraient en raison de la fertilité du sol et de l'industrie des habitants.

Elles commerceraient entre elles avec une liberté entière ; et, dans ce commerce, qui ferait circuler le surabondant, elles trouveraient chacune leur avantage.

Toutes également occupées, elles sentiraient le besoin qu'elles ont les unes des autres. Elles ne songeraient point à s'enlever mutuellement leurs manufactures ou leur trafic : il leur suffirait à chacune de travailler, et d'avoir un travail à échanger. Que nous importe, par exemple, qu'une certaine espèce de drap se fasse en France ou en Angleterre, si les Anglais sont obligés d'échanger leur drap contre d'autres ouvrages de nos manufactures ? Travaillons seulement, et nous n'aurons rien à envier aux autres nations. Autant nous avons besoin de travailler pour elles, autant elles ont besoin de travailler pour nous. Si nous voulions nous passer de leurs travaux, elles voudraient se passer des nôtres : nous leur nuirions, elles nous nuiraient.

Des travaux de toutes espèces, et la liberté du choix accordée à tous les citoyens, voilà la vraie source des richesses ; et on voit que cette source répandra l'abondance plus ou moins, suivant qu'elle sera plus ou moins libre dans son cours.

Ce chapitre serait fini si je n'avais pas des préjugés à combattre.

Une nation tente-t-elle un nouveau commerce. Toutes veulent le faire. S'établit-il chez l'une une nouvelle manufacture ? Chacune veut l'établir chez elle. Il semble que nous ne pensions qu'à faire ce qu'on fait ailleurs, et que nous ne songions point à ce que nous pouvons faire chez nous. C'est que, n'ayant pas la liberté de faire ce que nous voulons, nous croyons trouver cette liberté dans un nouveau genre de trafic ou de manufacture, qui semble nous assurer la protection du gouvernement.

Si nous commencions par nous occuper des choses auxquelles notre sol et notre industrie nous destinent, nous ne travaillerions pas inutilement, puisque les étrangers rechercheraient nos ouvrages. Ils nous resteront au contraire, si nous travaillons dans des genres où ils doivent mieux réussir que nous.

134

Mais, quand nous réussirions aussi bien qu'eux, avons-nous fait tout ce que nous pouvons faire pour vouloir faire tout ce que font les autres ? Si nos anciennes manufactures languissent, pourquoi en établirions-nous de nouvelles ? Et pourquoi multiplier nos manufactures, si nous avons des terres incultes, ou si celles que nous cultivons ne sont pas à leur valeur ? Nous avons des travaux à faire, nous ne les faisons pas, et nous envions aux autres nations les travaux qu'elles font ! Cependant, si nous n'avions à échanger avec elles que des ouvrages semblables aux leurs, il n'y aurait plus de commerce entre elles et nous. Ces réflexions sont bien triviales : mais pourquoi craindrais-je de dire des choses triviales, quand on n'a pas honte de les ignorer ? Les connaissons-nous ces choses triviales, lorsque, pour favoriser, dit-on, nos manufactures, nous prohibons les marchandises étrangères, ou que nous les assujettissons à des droits exorbitants ?

Occupées à se nuire mutuellement, les nations voudraient chacune jouir exclusivement des avantages du commerce. Chacune, dans les échanges qu'elle fait, voudrait que tout le bénéfice fût pour elle. Elles ne voient pas que, par la nature des échanges, il y a nécessairement bénéfice des deux côtés, puisque de part et d'autre on donne moins pour plus.

Un particulier, qui ne connaît pas le prix des marchés, peut être trompé dans les achats qu'il fait. Les nations sont marchandes : c'est chez elles que les marchés se tiennent : le prix des choses leur est connu. Par quel art donc les forcerons-nous à nous donner toujours plus pour moins, par rapport à elles, quand nous ne leur donnerons jamais que moins pour plus par rapport à nous ? Cet art est cependant le grand objet de la politique : c'est la pierre philosophale qu'elle cherche, et qu'elle ne trouvera certainement pas.

Mais, direz-vous, il importe d'attirer chez nous, autant qu'il est possible, l'or et l'argent des nations étrangères. Il faut donc empêcher qu'elles ne nous vendent les choses produites ou manufacturées chez elles, et les forcer d'acheter les choses produites ou manufacturées chez nous.

Vous croyez donc qu'un million en or et en argent est une plus grande richesse qu'un million en productions, ou qu'un million en matières premières mises en œuvres ! Vous en êtes encore à ignorer que les productions sont la première richesse ! Que ferez-vous donc si les autres nations qui raisonneront tout aussi mal que vous, veulent aussi attirer chez elles votre or et votre argent ? C'est ce qu'elles tenteront. Tous les peuples seront donc occupés à empêcher que les marchandises étrangères n'entrent chez eux ; et, s'ils y réussissent, c'est une conséquence nécessaire que les marchandises nationales ne sortent de chez aucun. Pour avoir voulu, chacun exclusivement, trouver un grand bénéfice dans le commerce, ils cesseront de commercer entre eux et ils se priveront à l'envi de tout bénéfice.

Voilà l'effet des prohibitions. Qui néanmoins oserait assurer que l'Europe ouvrira les yeux ! Je le désire : mais je connais la force des préjugés, et je ne l'espère pas.

En effet le commerce n'est pas pour l'Europe un échange de travaux dans lequel toutes les nations trouveraient chacune leur avantage : c'est un état de guerre où elles ne songent qu'à se dépouiller mutuellement. Elles pensent encore comme dans ces temps barbares, où les peuples ne savaient s'enrichir que des dépouilles de leurs voisins. Toujours rivales, elles ne travaillent qu'à se nuire mutuellement. Il n'y en a point qui ne voulût anéantir toutes les autres ; et aucune ne songe aux moyens d'accroître sa puissance réelle.

On demande quel serait l'avantage ou le désavantage d'une nation, de la France, par exemple, si elle donnait la première à l'exportation et à l'importation une liberté pleine et entière.

Je réponds que, si elle accordait la première, et par conséquent seule, cette liberté, il n'y aurait pour elle ni avantage, ni désavantage, puisque alors elle n'exporterait point, et qu'on n'importerait point chez elle. Car, pour que l'exportation soit possible en France, il faut que nous puissions importer chez l'étranger, et il faut que l'étranger exporte pour qu'en France l'importation puisse avoir lieu.

Cette question est donc mal présentée. Je demanderais plutôt quel serait l'avantage ou le désavantage de la France, si elle accordait à l'exportation et à l'importation une liberté permanente et jamais interrompue, tandis qu'ailleurs l'exportation et l'importation seraient tour-à-tour permises et prohibées.

Les grains sont une des branches du commerce de commission que fait la Hollande, et cette république ne permet pas toujours l'exportation et l'importation. Elle sent que, si elle gênait ce commerce, elle serait d'autant plus exposée à manquer de grains, que ses terres n'en produisent pas assez pour sa consommation.

En Pologne, l'exportation des grains est toujours permise, parce que, années communes, les récoltes y sont toujours surabondantes. Comme elle tire de dehors toutes les choses manufacturées, elle a besoin de cette surabondance pour ses achats, et elle se l'assure par son travail. Si elle avait chez elle toutes les manufactures dont elle manque, ses récoltes seraient moins surabondantes, parce qu'elle serait plus peuplée, et peut-être qu'elle défendrait l'exportation.

En Angleterre, l'exportation est rarement prohibée : mais la liberté d'importer est plus ou moins restreinte par des droits qui haussent ou qui baissent suivant les circonstances.

Ailleurs enfin, on permet l'exportation quand les blés sont à bon marché, et on permet l'importation quand ils sont chers. Cependant la liberté, soit d'exporter, soit d'importer, n'est jamais pleine et entière : elle est toujours plus ou moins limitée par des droits. Voilà à-peu-près ce qui se passe en Europe. Je dis à-peu-près, parce qu'il me suffit de raisonner sur des suppositions. Il sera toujours facile d'appliquer mes raisonnements à la conduite changeante du gouvernement chez différents peuples.

La France, nous le supposons, donne seule à l'exportation une liberté pleine, entière, permanente, sans restriction, sans limitation, sans interruption. Tous ses ports sont toujours ouverts, et on n'y exige jamais aucun droit ni d'entrée, ni de sortie.

Je dis que, dans cette supposition, le commerce des grains doit être pour la France plus avantageux que pour toute autre nation.

Il est certain que le vendeur vend plus avantageusement, lorsqu'un plus grand nombre d'acheteurs lui font à l'envi un plus grand nombre de demandes. La France trouvera donc de l'avantage dans la vente de ses grains, si, ne se bornant pas à vendre à ceux qui consomment chez elle, elle vend encore à ceux qui consomment dans les États où il lui est permis d'importer.

Il est évident que, si elle pouvait également importer dans toute l'Europe, elle vendrait avec plus d'avantages encore, puisqu'un plus grand nombre d'acheteurs lui ferait un plus grand nombre de demandes. Si son avantage n'est pas tel qu'il pourrait être, c'est donc parce qu'elle ne peut pas importer partout également.

On dira sans doute que les grains renchériront en France, si nous en vendons à tous les étrangers qui nous en demandent.

Mais nous avons supposé que l'importation en France est aussi libre que l'exportation, et nous avons remarqué qu'il y a des nations qui exportent leurs grains : or ces nations en importeront chez nous lorsqu'elles trouveront dans le haut prix un bénéfice à nous en vendre. Sur quoi il faut observer que ce haut prix n'est pas cherté : c'est le vrai prix établi par la concurrence, vrai prix qui a son haut, son bas et son moyen terme.

Tant que ce prix ne sera pas monté à son terme le plus haut, on ne nous apportera pas des blés, et nous n'aurons pas besoin qu'on nous en apporte. Quand il sera monté à son terme le plus haut, toutes les nations qui exportent des blés nous en apporteront ; et nous achèterons avec d'autant plus d'avantages, qu'un plus grand nombre de vendeurs nous feront un plus grand nombre d'offres. Nous achèterions avec plus d'avantages encore, si on nous en apportait de toutes les parties de l'Europe, puisque les offres se multiplieraient avec les vendeurs. Qu'on réfléchisse sur la situation de la France : faite pour être l'entrepôt du Nord et du Midi, pourrait-elle craindre de manquer ou d'acheter cher ? On voit au contraire qu'elle deviendrait le marché commun de toute l'Europe.

La France, soit qu'elle vendît, soit qu'elle achetât des blés, aurait donc, dans la supposition que nous avons faite, un grand avantage sur les nations qui défendent l'exportation et l'importation, sur celles qui ne permettent que l'une ou l'autre, et sur celles enfin qui ne les permettent toutes deux que passagèrement et avec des restrictions. Car, en détendant l'exportation, elles diminuent le nombre de leurs acheteurs, et par conséquent elles vendent à plus bas prix ; et, en défendant l'importation, elles achètent à plus haut, parce qu'elles diminuent le nombre, de leurs vendeurs.

Concluons que les États de l'Europe, s'ils s'obstinent à ne pas laisser une entière liberté au commerce, ne seront jamais aussi riches ni aussi peuplés qu'ils pourraient l'être ; que si un d'eux accordait une liberté entière et permanente, tandis que les autres n'en accorderaient qu'une passagère et restreinte, il serait, toutes choses d'ailleurs égales, le plus riche de tous ; et qu'enfin, si tous cessaient de mettre des entraves au commerce, ils seraient tous aussi riches qu'ils peuvent l'être ; et qu'alors leurs richesses respectives seraient, comme nous l'avons déjà remarqué, en raison de la fertilité du sol et de l'industrie des habitants.

Section 30
Récapitulation sommaire de la première partie

La valeur des choses, ou l'estime que nous en faisons, fondée sur l'utilité, est en proportion avec nos besoins : d'où il résulte que le surabondant, considéré comme surabondant, n'a point de valeur, et qu'il n'en peut acquérir une, qu'autant qu'on juge qu'il deviendra nécessaire.

Nos besoins sont naturels ou factices.

Dans l'homme isolé, les besoins naturels sont une suite de sa consommation. Dans l'homme citoyen, ils sont une suite de la constitution sans laquelle la société ne saurait subsister.

Ces besoins sont en petit nombre, et ne donnent de la valeur qu'aux choses de première nécessité. Les besoins factices, au contraire, se multiplient avec nos habitudes, et donnent de la valeur à une multitude de productions et de matières travaillées, que nous avons mises parmi les choses de seconde nécessité.

La valeur de ces choses, en proportion avec leur rareté et leur abondance, varie encore suivant l'opinion vraie ou fausse que nous avons de cette rareté et de cette abondance.

Ces valeurs, estimées par comparaison, sont ce qu'on nomme le prix des choses D'où il arrive que, dans les échanges, les choses sont réciproquement le prix l'une de l'autre, et que nous sommes tout-à-la-fois, sous divers rapports, vendeurs et acheteurs.

C'est par la concurrence des vendeurs et des acheteurs que se règlent les prix. Ils ne peuvent se régler qu'aux marchés, et ils y varieront peu, s'il est permis à chacun d'y apporter ce qu'il veut et la quantité qu'il veut.

Or les échanges qui se font dans les marchés sont ce qu'on nomme commerce.

Ils supposent, d'un côté, productions surabondantes, et, de l'autre, consommations à faire.

C'est donc le surabondant qui est dans le commerce, soit que les colons fassent par eux-mêmes leurs échanges, et alors le commerce se fait immédiatement entre les producteurs et les consommateurs ; soit que les échanges se fassent par l'entremise des marchands, trafiquants ou négociants, et alors les commerçants sont comme des canaux de communication entre les producteurs et les consommateurs.

Le surabondant, qui n'avait point de valeur entre les mains des producteurs, en acquiert une lorsqu'il est mis entre les mains des consommateurs. Le commerce donne donc de la valeur à des choses qui n'en avaient pas. Il augmente donc la masse des richesses.

Cette masse s'accroît encore avec les arts, qui, en donnant des formes aux matières premières, leur donnent une valeur, parce qu'ils les rendent propres à divers usages.

C'est à l'industrie du colon, de l'artisan, et du marchand, que la société doit toutes ses richesses. Cette industrie méritait un salaire. Ce salaire, réglé par la concurrence, règle les consommations auxquelles chacun a droit de prétendre, et les citoyens se trouvent distribués par classes.

Nous avons deux sortes de richesses : les richesses foncières, que nous devons au colon, et qui se remplacent ; les richesses mobilières, que nous devons à l'artisan ou à l'artiste, et qui s'accumulent.

Toutes ces richesses se produisent, se distribuent et se conservent en raison des travaux du colon, de l'artisan, de l'artiste, du marchand et de la puissance souveraine qui maintient l'ordre et la liberté.

Elles abondent surtout après la fondation des villes, parce qu'alors de plus grandes consommations donnent un nouvel essor à l'industrie. Les terres sont mieux cultivées, les arts se multiplient et se perfectionnent.

Tous ceux qui se partagent ces richesses acquièrent sur elles un droit de propriété, qui est sacré et inviolable. On acquiert ce droit soi-même par son travail, ou on l'acquiert parce qu'il a été cédé par ceux qui l'ont acquis. Dans un cas comme dans l'autre, on dispose seul des choses qu'on a en propriété ; aucune puissance ne peut, sans injustice, y mettre un prix au-dessous de celui que nous y mettons nous-mêmes ; et c'est à la concurrence uniquement qu'il appartient de régler le prix de chaque chose.

Comme le champ est au colon qui le cultive, et que tous ceux qu'il emploie à la culture acquièrent un droit de copropriété sur le produit : de même, dans toute entreprise, il y a un fonds qui appartient à ceux qui l'ont fourni, et un produit dont ils doivent faire part aux ouvriers qu'ils font travailler. Cette copropriété est représentée par le salaire que l'usage règle, et dont personne ne doit être privé.

Les richesses s'étant multipliées, un commerce plus étendu fit sentir la nécessité d'apprécier avec plus de précision la valeur de chaque chose. On chercha donc une mesure commune.

Comme, dans les échanges, les valeurs se mesurent réciproquement, toute espèce de marchandises pouvait être employée à cet usage. On donna la préférence aux métaux, comme à la marchandise avec laquelle on pourrait plus commodément mesurer toutes les autres, et on créa la monnaie.

C'est donc parce qu'ils avaient une valeur comme marchandise que les métaux en eurent une comme monnaie, et, en devenant monnaie, ils ne cessèrent pas d'être marchandise.

L'usage de la monnaie, en facilitant les échanges, donna plus de mouvement au commerce, et augmenta la masse des richesses. Mais il fit tomber dans des méprises sur ce qu'on appelait valeur. Quand on crut voir le prix des choses dans une mesure qui, telle qu'une once d'argent, est toujours la même, on ne douta point qu'elles n'eussent une valeur absolue, et, parce qu'on jugea qu'elles ont une valeur égale toutes les fois qu'elles sont estimées égales en valeur à une même quantité d'argent, on supposa faussement que dans les échanges on donne toujours valeur égale pour valeur égale.

L'argent ne facilite le commerce que parce qu'on le donne continuellement en échange. Il se ramasse pour se distribuer, il se distribue pour se ramasser, et, ne cessant de passer et de repasser d'une main dans une autre, il circule continuellement.

Étienne Bonnot de Condillac

Pourvu que cette circulation se fasse librement, il importe peu qu'il y ait plus ou moins d'argent dans le commerce. La quantité en peut être moindre, comme plus grande. On ne saurait la déterminer avec précision. On peut seulement conjecturer que, quelle qu'elle soit, elle est tout au plus égale en valeur à la valeur des productions qui se consomment dans les villes.

La circulation de l'argent se nomme change lorsque, par l'échange de deux sommes qui sont à distance, on leur fait en quelque sorte franchir à toutes deux un intervalle pour remplacer l'une et l'autre.

Le change est devenu une branche de commerce, dans laquelle l'argent est la seule marchandise qui s'achète et qui se vend. Les opérations, qui en sont simples, se règlent d'après les dettes réciproques qui sont entre les villes, et elles assurent le plus grand bénéfice aux négociants qui ont gagné la confiance.

Comme l'argent a un prix dans le change, il en a un dans le prêt, et ce prix est ce qu'on nomme intérêt. Or l'argent, dans le commerce, ayant un produit, celui qui le prête doit avoir un intérêt dans ce produit, comme un propriétaire doit en avoir un dans le produit d'une terre qu'il donne ou prête à ferme. Cet intérêt, qui hausse et baisse suivant les circonstances, ne peut être réglé que dans les places de commerce. Il est juste lorsqu'il ne met à l'argent que le prix que les commerçants y ont mis librement et publiquement : il est usuraire lorsque ce prix est arbitraire et clandestin.

Les métaux dont on fait les monnaies, plus rares ou plus abondants, suivant qu'on les emploie à plus ou moins d'usages, tendent à se rendre également communs chez les nations qui ont entr'elles un commerce libre et jamais interrompu. C'est pourquoi leur valeur relative se règle, dans tous les marchés de ces nations, comme elle se réglerait dans un seul. Chez toutes, l'or et l'argent ont chacun le même prix, parce que, chez toutes, ces métaux sont dans le même rapport l'un à l'autre.

Comme un commerce libre et jamais interrompu tend à rendre l'or et l'argent également communs chez plusieurs nations, et donne, par cette raison, à chacun de ces métaux un même prix chez toutes : de même un commerce libre et jamais interrompu tendrait à rendre le blé également commun chez plusieurs nations, et lui donnerait chez toutes le même prix.

Ce prix, fondé sur la quantité relativement à la consommation, serait le vrai prix pour toutes, parce qu'il serait le plus avantageux à chacune. Alors les salaires se proportionneraient toujours au prix permanent des blés : ils ne monteraient jamais trop haut, ils ne descendraient jamais trop bas ; et chaque chose serait constamment à son vrai prix.

Mais, lorsque le commerce n'est pas libre, si le blé manque chez une nation, il continue de manquer, et il monte à un prix excessif qui est au détriment du consommateur ; et, s'il est surabondant chez une autre, il continue de l'être, et il tombe à un vil prix qui est au détriment du producteur. Il n'y a donc plus de vrai prix : il n'y a que cherté ou bon marché, c'est-à-dire, lésion pour l'acheteur ou pour le vendeur.

C'est alors que, le nombre des marchands n'étant pas aussi grand qu'il peut l'être, le monopole, qui s'établit sur les ruines de la liberté, met le blé en vente en trop grande ou en trop petite quantité, suivant qu'il est de son intérêt d'en faire baisser ou hausser le prix. Cependant, s'il importe qu'il s'en vende toujours parce qu'on en consomme toujours, il n'importe pas moins qu'il ne s'en mette en vente qu'autant qu'on a besoin d'en consommer. Or cette proportion ne sera saisie que lorsque le plus grand nombre possible de marchands fera circuler les blés partout avec un mouvement prompt et jamais interrompu.

C'est parce que cette circulation a toujours été plus ou moins arrêtée que l'Europe ne peut pas avoir dans le blé une mesure propre à déterminer les valeurs dans des époques différentes et dans des lieux différents. Dès que les grains ne sauraient être à leur vrai prix, dès qu'ils ne peuvent pas avoir un prix permanent, comment seraient-ils une mesure commune pour toutes les époques et pour tous les lieux ?

La liberté peut seule donner à chaque chose son vrai prix, et faire fleurir le commerce. C'est alors que l'ordre s'établit naturellement, que les productions en tous genres se multiplient comme les consommations ; que toutes les terres sont mises en valeur ; que chaque citoyen trouve sa subsistance dans son travail, et que l'abondance se répand. Elle se répand, dis je, tant que les mœurs sont simples : mais la misère commence avec le luxe.

Étienne Bonnot de Condillac

Pour entretenir cette abondance, il faut une puissance qui protège les arts et le commerce, c'est-à-dire, qui maintienne l'ordre et la liberté. Cette puissance a des dépenses à faire, et c'est aux propriétaires seuls à payer les subsides ou les impôts dont elle a besoin.

Si cette puissance maintient l'ordre et la liberté, une nation, qui s'occupera de tout sans préférence exclusive, sera aussi riche qu'elle peut l'être. Que, dans tous les gouvernements, on protège donc également les travaux de toutes espèces, et que sans restriction, sans interruption, on permette d'exporter et d'importer les choses même les plus nécessaires ; alors toutes les nations seront riches, et leurs richesses respectives seront en raison de la fertilité du sol et de l'industrie des habitants.

Seconde partie

Section 1
Répartition des richesses, lorsque le commerce jouit d'une liberté entière et permanente.

Je suppose que le pays qu'occupe notre peuplade, est grand comme l'Angleterre, la France, l'Espagne, ou comme ces trois royaumes ensemble. Il faut qu'il ait une certaine étendue, et que le commerce trouve un fonds considérable dans la variété des productions que les provinces auront besoin d'échanger. Ce pays est rempli de hameaux, de villages, de bourgs, de villes. C'est une multitude de cités libres, qui se gouvernent à-peu-près par les mêmes lois ; et qui se souvenant de leur origine, se regardent comme une seule et même famille, quoiqu'elles forment déjà plusieurs peuples. Tous ces peuples, occupés de l'agriculture et des arts qui s'y rapportent, ou qui tendent à la faire fleurir, mènent une vie simple, et vivent en paix. Les magistratures sont, pour les citoyens, le dernier terme de l'ambition, et aucun d'eux n'a encore imaginé d'aspirer à la tyrannie. Ces peuples ne connaissent ni les péages, ni les douanes, ni les impôts arbitraires, ni les privilèges, ni les polices qui gênent la liberté. Chez eux, chacun fait ce qu'il veut, et jouit librement des fruits de son travail. Enfin ils n'ont point d'ennemis, puisque nous les avons placés dans un pays inaccessible à toute nation étrangère.

Voilà les suppositions d'après lesquelles on peut se faire une idée de ce que j'entends par un commerce qui jouit d'une liberté entière. Il s'agissait uniquement de bien déterminer cette idée ; et il importe peu que quelqu'unes de ces suppositions ne paraissent pas vraisemblables. Pour faire fleurir le commerce dans toutes les provinces où je répands des cités, il faut que, réciproquement de l'une dans l'autre, le surabondant se verse sans obstacle, et qu'il supplée à ce qui manque dans les lieux où il se répand. C'est une espèce de flux et de reflux, où les choses se balancent par un mouvement alternatif, et tendent à se mettre au niveau.

Chez les peuples que nous observons, la nature seule peut opposer des obstacles au commerce, et on les lève, ou du moins on les diminue. On facilite la navigation sur les rivières, on creuse des canaux, on fait des chemins. Ces ouvrages qui nous étonnent, parce que nous qui ne faisons rien qu'à force d'argent, nous sommes rarement assez riches pour les entreprendre, coûtent peu à une nation sobre qui a des bras. Elle y voit son intérêt ; elle sent qu'elle travaille pour elle ; et elle exécute les plus grandes choses. Elle n'est pas dans la nécessité d'imposer des taxes, parce que tous contribuent volontairement, l'un de son travail, l'autre de ses denrées, pour fournir à la subsistance des travailleurs.

Le transport des marchandises se fait donc avec le moins de frais possibles. Partout on a des débouchés pour faire sortir les choses surabondantes : partout ces débouchés sont autant de portes pour faire arriver les choses nécessaires ; et, par conséquent, les échanges, entre toutes les provinces, se font toujours avec une facilité égale, autant du moins que la nature du sol le permet. S'il y a quelque différence, elle vient uniquement des obstacles que la nature a mis, et qu'il n'a pas été possible d'aplanir également partout. Mais où il y a plus d'obstacles, il y a aussi plus d'industrie ; et l'art semble réparer les torts de la nature. Voyons comment, dans un pays tel que celui que je viens de supposer, les richesses se répandent naturellement partout. Les campagnes, abondantes chacune en divers genres de productions, sont proprement la première source des richesses.

Dans les bourgs, dans les villages, dans les hameaux, dans les fermes même, on travaille les matières premières pour les rendre propres aux usages du colon qui cultive son champ, ou du fermier qui cultive le champ d'un autre. On y fait des charrues, des jougs, des charriots, des tombereaux, des pioches, des bêches ; de grosses toiles, de gros draps, et autres ouvrages qui demandent peu d'art, et qui se consomment aux environs des lieux où ils se fabriquent.

Ces manufactures, quelque grossières qu'elles soient, donnent une nouvelle valeur aux matières premières. Elles sont donc autant de canaux, par où la source des richesses se distribue, pour se répandre de côté et d'autre à une certaine distance. Je dis à une certaine distance, parce que les ouvrages qui sortent de ces manufactures, ne sont un fonds de commerce, que pour le canton où elles sont établies. De peu de valeur en eux-mêmes, et devenus chers par les frais de transport, ils ne feraient pas de débit dans les lieux éloignés où on en fait de semblables.

Les richesses des villes consistent dans les revenus des propriétaires et dans l'industrie des habitants, industrie dont le revenu est en argent. Ainsi c'est l'argent qui fait la principale richesse des villes, comme les productions font la principale richesse des campagnes.

C'est dans les villes que se font les plus grandes consommations. C'est le lieu où les artisans, les plus habiles en tous genres, érigent des manufactures de prix. Ce sont des marchés toujours subsistants, où l'on vient des campagnes acheter les ouvrages qui ne se font pas dans les villages, ou qui ne s'y font pas aussi bien. Voilà les canaux où les richesses en argent circulent en plus grande abondance.

Si l'industrie, dans une ville, n'était payée que par les propriétaires qui l'habitent, elle n'augmenterait pas la quantité d'argent qui y circule. Cependant elle le ferait circuler avec plus de vitesse, et cette vitesse rendrait la même quantité d'argent équivalente à une plus grande. Mais si, comme nous venons de le remarquer, les ouvrages qui se font dans les campagnes, ne sont pas de nature à être vendus au loin, il n'en est pas de même de ceux qui sortent des manufactures, établies dans les villes. Comme ils sont d'un plus grand prix, l'augmentation, occasionnée par les frais de transport, est peu de chose par comparaison à ce prix. Les artisans ne sont donc pas réduits à n'être payés que par les propriétaires des villes qu'ils habitent. L'argent leur arrive de tous les lieux où leurs ouvrages sont recherchés. Ce sont eux proprement qui creusent les canaux, par où les richesses concourent dans les villes ; canaux qui forment plus de branches et des branches plus étendues, à mesure que l'industrie fait des progrès. Telle est donc en général la répartition des richesses entre les campagnes et les villes : c'est que les campagnes sont riches en productions par le travail du laboureur ; et que les villes sont riches en argent par les revenus des propriétaires et par l'industrie des artisans. Mais de campagne en campagne, et de ville en ville, cette répartition ne se fait pas, et ne peut pas se faire d'une manière égale. Le laboureur observe les denrées qui sont de débit. Plus on lui en demande, plus il en demande lui-même aux champs qu'il cultive, et il applique toute son industrie à mettre en valeur chaque espèce de terrain. Les campagnes, voisines des principales villes, où l'on consomme davantage, sont donc les plus riches en productions.

Dans les campagnes éloignées, cette richesse sera en raison du plus ou moins de facilité à transporter les denrées dans les principales villes. Quelque soin qu'on ait donné à faire des chemins, à creuser des canaux, à rendre les rivières navigables, il n'a pas été possible d'ouvrir partout des débouchés également commodes. La nature opposait souvent des obstacles, qui, même après avoir été aplanis, occasionnaient encore de grands frais pour le transport des marchandises. Il n'est pas de l'intérêt du laboureur d'avoir des denrées au-delà de ce qui s'en consomme. Les provinces où l'exportation est moins facile, seront donc moins riches en productions. Moins riches, dis-je, par comparaison avec les autres ; mais assez riches pour elles-mêmes, parce qu'elles en auront autant qu'il en faut à leur consommation. Dans les provinces dont le sol sera le plus ingrat, les habitants seront plus laborieux, et auront plus d'industrie. Ils mettront en valeur jusqu'aux rochers, qu'ils couvriront de productions. Dans les saisons, où ils n'auront pas assez d'ouvrages chez eux, ils en iront chercher dans les provinces voisines. Ils reviendront dans leurs villages, avec des profits qui les mettront en état de former quelques petites entreprises. Ils augmenteront le nombre de leurs bestiaux ; ils défricheront quelques morceaux de terre ; et ils érigeront des manufactures communes, pour mettre eux-mêmes en œuvre les matières premières de leur sol. C'est ainsi que les provinces les moins fertiles pourront, à proportion de leur étendue, être presqu'aussi peuplées que les autres.

Étienne Bonnot de Condillac

Les villes ne sont pas toutes dans une situation également favorable au commerce, parce que toutes n'ont pas les mêmes moyens pour communiquer au loin. Il ne peut pas y avoir partout de grandes rivières, des canaux de communication et des chemins praticables. Il y aura donc des villes d'un plus grand abord, plus marchandes, par conséquent, et plus peuplées. Ce sont les principales.

Si une cité conquérait toutes les autres, sa ville, siège alors de la souveraineté, serait la capitale, et pourrait se peupler au point qu'elle renfermerait la vingtième partie des citoyens. Nous verrons ailleurs ce qu'une pareille capitale doit produire dans un état. Mais il n'y en a point encore chez les peuples sortis de notre peuplade. Jusqu'à présent ils n'ont été occupés qu'à se gouverner chacun séparément, et aucun d'eux n'a eu occasion de découvrir qu'il pourrait faire des conquêtes. Il faut bien des circonstances pour préparer à un peuple les moyens de conquérir ; et quand toutes ces circonstances se sont réunies, il n'ambitionne de dominer au loin, que lorsqu'ayant fait des conquêtes sans dessein, il juge qu'il en peut faire : cette ambition n'est donc pas la première idée qui s'offre à lui.

Toutes les cités, par conséquent, sont libres et indépendantes ; et si nous les considérons dans un temps où les dissensions ne les ont pas encore armées les unes contre les autres, nous jugerons que leurs villes communiquent entr'elles sans obstacles.

Dans cette supposition, les richesses se répartissent entre les villes, en raison de la consommation qui s'y fait.

Dans les principales, qui renferment une grande population, et qui comptent parmi les citoyens beaucoup de riches propriétaires, il y aura un grand concours d'artisans et de marchands de toutes espèces, et l'argent y circulera avec plus de vitesse et en plus grande quantité.

Dans les moindres villes, il y aura moins de richesses, ou moins d'argent dans la circulation ; parce qu'étant moins peuplées, elles consommeront moins, et que consommant moins, elles n'auront ni autant d'artisans, ni autant de marchands.

Mais quoique plus ou moins riches en argent, toutes les villes sont dans l'abondance des choses dont elles se sont fait des besoins ; parce que dans toutes, la population est en proportion avec les subsistances qu'elles peuvent se procurer. Les moins riches ne se sont formées, que parce qu'elles ont trouvé de quoi subsister dans les lieux où elles se sont établies. Or elles y trouvent tous les jours d'autant plus de quoi subsister, que leurs citoyens ont tous les jours plus d'industrie, et que cette industrie n'est arrêtée par aucun obstacle. Concluons que la répartition des richesses entre les villes n'en condamne aucune à marquer des choses qui lui sont nécessaires. Comparées les unes aux autres, elles sont plus ou moins riches en argent, comme elles sont plus ou moins peuplées, mais l'abondance est dans toutes.

Après avoir vu quelles sont les richesses des provinces, des campagnes, et des villes, il nous reste à observer la répartition qui doit s'en faire entre les citoyens. Ils n'ont qu'un moyen de s'enrichir, le commerce.

Or nous avons distingué le commerce de productions, qui est celui du colon et du fermier, le commerce de manufactures qui est celui de l'artisan, et le commerce de commission qui est celui du marchand. Dans toutes ces espèces de commerce, on ne gagne qu'à proportion du haut prix qu'on peut mettre aux choses qu'on vend. Ce sera donc d'après ces prix que se fera la répartition des richesses entre les commerçants. Si, sous prétexte d'approvisionner les villes, des compagnies privilégiées avaient seules la permission d'y apporter des bleds, on conçoit qu'elles s'enrichiraient promptement et prodigieusement. Dans les campagnes où les récoltes auraient été abondantes, elles achèteraient les bleds au plus bas prix, parce qu'on ne les pourrait livrer qu'à elles ; et bientôt après elles les vendraient au plus haut, parce qu'en les retenant dans leurs magasins pour n'en mettre jamais en vente qu'une quantité au-dessous de la consommation, elles occasionneraient la disette, dans les lieux mêmes où était l'abondance. Ce monopole n'est pas connu dans nos cités.

Comme chacun a la liberté de vendre à qui il veut, et quand il veut, ce sont les vendeurs et les acheteurs qui décident uniquement et librement du prix de chaque chose.

Ce prix, comme nous l'avons vu, haussera ou baissera d'un marché à l'autre. Cependant si on excepte les cas de grande abondance ou de grande disette, les prix varieront en général peu sensiblement, parce que la concurrence sera toujours à-peu-près la même. Encore est-il rare, quand le commerce est libre, que le passage de l'abondance à la disette cause une variation considérable dans les prix. Cela arriverait, si toutes les provinces éprouvaient à la fois dans une année la même abondance, et la même disette dans une autre. C'est ce qui ne peut pas avoir lieu dans un pays d'une certaine étendue, dont les parties sont à des expositions différentes. D'ordinaire quand une province est dans la disette, une autre est dans l'abondance.

Or l'abondance dans une province y fait baisser fort peu le prix des denrées, lorsque le commerce a la liberté d'exporter le surabondant.

De même la disette en fait peu hausser le prix dans une autre, où le commerce ne tarde pas d'apporter l'abondance.

Ce n'est donc pas à proportion d'une abondance ou d'une disette locale que les prix varient plus sensiblement : c'est plutôt à proportion que le commerce a moins de liberté. Aussi avons-nous fait voir que, lorsque la liberté est entière et permanente, les choses tendent à se rendre également communes partout, et qu'en conséquence elles se mettent partout au même prix, ou à peu-près. Quelle que soit donc cette variation, les richesses, entre ceux qui font le commerce de productions, ne pourront pas se répartir bien inégalement, chez des peuples où ce commerce jouit d'une liberté entière, et où, par conséquent, la concurrence des vendeurs et des acheteurs est la seule règle des prix.

Il ne sera donc pas au pouvoir de quelques colons ou fermiers de vendre leurs denrées autant qu'ils voudront. Le prix du marché sera nécessairement le prix de tous ; et ils se forceront mutuellement à se contenter des mêmes profits.

Dans cet état des choses, le commerce de productions n'enrichira pas les uns aux dépens des autres, parce qu'aucun ne gagnera trop, et que tous gagneront. Tous participeront aux jouissances auxquelles l'usage leur donne des droits ; et si quelques-uns, plus industrieux, vivent dans une plus grande aisance, les autres ne tomberont pas dans la misère ; parce que, pour subsister, il suffira de travailler comme on travaille communément. Il ne faut pas craindre que les prix du marché en privent aucun des profits qu'il doit faire. Pour que cela arrivât, il faudrait que tous les cultivateurs consentissent à vendre à perte, ce qui ne peut pas être.

Le commerce de manufactures répartira les richesses de la même manière. La concurrence réglera le salaire des artisans, suivant le genre des ouvrages. Les uns gagneront plus, les autres moins. Mais tous subsisteront, et chacun, dans son métier, se contentera de jouir des choses dont jouissent en général ceux qui le font concurremment avec lui.

Il en sera du commerce de commission, comme des deux autres, puisque la concurrence réglera le salaire des marchands.

Si les marchandises venaient d'un pays étranger et éloigné, on ignorerait, dans nos cités, ce qu'elles ont coûté sur les lieux ; et les marchands, qui se prévaudraient de cette ignorance, pourraient faire de grands profits, surtout lorsqu'ils auraient peu de concurrents. Mais d'après nos suppositions, cet inconvénient n'est pas à craindre. Puisque nos cités ne commercent qu'entr'elles, les marchandises qu'on met en vente, sont des productions de leur sol, ou des ouvrages de leurs manufactures ; c'est-à-dire, des choses dont les prix, connus de tout le monde, sont toujours réglés par la concurrence.

En prouvant dans la première partie de cet ouvrage que le vrai prix est le même au marché commun où toutes les nations viennent librement vendre et acheter, j'ai remarqué que ce prix est plus haut ou plus bas pour elles, suivant qu'elles sont éloignées ou voisines du marché commun. Les prix ne seront donc pas les mêmes partout où nos cités se sont établies. Premièrement ils seront plus haut dans les villes que dans les campagnes. C'est qu'outre le salaire dû aux marchands, on leur doit encore les frais de voiture, et un dédommagement pour les risques qu'ils ont courus.

En second lieu, les prix seront plus haut dans les principales villes, parce qu'on y fait de plus grandes consommations. On y est mieux nourri, mieux vêtu, mieux logé, mieux meublé. Or plus on consomme, plus on demande ; et plus on demande, plus, toutes choses d'ailleurs égales, on achète à haut prix. D'ailleurs il faudra aller chercher les productions dans une plus grande étendue de pays, à proportion que les consommations seront plus grandes. Il

Étienne Bonnot de Condillac

y aura donc plus de risques et plus de frais de voiture à payer.

Mais enfin, quoique les prix ne soient pas les mêmes partout, ils seront partout réglés par la concurrence : partout ils seront ce qu'ils doivent être, et les richesses se répartiront avec peu d'inégalité parmi ceux qui concourront dans le même genre de commerce. Chacun aura de quoi subsister suivant sa condition, et personne ne pourra s'enrichir beaucoup plus que ses concurrents. Celui qui n'aura pas assez de revenu en argent pour vivre dans une ville, en aura assez en productions pour vivre dans une campagne : l'ouvrier, qui n'aura aucune espèce de revenu, trouvera sa subsistance dans un salaire proportionné au prix des denrées ; et parce que personne ne pourra s'enrichir exclusivement, personne aussi ne pourra tomber dans la misère. Je conçois qu'aujourd'hui un négociant qui gagne quarante ou cinquante pour cent, accumulera de grandes richesses, si, continuant de vivre avec la sobriété dont il s'est fait une habitude, il remet, chaque année dans le commerce, la plus grande partie de ses profits. Ce n'est donc pas parce qu'il dépense peu, qu'il s'enrichit : c'est parce qu'il gagne beaucoup ; et s'il gagnait peu, il ne s'enrichirait pas, quelle que fût d'ailleurs son économie. Mais chez les peuples que nous observons, les gains se borneront à procurer aux marchands l'usage des choses nécessaires à leur état. Il n'y a qu'une classe de citoyens que l'économie pourrait enrichir, ce sont les propriétaires. En économisant sur leurs revenus, ils mettraient leurs terres en plus grande valeur, et il est à désirer qu'ils le fassent. Cette manière de s'enrichir ferait subsister, avec plus d'aisance, les journaliers auxquels ils donneraient du travail ; et elle serait avantageuse à l'état, auquel elle fournirait des productions en plus grande abondance. Mais ce ne peut être que très-lentement qu'on acquiert des richesses par cette voie, et elles sont nécessairement bornées.

Tout concourt donc chez les peuples que nous avons supposés, à mettre des bornes à la fortune des particuliers ; il semble qu'ils ne doivent pas connaitre la passion de l'argent. Chez eux chacun a le nécessaire : un grand nombre vit dans l'aisance : peu sont riches ; personne n'est opulent. C'est ce que doit naturellement produire la liberté du commerce, lorsqu'elle met chaque chose à son vrai prix, et qu'elle proportionne les salaires au prix des subsistances.

Seconde partie

Section 2

Circulation des richesses lorsque le commerce jouit d'une liberté entière

Les arts multiplient les choses de seconde nécessité, ils les perfectionnent ; et à proportion de leurs progrès, ils mettent dans le commerce une plus grande quantité de marchandises, et des marchandises d'un plus haut prix.

Nous avons vu des manufactures jusques dans des villages ; mais ce sont des manufactures qui ne vendent pas au loin, et qui, par conséquent, ne font circuler les richesses que dans les lieux où elles sont établies.

C'est donc aux manufactures érigées dans les villes, à produire une circulation générale parmi toutes nos cités. Les ouvrages qui en sortent, faits pour être recherchés partout, se vendent partout ; et le commerce qu'on en fait, occasionne de toutes parts une suite d'échanges qui met tout en valeur. Je nomme marchandes les provinces où il y a des manufactures de cette espèce, et agricoles celles où il n'y en a pas.

Observons le commerce entre les unes et les autres. Si une province agricole achète des draps et des toiles avec le surabondant de ses productions, ou avec une quantité d'argent équivalente à ce surabondant, elle fait un commerce avantageux. Car en livrant le surabondant de ses productions, elle abandonne une chose qui lui est inutile ; et en livrant une somme équivalente, elle abandonne un argent avec lequel on achètera ce surabondant, et qui, par conséquent, lui rentrera.

Ce commerce est également avantageux aux provinces marchandes, soit qu'on les paie en productions, soit qu'on les paie en argent. Car elles ont besoin de ces productions et de cet argent pour leur subsistance, et pour l'entretien de leurs manufactures. Il arrivera souvent qu'elles subsisteront en partie du produit des provinces agricoles ; mais celles-ci n'en souffriront pas, si elles ne livrent jamais que leur surabondant.

Cette position respective des provinces assurerait à toutes la même abondance, si elle pouvait toujours être la même.

Étienne Bonnot de Condillac

Il n'est pas douteux que, dans les provinces marchandes, les manufactures ne nuisent plus ou moins à la culture des productions nécessaires à la subsistance de l'homme. On y cultivera, par préférence, les matières premières que les manufacturiers sont dans l'usage de payer à plus haut prix, et l'appas du gain portera les habitants à être artisans plutôt que laboureurs. Ces provinces seront donc forcées de porter leur argent dans les provinces agricoles, pour se pourvoir des denrées qui manqueront à leur subsistance ; et elles y en porteront d'autant plus, qu'elles se peupleront davantage. Or les manufactures, qui sont un attrait pour l'industrie, y feront venir tous les jours et de toutes parts de nouveaux habitants.

Les subsistances, dans une province marchande, ne sont donc pas en proportion avec la population. Mais il lui est facile de remédier à cet inconvénient, puisqu'avec le produit de ses manufactures, elle peut acheter tout ce qui lui manque.

Plus les provinces marchandes ont besoin de subsistances, plus elles en demandent aux provinces agricoles ; et, par conséquent, elles y font fleurir l'agriculture. Par la même raison, moins les provinces agricoles ont de manufactures, plus elles les font fleurir dans les provinces marchandes. C'est ainsi que les unes manquant de ce qui est surabondant chez les autres, elles concourent toutes à leur avantage commun.

Cependant il y a un inconvénient pour une province agricole, c'est qu'il ne lui est pas possible de n'acheter jamais qu'en raison de son surabondant. En effet, chaque particulier ayant la liberté de disposer de son bien comme il lui plaît, par quels moyens pourrait-elle parvenir à régler ses dépenses dans cette proportion ? Pour les augmenter au-delà de son surabondant, ne suffira-t'il pas que l'usage, par exemple, des beaux draps et du beau linge, devienne plus commun ? Il faudra donc qu'elle livre une partie des denrées nécessaires à sa consommation, ou qu'elle donne une somme avec laquelle on viendra les acheter.

Dans un cas comme dans l'autre, il ne lui en restera pas assez : ce qui les fera monter à un prix plus haut, et ce qui forcera une partie des habitants à aller vivre ailleurs.

Plus elle consommera en draps et en toiles de prix, plus tout renchérira pour elle ; parce que les subsistances qu'elle sera obligée de donner en échange, deviendront tous les jours plus rares. Cependant les draps et les toiles dont il se fait une plus grande consommation, renchérissent encore, et font passer une plus grande quantité d'argent dans les provinces marchandes.

Celles-ci, devenues plus riches, forment de nouvelles entreprises. Elles étendent leur commerce de plus en plus ; et elles appellent de toutes parts de nouveaux citoyens, parce qu'elles offrent à l'industrie de forts salaires. C'est ainsi qu'elles semblent devoir s'enrichir et se peupler aux dépens des provinces agricoles, et qu'elles paraissent en préparer la ruine. Mais elles ne la causeront pas. On jugera peut-être qu'il est indifférent pour l'état que les richesses et les hommes passent d'une province dans une autre, pourvu que la somme des richesses et des hommes se retrouve toujours la même. Cependant il ne faudrait pas, pour peupler davantage quelques provinces et pour les enrichir, faire des autres autant de déserts, ou n'y laisser qu'un peuple misérable. Si l'agriculture tombait dans les provinces agricoles, parce qu'elles ne seraient plus ni assez peuplées ni assez riches, les provinces marchandes qui en auraient causé la ruine, se ruineraient elles-mêmes par contre-coup, parce qu'elles n'en pourraient rien tirer, et qu'elles n'y pourraient rien porter.

Tout semblerait tendre à cette ruine générale, si le commerce de manufactures appartenait aux provinces marchandes exclusivement.

Ce n'est pas ainsi qu'elles l'ont : on peut le partager avec elles, et on le partagera. à mesure donc qu'elles font tout renchérir, l'industrie se réveille dans les provinces agricoles, où l'on voudrait continuer de porter de beau linge et de beaux draps, et où l'on éprouve qu'il est tous les jours plus difficile d'en acheter au prix des provinces marchandes. Il leur est facile de juger combien il leur serait avantageux d'avoir des manufactures chez elles, où la main d'œuvre est à moins haut prix.

Or si, dans les provinces marchandes, il y a des manufactures florissantes, il y en a aussi qui le sont peu. L'appas du gain les a trop multipliées, et elles se nuisent par la concurrence. Il y a donc des manufacturiers intéressés à s'établir ailleurs. Ils passent dans les provinces agricoles, où ils sont appelés.

Dans les commencements, ils ne font que des draps médiocres, parce qu'ils n'ont pas eu le choix des ouvriers ; les plus habiles étant restés dans les provinces marchandes, où de riches fabricants leur donnent de plus forts salaires.

Mais ils livrent leurs draps au plus bas prix possible, et ils en trouvent le débit dans un pays, où l'on n'est plus en général assez riche pour en acheter de plus beaux.

Peu-à-peu cependant ils forment de meilleurs ouvriers. Alors ils font des draps, qui le disputent en beauté à ceux des provinces marchandes ; et ils les vendent à un prix plus bas, parce que la main-d'œuvre leur coûte peu, et qu'ils vivent avec beaucoup d'économie. Les provinces marchandes voient donc qu'une partie de leur commerce leur échappe. Pour le retenir, autant qu'il est en leur pouvoir, elles baissent le prix de leurs draps, de leurs toiles, etc. Elles y sont forcées par la concurrence des manufactures, érigées dans les provinces agricoles.

De la sorte, il y aura entre toutes les provinces un balancement continuel de richesses et de population ; balancement qui sera entretenu par l'industrie et par la concurrence, et qui sans arriver à un équilibre permanent, paraîtra toujours tendre, et en sera toujours fort près. Toutes, en un mot, seront riches et peuplées en raison de la fertilité de leur sol et de leur industrie.

Si une province croyait s'enrichir, en s'occupant des moyens d'attirer et de retenir chez elle l'or et l'argent de toutes les autres, ce serait de sa part une erreur aussi funeste que grossière. Tout renchérirait bientôt pour elle : elle se dépeuplerait : elle serait tôt ou tard forcée de répandre au dehors son or et son argent ; et elle ne saurait plus comment le faire revenir, parce que, dans le renchérissement de toutes choses, elle aurait perdu ses manufactures, et qu'il lui faudrait bien du temps pour les rétablir.

Il faut donc que l'or et l'argent entre et sorte librement. C'est alors que les richesses se balanceront entre toutes les provinces : toutes seront dans l'abondance par échange de leur travail. Il est vrai que, lorsqu'une province est plus riche en métal, elle paraît avoir un avantage sur les autres. Comme le prix des productions de la terre et celui du travail sont évalués en argent, ils sont plus haut chez elle. Ils doubleront, par exemple, si elle a le double d'argent dans la circulation. Avec le produit d'un de ses arpents, qui sera évalué quatre onces d'argent, elle achètera le produit de deux arpents, qui, dans une autre province, ne rapporteront en argent que deux onces chacun. De même le produit du travail d'un de ses habitants, sera l'équivalent du produit du travail de deux habitants d'une autre province. Elle vendra, par conséquent, le double en argent ce qu'on achètera d'elle, et elle achètera la moitié moins ce qu'on lui vendra.

Cet avantage serait réel et grand pour elle, si elle avait le privilège exclusif du commerce de manufactures. Elle ne l'a pas. Si elle se croit plus riche, parce qu'elle a plus d'argent, elle est donc dans l'illusion.

En effet, les provinces lésées s'occuperont des moyens d'attirer l'argent chez elles, et y réussiront par le bon marché de leurs manufactures. Elles vendront beaucoup, tandis que la province riche en métal, vendra peu, ou ne vendra point ; et cependant elle achètera d'autant plus, qu'elle fera de plus grandes consommations. L'argent sortira donc de chez elle, pour n'y plus rentrer, et il entrera chez les autres pour n'en plus sortir, ou du moins pour n'en sortir, que lorsqu'elles auront fait la même faute. Pour développer mes idées, j'ai été obligé de faire voir comment les provinces paraîtraient devoir s'enrichir les unes aux dépens des autres. C'est néanmoins ce qui ne peut pas arriver, quand on suppose qu'elles donnent au commerce une liberté entière et permanente. Car si la circulation des richesses peut alors se faire avec quelque inégalité, il ne faut pas craindre que cette inégalité puisse jamais aller jusqu'à mettre la misère en opposition avec l'opulence. Tous les peuples travailleront à l'exemple les uns des autres, parce que tous voudront participer aux mêmes avantages. Dans cette concurrence les manufactures tomberont peu-à-peu dans les provinces qu'elles auront enrichies, et où la main-d'œuvre aura haussé ; pendant qu'elles se relèveront dans d'autres provinces qu'elles doivent enrichir, et où le prix de la main-d'œuvre est plus bas. Elles passeront de province en province. Partout elles déposeront une partie des richesses de la nation ; et le commerce sera comme un fleuve, qui se distribuerait dans une multitude de canaux, pour arroser successivement toutes les terres. Cette révolution ne s'achèvera que pour recommencer. Lorsque, dans une province, le haut prix de la main-d'œuvre commencera à faire tomber les manufactures, le bas prix les relèvera dans une autre. Elles seront donc alternativement plus ou moins riches. Mais parce qu'aucune ne le sera trop, aucune aussi ne sera pauvre. C'est que les richesses reflueront continuellement des unes dans les autres ; et que suivant les différentes pentes que le commerce leur fera prendre, elles se verseront successivement partout. Cette révolution sera sans inconvénients, parce qu'elle se fera naturellement et sans violence. C'est insensiblement que quelques provinces perdront une partie de leur commerce : c'est insensiblement que d'autres en recouvreront ce qu'elles auront perdu. La liberté a donc l'avantage de les garantir toutes de la pauvreté, et en même-temps d'arrêter dans chacune le progrès des richesses, lorsque l'excès en ce genre pourrait nuire. Dans le commencement de ce chapitre, j'ai été obligé de distinguer deux sortes de provinces, les unes marchandes et les autres agricoles : mais on voit que, par la liberté du commerce, elles sont toutes en même-temps et agricoles et marchandes. C'est que, dans chacune, on s'occupe de tout, et qu'aucune ne connaît les préférences exclusives.

Section 3
Mœurs simples d'une nation isolée chez qui le commerce jouit d'une liberté entière

Placés à-peu-près sous le même ciel, les peuples que nous observons, jouissent en général des mêmes productions ; seulement avec plus ou moins d'abondance, suivant la nature du sol et l'industrie des cultivateurs. Une denrée, rare dans une province, sera commune dans une autre, ou une denrée, commune ailleurs, sera rare.

Ces peuples ont, pour commercer entr'eux, un fonds dans les productions dont chacun d'eux surabonde ; et, à mesure du progrès des arts, ils ont un autre fonds dans leur industrie.

Ce double fonds leur fournit de quoi faire des échanges de toutes espèces ; et par ces échanges, tous jouissent des mêmes productions et des mêmes commodités. On jouit des mêmes productions, parce qu'avec le surabondant de celles qui croissent dans ses terres, on se procure celles qui n'y croissent pas. On jouit des mêmes commodités, parce que ou l'on cultive les mêmes arts, ou l'on commerce avec ceux qui les cultivent.

158

Or ce sont les besoins que nous nous sommes faits, et les moyens que nous employons pour y satisfaire, qui sont nos coutumes, nos usages, nos habitudes, en un mot, nos mœurs.

Les besoins sont les mêmes pour tous les peuples que nous supposons : les moyens d'y satisfaire sont aussi les mêmes. Les mœurs sont donc les mêmes encore. Pour leur donner de nouvelles mœurs, il faudrait donc transporter chez eux des productions étrangères à leur sol, ou des commodités étrangères à leurs arts.

Mais non-seulement ils ont les mêmes mœurs : je dis encore que leurs mœurs sont simples, et ne peuvent être que simples. C'est qu'il leur est impossible de connaître le luxe.

Nous avons vu que le luxe consiste dans ces jouissances qui sont le partage d'un petit nombre à l'exclusion du plus grand ; que ces jouissances n'ont lieu, qu'autant qu'on dédaigne les choses communes, pour rechercher les choses rares et d'un grand prix ; et qu'enfin les choses ne sont rares et d'un grand prix, que parce qu'elles viennent d'un pays éloigné, ou parce qu'elles sont travaillées avec beaucoup d'art.

Or, d'après nos suppositions, aucune rareté étrangère ne peut arriver chez les peuples que nous observons. Il ne sera pas plus en leur pouvoir de se procurer des ouvrages, auxquels un grand travail donnerait un grand prix. Comme personne ne serait assez riche pour les payer, aucun artisan n'imaginera d'en faire.

Nous venons de prouver qu'il ne peut pas y avoir, chez de pareils peuples, de ces fortunes disproportionnées, qui se forment des dépouilles d'une multitude de familles réduites à la misère. Comment ce désordre pourrait-il avoir lieu dans un pays, où le commerce, seul moyen de se procurer de l'aisance, baisse et se relève alternativement d'une province à l'autre, et entretient partout les richesses à-peu-près au même niveau, ou tend continuellement à les y ramener ? Or dès que les richesses n'iront pas se perdre dans un petit nombre de familles, il n'y aura pas de ces jouissances exclusives, qui insultent à la misère publique, et qui semblent effacer du nombre des hommes la plus grande partie des citoyens. Je ne veux pas dire que tous participeront également aux mêmes jouissances ; sans doute que tous, par exemple, ne porteront pas du drap d'une égale finesse : mais tous porteront du drap. Chacun, suivant son

Étienne Bonnot de Condillac

état, jouira des commodités que procurent les arts. Chacun sera dans l'abondance et dans l'aisance, parce que tous auront l'usage des choses dont leur condition leur permet de se faire des besoins ; et si les fortunes ne sont pas égales, ce sera uniquement parce que les talents ne sont pas égaux. Mais encore un coup, personne ne pourra faire des dépenses excessives, parce que personne ne pourra s'enrichir exclusivement.

Je ne vois qu'un moyen pour introduire le luxe parmi ces peuples, ce serait de substituer des privilèges exclusifs à la liberté du commerce. Alors il y aurait bientôt une grande disproportion entre les fortunes ; et des choses, auparavant communes, deviendraient rares par le haut prix auquel elles seraient portées. En pareil cas, le verre et la faïence, par exemple, seraient un luxe ; et c'est ainsi que la porcelaine et les glaces en sont un chez nous.

Section 4
Atteintes portées au commerce : guerres

Nous avons vu ce que peut la liberté. Il est temps de semer la dissension parmi nos peuples, et de mettre des gênes au commerce : nos suppositions en seront plus vraisemblables.

Divisés par des guerres, ils forment plusieurs nations qui ont des intérêts contraires.

Or si nous pouvons supposer que chacune de ces nations commerce librement chez elle, nous ne pouvons plus supposer qu'elles commercent toutes librement les unes avec les autres.

Le commerce extérieur, toujours gêné et quelquefois suspendu, sera d'autant moins florissant, qu'il sera plus dispendieux, soit par les pertes auxquelles il exposera, soit par les efforts qu'on fera pour le soutenir.

Ces nations se nuisent donc mutuellement : premièrement, parce qu'elles se privent chacune des avantages qu'elles se procuraient les unes aux autres par des échanges.

En second lieu, elles se nuisent encore, parce qu'elles dévastent réciproquement leurs terres. à chaque fois qu'elles prennent les armes, elles détruisent un fonds de richesses qu'elles auraient mis dans la circulation, et qui ne peut plus y être. Il y aura des champs que la guerre ne permettra pas d'ensemencer : il y en aura d'autres, où elle ne laissera point de récoltes à faire. Les productions diminueront, par conséquent, et avec elles la population.

Je veux que quelques-unes de ces nations se couvrent de gloire, de cette gloire que les peuples, dans leur stupidité, attachent aux conquêtes, et que les historiens, plus stupides encore, aiment à célébrer jusqu'au point d'ennuyer le lecteur : quel sera leur avantage ? Elles régneront au loin dans des pays autrefois peuplés et fertiles, et aujourd'hui en partie déserts et incultes. Car ce n'est qu'en exterminant qu'elles assureront leur domination sur des peuples auparavant libres. Supposons que nos cités soient réduites à quatre nations ennemies, qui sont à-peu-près également puissantes, ou qui cherchent à se maintenir dans une espèce d'équilibre. Sont-elles également puissantes ? Elles se nuiront également.

Cherchent-elles à se maintenir dans une espèce d'équilibre ? Elles se réuniront deux ou trois contre une puissance, dont la prépondérance menace de les assujettir, et elles se nuiront encore. La guerre coûtera des provinces à la nation même qui aura fait des conquêtes. Car je regarde, comme perdues, les provinces où la population et la culture auront été ruinées ou considérablement détériorées. En effet, un empire, qui se dépeuplerait et qui tomberait en friches, n'en serait pas plus grand pour avoir reculé ses bornes.

Mais cet équilibre, parviendra-t-on à l'établir ? Jamais : on ne fera que de fausses démarches, et l'inquiétude paraîtra l'unique cause motrice des puissances : elles se livreront avec confiance aux projets les plus ruineux, pour les exécuter d'une manière plus ruineuse encore.

Or, dans ce désordre, les terres seront-elles aussi riches en productions, que lorsqu'elles étaient partagées entre une multitude de cités paisibles ? Elles le seront d'autant moins, que la guerre ôtant toute liberté au commerce, le surabondant cessera de passer réciproquement d'une nation chez l'autre. Il ne se consommera donc plus : or dès qu'il cessera de se consommer, il cessera de se reproduire.

Pendant que l'agriculture se dégradera, plusieurs manufactures tomberont ; et celles qui subsisteront encore, n'auront plus le même débit. Elles ne pourront d'ordinaire vendre qu'à la nation chez qui elles seront établies ; et elles lui vendront moins, parce que cette nation sera elle-même moins riche. On dira sans doute que ces peuples ne seront pas toujours en guerre. En effet, il y aura des intervalles de paix : mais dans ces intervalles, on ne réparera pas tous les maux que la guerre aura faits ; et cependant on mettra de nouveaux obstacles au commerce.

Section 5
Atteintes portées au commerce : douanes, péages

Les quatre nations que nous avons supposées dans le chapitre précédent, sont actuellement quatre monarchies, dont les monarques ont à l'envi l'ambition d'être riches et puissants : mais malheureusement ils sont précisément tout ce qu'il faut pour n'être ni l'un ni l'autre. Ils sont dans l'illusion, et ils n'en peuvent sortir. Parce que chacun d'eux croit n'avoir rien à craindre de ses voisins, et voit même qu'il s'en fait redouter quelquefois ; ils se croient tous également puissants ou à-peu-près. Les mêmes fautes qu'ils répètent à l'exemple les uns des autres, les maintiennent dans un équilibre de faiblesse, qu'ils prennent pour un équilibre de puissance : leur grande maxime, c'est qu'il faut affaiblir ses ennemis. Voilà à quoi se réduit toute la politique, qui doit leur donner tour-à-tour la supériorité ; d'ailleurs ils n'ont point de maxime pour acquérir de véritables forces. Un d'eux imagina, pour augmenter ses revenus, de mettre des taxes sur toutes les marchandises étrangères qui entraient dans ses états ; et à cet effet il établit des douanes et des péages. Les autres établirent aussi des douanes et des péages. Quelque temps après il imagina que ses revenus augmenteraient encore, s'il mettait des taxes sur les marchandises qui sortaient de son royaume ; il en mit donc, et les autres en mirent à son exemple. Lorsqu'il ne fut plus permis de rien exporter, ni de rien importer, qu'au préalable on n'eût payé une certaine taxe, tout renchérit dans ces quatre monarchies, en raison des taxes imposées ; et ce renchérissement qui diminua d'abord la consommation, et ensuite la reproduction, ralentit tout-à-coup le commerce. Il y eut des manufacturiers, qui ne pouvant pas être assurés de vendre, ne travaillèrent plus. Ceux qui continuèrent dans leur métier, travaillèrent moins, et les laboureurs négligèrent tout surabondant qui leur devenait inutile. C'est ainsi que les douanes et les péages portèrent atteinte à l'agriculture, aux arts, au commerce, et réduisirent à la mendicité un grand nombre de citoyens, qui auparavant vivaient de leur travail. Un commerce libre, entre ces quatre royaumes, aurait fait refluer, de l'un dans l'autre, le surabondant de tous ; et chaque souverain eût fondé sa puissance sur un peuple nombreux, enrichi par les arts et par l'agriculture.

Ce n'est pas ainsi que nos quatre monarques voyaient les choses. Au contraire, ils doublèrent les taxes, parce qu'ils crurent doubler leurs revenus, qu'ils ne doublèrent pas. Ils les triplèrent, ils les quadruplèrent ; et ils ne comprenaient pas comment, bien-loin d'avoir plus de revenus, ils en avaient moins. Ils ne voyaient pas qu'ils avaient fait diminuer les consommations.

Le commerce languissait, et on crut en avoir trouvé la cause. Comment, disait-on dans les quatre monarchies, nos manufactures ne tomberaient-elles pas, puisque nous sommes dans l'usage de préférer les ouvrages, qui se font chez l'étranger, à ceux qui se font chez nous ? Alors un des monarques imagina d'assujettir l'importation à de nouvelles taxes, et de supprimer une partie de celles qu'il avait mises sur l'exportation. Mais les trois autres, qui n'étaient pas moins politiques, en firent autant, et le commerce ne se releva nulle part. Il y avait un grand bénéfice à frauder les droits de péages et de douanes, et on les fraudait. Il fut donc défendu, dans les quatre royaumes, sous de graves peines, de vendre des marchandises étrangers, pour lesquelles on n'aurait pas payé la taxe imposée. Mais on continua de vendre en fraude : on vendit seulement à plus haut prix, en dédommagement des risques auxquels on s'exposait. Les commerçants, qui faisaient cette fraude, se nommaient contrebandiers.

Il fallut répandre, sur toutes les frontières, des troupes pour empêcher la contrebande, qu'on n'empêchait pas. Voilà donc les quatre monarchies armées en temps de paix, afin d'interdire tout commerce entr'elles.

Sous prétexte de percevoir les droits du souverain, les employés dans les douanes et péages commettaient bien des vexations ; et le gouvernement, qui les protégeait, semblait se concerter avec eux, pour forcer tous les commerçants à devenir contrebandiers. Ces employés étaient en grand nombre ; les gens qu'on armait dans le dessein d'empêcher les fraudes, étaient en plus grand nombre encore. Tous ces hommes, à charge à l'état, consommaient une grande partie des droits de péage et de douane ; et cependant c'étaient autant de citoyens enlevés aux arts et à l'agriculture.

Section 6
Atteintes portées au commerce : impôts sur l'industrie

Nos cités, dès leur fondation, et par conséquent longtemps avant la monarchie, avaient reconnu la nécessité où sont les citoyens de contribuer aux dépenses publiques.

Composées uniquement de colons, ce n'est qu'à des colons qu'elles pouvaient demander des subsides. En conséquence, on les prit sur chaque champ, et chacun paya en raison des productions qu'il récoltait. Ce subside se levait à peu de frais. La répartition s'en faisait, dans chaque canton, par les colons mêmes. Chacun payait sans contrainte ; et comme personne ne pouvait se plaindre d'être surchargé, personne aussi ne songeait à payer moins qu'il ne devait. Lorsque, dans la suite, des citoyens se trouvèrent sans possessions, on n'imagina pas de leur demander des subsides. Il ne pouvait pas encore venir dans la pensée de faire payer des hommes qui n'avaient rien. L'usage, qui fait règle même quand il est raisonnable, ne le permettait pas. Ces citoyens, qui n'avaient que des bras, subsistèrent donc de leur travail, ou du salaire qu'ils recevaient des colons, et ils ne payèrent rien.

Cet usage se maintint avec le progrès des arts, parce que tout usage dure. Les artisans et les marchands, ainsi que les fermiers et les journaliers, vécurent donc de leur salaire, et on ne pensa point à leur demander des subsides.

Tant que cet usage subsista, tout fleurit. L'industrie, assurée d'un salaire que la concurrence seule réglait, et sur lequel il n'y avait rien à retrancher, s'occupa des moyens d'augmenter ce salaire, soit en créant de nouveaux arts, soit en perfectionnant les arts déjà connus.

Alors tout devenait utile. Le surabondant trouvait un emploi, à mesure que les arts et le commerce faisaient des progrès. On consommait davantage : les productions croissaient en raison des consommations ; et les terres étaient tous les jours mieux cultivées. Les choses subsistèrent dans cet état jusqu'au temps de la monarchie. Elles s'y maintinrent même encore sous les premiers monarques. Mais enfin il fallait qu'il se fît une révolution.

Parce que des artisans et des marchands vivaient dans l'aisance, on demanda : mais pourquoi ces hommes, qui sont riches, ne fournissent-ils pas une partie des subsides ? Comment ont-ils pu en être exempts ? Faut-il que les colons payent seuls toutes les charges, et tout citoyen ne doit-il pas contribuer aux dépenses publiques ? Ce raisonnement parut un trait de lumière.

On mit donc des impôts sur l'industrie, et il ne fut plus permis de travailler en aucun genre, qu'autant qu'on aurait payé une certaine somme à l'état. il ne fut plus permis de travailler ! voilà une loi bien étrange. Cependant, quand on veut que celui qui n'a rien paie pour avoir la permission de gagner sa subsistance, il faut bien défendre le travail à ceux qui ne paient pas ; et, par conséquent, leur ôter tout moyen de subsister.

Dans tous les métiers, on ne fait pas les mêmes profits, non plus que dans toutes les espèces de commerce. Il parut donc juste de faire différentes classes, soit d'artisans, soit de marchands, afin de les imposer chacune à proportion des profits qu'elles pouvaient faire.

Cette opération n'était pas facile. Comment estimer ce qu'un homme peut gagner par son industrie ? Il arrivera nécessairement que, dans le même métier et dans le même commerce, celui qui gagnera moins, paiera autant que celui qui gagnera plus. C'est un inconvénient qu'on ne voyait pas, ou qu'on ne voulait pas voir.

On donna le nom de corps de métier aux différentes classes d'artisans ; et parce qu'on ne pouvait y être admis, qu'autant qu'on était passé maître, on leur donna encore le nom de maîtrises. Quant aux différentes classes de marchands, on les nomma communautés.

Autant on distingua de métiers dans les arts mécaniques, autant on fit de maîtrises ; et autant on distingua de branches dans le commerce, autant on fit de communautés.

Étienne Bonnot de Condillac

Quand on eut fait ces distinctions, on régla l'impôt que chaque maîtrise ou communauté devait payer ; et en conséquence ceux qui se trouvèrent dans ces corps, eurent non-seulement le droit de travailler, ils eurent encore celui d'interdire tout travail à ceux qui n'y étaient pas admis ; c'est-à-dire, de les réduire à mendier leur pain.

Travailler, sans être d'un de ces corps, c'était une fraude ; et parce qu'on n'avait pas voulu rester sans rien faire, ou plutôt, parce qu'on avait été forcé à travailler pour subsister soi-même et faire subsister sa famille, on était saisi et condamné à une amende qu'on ne pouvait pas payer, ou qu'on ne payait que pour tomber dans la misère.

Comme les principales branches du commerce se réunissent au tronc d'où elles naissent, qu'à ces principales branches il s'en réunit d'autres encore, et ainsi de suite ; on conçoit qu'il sera d'autant plus difficile de démêler toutes ces branches, qu'on divisera et subdivisera davantage les communautés de marchands. Cependant elles se diviseront et subdiviseront, parce que le souverain, voyant qu'à chaque nouvelle communauté il est payé d'un nouvel impôt, se croira plus riche, lorsqu'il les aura multipliées.

Alors les communautés se confondent, comme des branches, au tronc où elles se réunissent. Elles ne peuvent plus distinguer leurs privilèges : elles se reprochent d'empiéter les unes sur les autres, et les procès naissent. Il en sera de même des maîtrises.

Tous ces corps seront forcés à de grandes dépenses, soit pour payer les impôts, soit pour suivre leurs procès, soit pour faire la recherche de ceux qui travailleront, sans avoir été incorporés dans une maîtrise ou dans une communauté.

Forcés à des dépenses, chacun d'eux lèvera sur ses membres des fonds communs ; et ces fonds seront dissipés en assemblées, en repas, en édifices, et souvent en malversations.

Ces dépenses seront reprises sur les marchandises qu'ils débitent. Ils feront la loi aux consommateurs, parce qu'ayant seul le droit de travailler, ils fixent à volonté le prix de leur travail. En quelque nombre que soient les artisans et les marchands, il faut que tout renchérisse ; parce qu'il faut que les maîtrises et les communautés retrouvent toujours de quoi renouveler les fonds communs qu'elles dissipent.

Il y a d'ailleurs, dans ces maîtrises et communautés, l'esprit du corps, une sorte de point d'honneur, qui force à vendre au même prix que les autres. On passerait pour un traître, si on vendait à plus bas prix ; et on s'exposerait à quelque mauvaise affaire, pour peu qu'on y donnât le moindre prétexte.

Accoutumés à faire la loi, ces corps vendent cher l'avantage de participer à leurs privilèges. Ce n'est pas assez de payer l'apprentissage. Tant qu'il dure, on ne travaille que pour le compte du maître ; et il faut employer plusieurs années pour apprendre un métier, qu'on pourrait quelquefois savoir au bout de quelques mois. Celui qui a le plus de disposition, est condamné à un apprentissage aussi long, que celui qui en a le moins. Il arrive de-là que tous ceux qui n'ont rien, sont exclus à jamais de tout corps de métier. A-t-on été reçu ? Si on ne réussit pas, il n'est plus temps de faire un autre apprentissage : on n'aurait plus de quoi payer, et on est condamné à mendier.

Lorsque, dans nos cités, les professions étaient libres, les artisans se trouvaient en quelque sorte répandus partout. Les laboureurs, dans les moments qu'ils ne donnaient pas à la culture, pouvaient travailler à quelque art mécanique. Ils pouvaient donner de l'occupation à des enfants qui n'étaient pas encore assez forts pour les travaux de la campagne, et ils employaient à la culture les profits qu'ils avaient faits. Cette ressource leur fut enlevée, lorsqu'on eut mis tous les métiers en corps de maîtrise.

Les maîtrises et les communautés enlèvent donc l'aisance aux habitants de la campagne : elles réduisent à la mendicité les citoyens industrieux, qui n'ont pas de quoi payer un apprentissage : elles forcent à payer cher un maître pour apprendre de lui ce qu'on pourrait souvent apprendre beaucoup mieux tout seul : enfin, elles portent coup au commerce, parce qu'en faisant tout renchérir, elles diminuent la consommation, et conséquemment la production, la cultivation et la population. Peut-on réfléchir sur ces abus, et ne pas reconnaître combien ils sont contraires au bien public ?

Étienne Bonnot de Condillac

Section 7

Atteintes portées au commerce : compagnies privilégiées et exclusives

Les privilèges, accordés aux maîtrises et aux communautés, sont des droits iniques, qui ne paraissent dans l'ordre, que parce que nous les trouvons établis. Il est vrai que la concurrence d'un grand nombre d'artisans et de marchands met des bornes au bénéfice que les maîtrises et les communautés pourraient tirer du monopole. Mais il n'en est pas moins vrai, d'après ce que nous venons de démontrer, que ces corps ôtent l'aisance à plusieurs citoyens, en réduisent d'autres à la mendicité, font tout renchérir, et portent dommage à l'agriculture, comme au commerce.

Cependant, lorsqu'on se fut accoutumé à regarder, dans un corps nombreux, le monopole comme une chose dans l'ordre, il fut naturel de le regarder encore comme dans l'ordre, lorsqu'il se trouverait dans des corps moins nombreux. Un abus, qui est passé en usage, devient règle ; et parce qu'on a d'abord mal jugé, on continue de juger mal. Il était facile de prévoir que les bénéfices, en vertu d'un privilège, grands pour chaque membre dans un corps nombreux, seraient plus grands à proportion qu'on diminuerait le nombre des membres. Il ne s'agissait donc plus que d'établir ce nouveau monopole, et on y trouva peu d'obstacles. Le sel, fort commun dans nos quatre monarchies, était, par la liberté du commerce, à un prix proportionné aux facultés des citoyens les moins riches ; et il s'en faisait une grande consommation parce qu'il est nécessaire aux hommes, aux bestiaux, et même aux terres, pour lesquelles il est un excellent engrais. Il devait donc y avoir un grand bénéfice à faire le monopole du sel. On en forma le projet, et on créa à cet effet une compagnie privilégiée et exclusive. Elle donnait au souverain une somme considérable, et elle accordait, aux grands qui la protégeaient, une part dans son bénéfice. Ceux qui composaient cette compagnie, se nommaient traitants, parce qu'ils avaient traité avec le roi. Ils faisaient seuls, en son nom, le commerce du sel dans toute l'étendue du royaume. Le premier monarque qui trouva cette source de richesses, ouvrit les yeux aux autres, et fut imité.

Le prix du sel haussa tout-à-coup d'un à six, sept ou huit ; et cependant les traitants, qui avaient seuls le droit de l'acheter en première main, le payaient si mal, qu'on cessa d'exploiter plusieurs salines.

Tel fut l'abus de ce monopole, que la consommation du sel diminua au point que pour faire valoir cette branche de commerce, il fallut contraindre les citoyens à en prendre, chacun par tête, une certaine quantité. Le sel fut donc un engrais enlevé aux terres : on cessa d'en donner aux bestiaux ; et beaucoup de sujets ne continuèrent à en consommer, que parce qu'on les contraignait à ne pas se passer d'une chose nécessaire.

La compagnie des traitants coûtait immensément à l'état. Combien d'employés, répandus dans toutes les provinces, pour le débit du sel ! Combien de gens armés pour empêcher la contrebande ! Combien de recherches pour s'assurer si tous les sujets avaient acheté la quantité imposée ! Combien de vexations ! Combien de frais en contraintes, saisies, amendes, confiscations ! En un mot, combien de familles réduites à la mendicité !

Voilà le désordre que produisait cette compagnie privilégiée et exclusive. Cependant elle ne rendait pas au roi la moitié de ce qu'elle enlevait aux citoyens. La plus grande partie de l'autre moitié se consommait en frais. Le reste se partageait entre les traitants : et s'ils n'avaient pas assez de bénéfice, comme en effet ils ne s'en trouvaient jamais assez ; on leur accordait ordonnance sur ordonnance, pour donner tous les jours plus d'étendue à leurs privilèges ; c'est-à-dire, pour les autoriser à vexer le peuple de plus en plus.

Le bénéfice de ce monopole, lorsqu'une fois il fut connu, répandit un esprit d'avidité et de rapine. On eût dit qu'il fallait que chaque branche de commerce se fît exclusivement par des compagnies. Il s'en formait tous les jours : des protecteurs sollicitaient pour elles, souvent avec succès. Ils vendaient leur crédit, et ils ne s'en cachaient pas. Chacun croyait pouvoir se permettre ce qu'il voyait faire. C'était le monopole des grands.

Ces compagnies avaient toujours pour prétexte le bien de l'état ; et elles ne manquaient pas de faire voir, dans les privilèges qu'on leur accorderait, de grands avantages pour le commerce même. Elles réussirent surtout, lorsqu'elles proposèrent d'établir de nouvelles manufactures.

Étienne Bonnot de Condillac

Il est certain que de nouvelles manufactures méritent d'être privilégiées, c'est-à-dire, multipliées ; et plus elles peuvent être utiles, plus il faut récompenser ceux à qui on les doit. Mais on accorda des privilèges exclusifs, et aussitôt le luxe sortit de ces manufactures. Les ouvrages, qui s'y vendaient, devinrent chers et rares, au lieu qu'ils auraient été à bas prix et communs. Je reviens aux conséquences que j'ai déjà répétées : diminution dans la consommation, dans la production, dans la cultivation, dans la population ; et j'ajoute, naissance du luxe, accroissement de misère.

Section 8
Atteintes portées au commerce : impôts sur les consommations

Le vrai moyen de faire contribuer tout le monde, c'était de mettre des impôts sur les consommations, et nos quatre monarques en mirent sur toutes. Ils se persuadaient que cette imposition serait d'un grand produit pour eux, et en même temps d'un poids médiocre pour leurs sujets. Car, en fait d'administration, on concilie souvent les contradictoires.

Mais ils se trompaient, et sur le produit qui n'est pas aussi grand qu'il le paraît, et sur le poids qui est plus grand qu'on ne pense. Premièrement, le produit n'est pas aussi grand qu'il le paraît.

Il est vrai que tout le monde étant forcé de consommer, tout le monde est forcé de payer ; et si on s'arrête à cette seule considération, on voit croître le produit en raison des consommateurs. Mais il faut d'abord défalquer les frais de perception ; frais qui croissent eux-mêmes en raison du nombre des compagnies, auxquelles on afferme ou on donne en régie chacun de ces impôts, et en raison du nombre des commis qu'elles ont à leurs gages.

D'ailleurs ces compagnies savent seules ce que chaque imposition peut produire, et elles mettent tout leur art à le cacher au gouvernement, qui lui-même ferme souvent les yeux sur les abus qu'il voit. La perception, si elle était simple, éclairerait le public, et serait moins dispendieuse : mais elles la compliquent à dessein, parce que ce n'est pas sur elles que les frais en retombent ; et il leur est d'autant plus facile de la compliquer, que la multiplicité des impôts finit par faire, de cette partie de l'administration, une science à laquelle personne ne peut rien comprendre. Voilà donc une grande partie du produit qui se dissipe nécessairement ; et ce qu'on peut supposer de plus avantageux pour le monarque, c'est qu'il lui en revienne environ la moitié. Mais il se trompe encore, s'il croit que son revenu est augmenté de cette moitié.

Les impôts, multipliés comme les consommations, ont tout renchéri pour lui comme pour ses sujets ; et ce renchérissement porte sur toutes ses dépenses, puisqu'il a fait hausser le prix de la main-d'œuvre en tout genre d'ouvrages. Quand on supposerait son revenu augmenté d'un tiers, il n'en sera pas plus riche, si ce qu'il payait une once d'argent, il le paie désormais une once et demie.

Il croit ne mettre l'impôt que sur ses sujets, et il le met sur lui-même. Il en paie sa part, et cette part est d'autant plus grande, qu'il est obligé à de plus grandes dépenses. Cet impôt n'est pour l'industrie qui consomme, qu'une avance à laquelle on la contraint. à son tour, elle fait la loi, et elle force le souverain même à la rembourser. Les matières premières, qu'on travaille dans les manufactures, passent par bien des artisans et par bien des marchands, avant d'arriver aux consommateurs ; et à chaque artisan, à chaque marchand, elles prennent un accroissement de prix, parce qu'il faut remplacer successivement les taxes qui ont été payées. Ainsi on croit ne payer que le dernier impôt, mis sur la marchandise qu'on achète, et cependant on en rembourse encore beaucoup d'autres. Je ne chercherai point, par des calculs, le résultat de ces accroissements ; un anglais l'a fait. Il me suffit de faire comprendre combien les taxes, mises sur les consommations, augmentent nécessairement le prix de toutes choses ; et que par conséquent les revenus du roi ne croissent pas en raison du produit qu'elles versent dans ses coffres. Voyons si elles sont onéreuses pour les peuples.

Le gouvernement ne le soupçonnait pas. Il supposait que chacun peut à son gré mettre à sa consommation telles bornes qu'il juge à propos ; et il en concluait qu'on ne paierait jamais que ce qu'on voudrait bien payer. Cette imposition, selon lui, ne faisait violence à personne. Pouvait-on en imaginer une moins pesante ? Elle laissait une entière liberté.

Le gouvernement, qui raisonnait ainsi, ne considérait sans doute, pour sujets, que les gens riches qui, à la cour, ou dans la capitale, consommaient avec profusion ; et je conviens avec lui que ces gens-là étaient maîtres de diminuer sur leurs consommations, et qu'il aurait été à désirer qu'ils eussent usé de la liberté qu'on leur laissait. Je conviens encore que tous ceux qui vivaient dans l'aisance, pouvaient aussi user de cette liberté, qui ne l'est que de nom, puisque dans le vrai on est contraint à se priver de ce qui est devenu nécessaire. Mais les sujets, qui ne gagnent, au jour le jour, que de quoi subsister et faire subsister leur famille, sont-ils libres de retrancher sur leurs consommations ? Voilà cependant le plus grand nombre, et le gouvernement ignore peut-être que, dans ce nombre, il y en a beaucoup qui ont à peine du pain : car je ne parle pas de ceux qui sont à la mendicité, et dont plusieurs n'y ont été réduits que par les fautes du gouvernement même.

Mais je veux que tout le monde soit libre de retrancher sur ses consommations : quels seront les effets de cette prétendue liberté ? Le monarque, je le suppose, sera le premier à donner l'exemple. On lui proposera des retranchements, et tôt ou tard ce sera pour lui une nécessité d'en faire ; parce que, dans le haut prix où tout est monté, ses revenus ne suffisent plus à ses dépenses. Je pourrais déjà remarquer que ces retranchements sont un mal : car ils sont pris sur le laboureur, sur l'artisan et sur le marchand, qui ne vendront plus la même quantité de marchandises. L'agriculture, par conséquent, et le commerce en souffriront. Mais continuons.

Je suppose à la cour et dans la capitale de pareils retranchements : j'en suppose encore de pareils dans les autres villes ; et de proche en proche, j'arrive jusqu'au laboureur, qui n'ayant pas un superflu sur lequel il en puisse faire, en fait sur le nombre de ses bestiaux, de ses chevaux, de ses charrues. Le dernier terme de ces retranchements est donc évidemment au détriment de l'agriculture. Veut-on les observer sous un autre point de vue ? Je dirai : les gens aisés feront moins d'habits. Par conséquent, il se vendra moins de draps chez les marchands, il s'en fera moins chez les fabricants, et dans les campagnes on élèvera moins de moutons. Ainsi, quand nous suivrons ces retranchements dans tous les genres de consommation, nous trouverons, pour résultat, la ruine de plusieurs manufactures dans les villes, et la ruine de l'agriculture dans les campagnes. Alors une multitude de citoyens, qui auparavant trouvaient du travail, en demanderont souvent inutilement. Ceux qui n'en trouveront pas, mendieront ou voleront ; et ceux qui en trouveront, forcés à se donner au rabais, subsisteront misérablement.

Dans cet état des choses, le souverain, qui ne comprend pas pourquoi ses revenus diminuent, double les impôts, et ses revenus diminuent encore. C'est ainsi que, par les retranchements auxquels il ne se lasse point de forcer coup sur coup ses sujets, il achève enfin de ruiner les arts et l'agriculture. Je ne m'arrête pas à faire voir les gênes que mettent au commerce les visites qu'on fait aux portes des villes ; les formalités qui sont nécessaires pour estimer les marchandises, les discussions et les procès auxquels ces formalités donnent fréquemment lieu ; les vexations des commis qui souvent ne cherchent que des prétextes pour faire des frais ; les dommages que reçoivent les marchands, lorsque, forcés de laisser leurs marchandises à la douane, ils perdent le moment favorable à la vente. Je pourrais remarquer encore que les droits, qu'on met sur l'entrée et sur la sortie, sont nécessairement arbitraires et inégalement répartis. Une pièce de vin, par exemple, qui ne vaut que dix onces d'argent, paiera autant qu'une pièce qui en vaut cinquante ; et, pour l'une comme pour l'autre, cette taxe sera la même dans une année de disette et dans une année d'abondance, c'est-à-dire, lorsqu'elles auront chacune changé de prix. Mais, sans répéter des lieux communs déjà répétés tant de fois et toujours inutilement, c'est assez d'avoir démontré que les impôts sur les consommations sont les plus funestes de tous.

Section 9
Atteintes portées au commerce : variation dans les monnaies

Nous avons vu que les pièces de monnaie sont des portions de métal, auxquelles l'autorité publique a mis une empreinte, pour faire connaître la quantité d'or et d'argent qu'elles contiennent. Si, dans les pièces de monnaie, on n'employait que de l'or ou de l'argent pur, il suffirait de les peser pour en connaître la valeur. Mais parce qu'on allie ces métaux avec une certaine quantité de cuivre, soit pour les travailler plus facilement, soit pour payer les frais de la fabrique, il s'agit encore de savoir en quel rapport est la quantité de l'or ou de l'argent avec la quantité de cuivre.

On considère une pièce d'or comme un tout composé de vingt-quatre parties, qu'on nomme carats. Si ces vingt-quatre parties étaient autant de parties d'or, on dirait que le titre de la pièce est à vingt-quatre carats. Mais parce qu'il y a toujours de l'alliage, le titre est aussi toujours au-dessous de vingt-quatre. S'il y a une partie de cuivre, le titre est à vingt-trois ; s'il y en a deux, il est à vingt-deux ; s'il y en a trois, il est à vingt-un, etc.

De même on considère une pièce d'argent, comme un tout composé de douze deniers ; et on dit que le titre de l'argent est à onze deniers, si la pièce contient une partie d'alliage ; qu'il est à dix, si elle en contient deux, etc. On conçoit que ces divisions à vingt-quatre carats et à douze deniers sont arbitraires, et que toute autre aurait été également propre à fixer le titre des monnaies.

Le droit de battre monnaie ne peut appartenir qu'au souverain. C'est que seul digne de la confiance publique, il peut seul constater le titre et le poids des pièces d'or et d'argent qui ont cours. On lui doit non-seulement les frais de fabrication ; on lui doit encore un droit ou un bénéfice pour son empreinte, qui a une valeur, puisqu'elle est utile. Mais il est de son intérêt de borner ce droit, parce qu'un trop grand bénéfice de sa part inviterait à contrefaire ses monnaies. Il les vend seul. Ce monopole, fondé sur l'utilité publique, deviendrait inique, s'il en abusait. Il aurait à se reprocher les crimes qu'il aurait fait commettre, et la nécessité où il serait de punir.

On juge bien que nos quatre monarques auront abusé de ce droit, et multiplié les faux-monnayeurs. Ils ont fait plus.

Dans l'origine, une livre en monnaie pesait douze onces d'argent ; et, avec ces douze onces, on fabriquait vingt pièces qu'on nommait sous, et qui en étaient chacune la vingtième partie. Ainsi vingt sous faisaient une livre pesant.

Or nos quatre monarques altérèrent la monnaie par degrés. Ils vendirent, comme vingtième partie de douze onces d'argent, des sous qui n'en étaient que la vingt-cinquième, la trentième, la cinquantième ; et ils finirent par en fabriquer qui n'étaient pas la centième partie d'une once. Cependant le public, qui avait d'abord jugé que vingt sous font une livre, continuait par habitude de juger que vingt sous font une livre, sans trop se rendre compte de ce qu'il entendait par sous et par livres. On eût dit que son langage lui cachait les fraudes qu'on lui faisait, et conspirait avec le souverain pour le tromper. C'est un exemple des plus frappants de l'abus des mots. Quand il fut reconnu qu'on n'attachait plus d'idée précise aux dénominations livre et sou, les monarques s'aperçurent que, sans altérer les monnaies, ils avaient un moyen plus simple d'en hausser ou d'en baisser la valeur. Ce fut de déclarer que ce qui valait, par exemple, six livres, en vaudrait huit désormais, ou n'en vaudrait plus que cinq. Ainsi les pièces de monnaie, qui étaient dans le commerce, valaient, avec la même quantité d'argent, plus ou moins suivant qu'ils le jugeaient à propos. Cette opération est si absurde, que si c'était une supposition de ma part, on dirait qu'elle n'est pas vraisemblable. Comment voulez-vous, m'objecterait-on, qu'il vienne dans l'esprit du souverain de persuader au public, que six est huit ou n'est que cinq ? Quel avantage retirerait-il de cette fraude grossière ? Ne retomberait-elle pas sur lui-même ? Et ne le paiera-t-on pas avec la même monnaie, avec laquelle il paie ? Les monarques cependant ont regardé ces fraudes comme le grand art des finances. En vérité les suppositions, les moins vraisemblables que j'ai faites, sont plus vraisemblables que bien des faits. Je ne m'arrêterai pas sur tous les inconvénients qui naissent des variations dans les monnaies. Il me suffit de faire voir combien elles nuisent au commerce.

La confiance est absolument nécessaire dans le commerce, et pour l'établir, il faut, dans les échanges de valeur pour valeur, une mesure commune qui soit exacte et reconnue pour telle. L'or et l'argent avaient cet avantage, lorsque l'empreinte de l'autorité souveraine en attestait le titre au vrai, et ne trompait jamais.

Mais quand une fois le monarque eut altéré les monnaies, on ne pouvait plus les recevoir avec confiance, parce qu'on ne savait plus ce qu'elles valaient. Il fallait ou être trompé, ou tromper soi-même. Ainsi la fraude du souverain mettait, dans le commerce, la fraude au lieu de la confiance ; et on ne pouvait plus ni acheter ni vendre, à moins qu'on n'y fût forcé par la nécessité.

Quand il plut au monarque de hausser et de baisser alternativement la valeur des monnaies, sans en avoir changé le titre ni le poids, l'abus fut plus grand encore : on ne savait pas comment se

Étienne Bonnot de Condillac

servir d'une mesure qui, variant continuellement, n'était plus une mesure.

Il est vrai qu'on aurait pu n'avoir aucun égard à la valeur fictive, qui n'était que dans le nom donné à la pièce de monnaie : on aurait pu évaluer la quantité d'argent qu'elle contenait, et s'en servir d'après cette évaluation. C'est ce que le prince ne permettait pas. Il voulait qu'un écu, qui contenait une once d'argent, fût prix pour cent sous, six francs ou huit livres, à son choix ; et il le voulait, parce qu'autrement il n'eût pas retiré, de sa fraude, le profit qu'il trouvait à se faire payer quand la monnaie était basse, et à payer lui-même quand la monnaie était haute. Mais il faut observer les procédés du gouvernement, pour mieux juger du désordre que ces variations devaient produire. Ordinairement il ne faisait pas tout-à-coup descendre les monnaies au terme le plus bas, auquel il avait dessein de s'arrêter. Il les y amenait par degrés. Il donnait une ordonnance, par laquelle il déclarait que, pendant vingt mois, les écus, par exemple, qui valaient cent sous, perdraient chaque mois un pour cent ; et par-là il les réduisait par degrés à ne valoir plus que quatre livres.

On pouvait conjecturer que les monnaies hausseraient, après avoir baissé ; parce que c'était, dans cette opération, la manière de procéder du gouvernement, qui croyait trouver un bénéfice dans ces hausses et ces baisses alternatives. On ne savait donc plus sur quoi compter. Les personnes prudentes qui ne voulaient pas jouer leur argent au hasard de le perdre, le resserraient. Elles attendaient le moment d'en faire usage avec moins de risques, et le commerce en souffrait.

D'autres, moins sages, voyant que dans le commencement des diminutions, on faisait vingt livres avec quatre écus, et qu'à la fin il en faudrait cinq pour faire une somme pareille, se hâtèrent de mettre leur argent sur la place. Par la même raison, ceux qui devaient, se hâtèrent de payer leurs dettes. On trouvait donc beaucoup de facilité à emprunter. Cette facilité trompa des marchands imprudents, qui crurent devoir saisir cette occasion pour former quelques nouvelles entreprises. Ils prirent l'argent qu'on leur offrait, et ils achetèrent, mais chèrement, soit parce que la concurrence de leurs demandes haussait les prix, soit parce qu'ils payaient avec une monnaie qui, d'un jour à l'autre, devait baisser de valeur.

Cependant, après plusieurs diminutions, le roi commença lui-même à resserrer l'argent dans ses coffres. On cessa de payer à son trésor. La méfiance fut donc générale, et on ne vit plus d'argent dans la circulation. Les marchands qui en avaient emprunté, n'en avaient pas pour les dépenses nécessaires et journalières. Alors, forcés de vider leurs magasins, et de vendre à cinquante ou soixante pour cent de perte, ils voyaient combien ils s'étaient trompés dans leurs spéculations. Le plus grand nombre fit banqueroute. Au fort de cette crise, le gouvernement hausse tout-à-coup l'écu de quatre francs à cent sous, et il croit avoir gagné vingt-cinq pour cent. Mais ce gain est fictice, et le dommage, porté au peuple, est réel.

Quand je dis qu'il haussa l'écu, je ne parle pas assez exactement. Il proscrivit celui dont il avait baissé la valeur. Il ordonna de le porter à sa monnaie, où il ne fut reçu que sur le pied de quatre francs ; et il fabriqua un nouvel écu au même titre, qu'il fit valoir cent sous.

Parce qu'il portait les droits de sa monnaie à vingt pour cent, il crut encore trouver vingt pour cent de gain dans cette opération. Mais les faux-monnayeurs achetèrent les vieux écus quatre livres cinq, quatre livre dix ; et ils en fabriquèrent de nouveaux qu'ils vendaient, comme le roi, cent sous. Le gouvernement s'était donc lourdement trompé.

Au reste, quel que soit le titre et le poids de la monnaie, peu importe. Il suffit que l'empreinte assure de la quantité d'argent que chaque pièce contient et que le prince en abusant des mots n'entreprenne pas de mettre une valeur fictive, et par-là toujours variable, la place d'une valeur réelle qui est seule permanente.

Section 10
Atteintes portées au commerce : exploitation des mines

Dans une de nos monarchies, on découvrit des mines qui, fort abondantes en or et en argent, enrichirent tout-à-coup les propriétaires, les entrepreneurs, les fondeurs, les affineurs, et tous ceux qui travaillaient ces métaux.

Quand on ne s'enrichit que lentement et à force de travail, on peut être économe ; mais on dissipe, quand l'argent se reproduit facilement, et paraît devoir se reproduire toujours en plus grande quantité. Or les mines abondantes en elles-mêmes, étaient plus abondantes encore dans l'opinion publique.

Ceux qu'elles enrichissaient, se hâtèrent donc d'augmenter leurs dépenses ; et, par conséquent, ils firent part de leurs richesses aux artisans auxquels ils donnaient de l'ouvrage, aux marchands chez qui ils achetaient, et aux fermiers dont ils consommaient les productions. Les artisans, les marchands et les fermiers devenus plus riches, dépensèrent aussi plus qu'ils ne faisaient auparavant ; et à mesure que les consommations croissaient parmi les citoyens de tout état, les prix haussaient dans tous les marchés. Ce renchérissement mettait mal à l'aise ceux qui avaient des terres, dont ils ne pouvaient pas encore renouveler les baux. Mais ce n'était que pour un temps. Plus funeste aux gens à rentes ou à gages, il leur ôtait pour toujours une partie de leur subsistance, et il en forçait plusieurs à sortir du royaume. La population diminuait donc. Les consommations augmentèrent encore, lorsque les baux de toutes les terres eurent été renouvelés. Alors le royaume parut florissant. Tout le monde était riche. Le propriétaire d'une terre voyait son revenu doublé. Les marchands vidaient promptement leurs magasins : les artisans pouvaient à peine suffire aux ouvrages qu'on leur demandait : les fermiers élevaient plus de bestiaux, défrichaient plus de terres, et les cultivaient toutes avec plus d'industrie.

Dans cet instant de prospérité, on disait : les mines font la puissance d'un état. C'est une source abondante, qui fait, pour ainsi dire, déborder les autres sources de richesses. Voyez comme elles font fleurir les arts, le commerce, l'agriculture. Cette vérité n'était que momentanée, et il fallait se hâter de la dire. En effet, quand une plus grande quantité d'argent eut encore haussé les prix, on acheta chez l'étranger où tout coûtait moins, ce qu'on achetait auparavant dans le royaume. Les artisans cessèrent peu-à-peu de travailler, les marchands cessèrent peu-à-peu de vendre, et les fermiers cessèrent peu-à-peu de cultiver des productions qu'on ne leur demandait plus. Les manufactures, l'agriculture, le commerce, tout tomba ; et parmi ceux qui vivaient auparavant de leur travail, les uns sortirent du royaume, les autres y restèrent pour mendier.

Le produit des mines était donc en dernière analyse, dépopulation et misère. L'argent qu'on en retirait, franchissait les provinces, et passait chez l'étranger sans laisser de traces.

Cependant on ne se lassait point d'exploiter les mines, et l'argent n'en était pas plus commun. On en manquait d'autant plus, que tout renchérissait dans les monarchies voisines, où les marchandises doublèrent et triplèrent de prix, parce que l'argent y avait doublé et triplé.

Enfin le renchérissement vint au point, qu'on fut obligé d'abandonner les mines. Les frais, pour en tirer l'or et l'argent, devinrent si grands, qu'il n'y avait plus de bénéfice à les exploiter. On en chercha de plus abondantes : on n'en trouva pas.

Il arrive donc un temps où l'exploitation des mines ne peut plus se faire avec bénéfice. Il n'en est pas de même de la culture des productions, qui se consomment pour se reproduire. Par l'abondance avec laquelle elles se renouvellent, elles se multiplient à chaque fois, et en raison de la quantité nécessaire à notre consommation, et en raison des avances faites et à faire ; en sorte que, quels que soient les frais, le produit assure toujours un bénéfice. C'est une source qui ne tarit point. Plus on puise, plus elle croît. Tel est l'avantage de l'exploitation des terres sur l'exploitation des mines.

Que serait-il arrivé, si l'or et l'argent fussent devenus aussi communs que le fer ? Ces métaux auraient cessé d'être la mesure commune des valeurs, et il n'eût plus été possible aux propriétaires de recevoir leurs revenus dans les villes qu'ils habitaient. Forcés à se retirer dans leurs terres, et ne pouvant pas les cultiver toutes par eux-mêmes, ils en auraient abandonné la plus grande partie à des colons qu'elles auraient fait subsister. Plus de villes, par conséquent, plus de grandes fortunes. Mais aussi plus de mendicité ; et à la place de nos monarchies où la misère et la dépopulation croissent continuellement, nous verrions une multitude de cités agricoles, qui se peupleraient tous les jours de plus en plus. Que nous serions heureux, si nous trouvions des mines assez riches pour rendre inutiles tout notre or et tout notre argent !

Section 11
Atteintes portées au commerce : emprunts de toute espèce de la part du gouvernement

Étienne Bonnot de Condillac

Au temps de nos cités, la justice s'administrait de la manière la plus simple, c'est-à-dire, avec peu de lois et peu de magistrats. Sous la monarchie, les lois se multiplièrent avec les tribunaux, les magistrats et les suppôts de toutes espèces. De toutes les causes qui concoururent à cet abus, il n'en est qu'une qui entre dans mon plan : c'est la création d'une multitude d'offices ; création dont les souverains se firent une ressource. Il faut, dans une monarchie, que les charges de magistrature soient vénales ; parce que si elles ne l'étaient pas, l'intrigue les vendrait, et l'administration de la justice serait un brigandage.

Mais, pour les vendre lui-même, le souverain ne doit pas multiplier au-delà du besoin celles qui sont utiles, encore moins en créer d'inutiles. Si c'est une ressource pour lui, elle n'est que momentanée, et il reste chargé à perpétuité d'une dette. Car un office qu'il vend, est proprement un emprunt dont il paie l'intérêt sous le nom de gages.

Cependant, lorsque nos quatre monarques eurent découvert cette ressource, ils en abusèrent au point que les magistrats furent souvent obligés de financer, pour empêcher que les tribunaux ne fussent surchargés d'une trop grande quantité de membres inutiles. Mais cet expédient, au lieu de produire l'effet qu'ils en avaient attendu, fut pour le souverain un moyen de plus de faire de l'argent. Ils financèrent donc, et, quelque temps après, on créa de nouveaux offices.

La noblesse était exempte d'une grande partie des taxes. Cette exemption absurde, qui ne peut s'expliquer chez des peuples originairement agricoles, tels que ceux que je suppose, s'explique naturellement chez des peuples barbares d'origine. Comme les anciens nobles s'étaient exemptés de contribuer, on voulut le devenir pour partager avec eux cette prérogative ; et on créa des offices, uniquement pour vendre la noblesse. Alors le peuple se trouva de plus en plus surchargé. Non-seulement il porta, en surcroît de charge, tout le faix que le roturier ennobli ne portait plus ; on mit encore sur lui de nouveaux impôts, pour payer les gages des nouveaux offices.

On se serait lassé de voir les quatre monarques employer toujours les mêmes moyens pour faire de l'argent. Aussi en avoient-ils plusieurs qu'ils abandonnaient tour-à-tour, et auxquels ils revenaient de loin à loin.

Ils trouvèrent surtout de grandes ressources dans les compagnies privilégiées. Elles avaient du crédit. Ils empruntèrent d'elles, quelquefois à dix, quinze, vingt pour cent, des sommes qu'elles empruntaient d'ordinaire à cinq.

Le public ne jugea pas d'abord que ces emprunts seraient une nouvelle charge pour lui. Il ne voyait pas que c'était lui qui contractait une dette, lorsque le souverain empruntait. Cependant on aliénait une partie des impôts, pour payer les intérêts aux compagnies ; et, bientôt après, on mettait de nouveaux impôts pour égaler la recette à la dépense.

Ces emprunts étaient pour l'état une charge perpétuelle ; charge d'autant plus grande, qu'une partie des intérêts passait, chaque année, chez l'étranger qui avait aussi prêté. Le gouvernement ne renonça pas à cette ressource : mais il s'en fit une autre dans des emprunts à rentes viagères ; et pour tenter la cupidité, il imagina des tontines. Il s'applaudissait de contracter des dettes qui s'éteignaient d'elles-mêmes, et d'avoir trouvé le secret de prendre l'argent des citoyens sans faire violence à personne.

Cette ressource mettait, comme toutes les autres, dans la nécessité de multiplier les impôts, afin d'égaler la recette à la dépense ; et il fallait mettre de gros impôts, parce que les dettes étaient grandes. Il est vrai que les dettes s'éteignaient : mais les impôts subsistaient ; et on les accumulait, parce qu'on créait continuellement des rentes viagères ou des tontines. Cette opération qui n'avait point de terme, remplissait les villes de gens oisifs et inutiles, qui subsistaient néanmoins aux dépens de l'état.

Les compagnies, en empruntant pour prêter au roi, avaient répandu dans le public une quantité étonnante de billets payables au porteur, et portant intérêt à cinq pour cent. Il y en avait de cinquante onces d'argent, de cent, de mille, afin de faciliter à tout le monde le moyen de prêter. Cette monnaie de papier parut mettre un grand mouvement dans la circulation, et on se crut plus riche. Avec des terres, disait-on, on a toujours des réparations à faire : une mauvaise récolte vous enlève une partie de vos revenus, et on a souvent bien de la peine à être payé de ses fermiers. D'ailleurs si le cas arrive d'une dépense extraordinaire, on ne la peut pas prendre sur ses fonds, et on trouve difficilement à emprunter. Mais, avec un portefeuille, on a des rentes bien payées à l'échéance ; et comme au besoin on vend quelques billets, on peut toujours faire face aux accidents. On conçoit combien cette nouvelle façon de penser portait coup à l'agriculture. Les terres baissèrent de prix. On ne réparait pas les pertes faites en bestiaux : on laissait tomber les fermes en ruines : on vexait les fermiers pour être payé ; et on achetait des billets. Il fallait avoir une grande surabondance d'argent, pour imaginer de faire l'acquisition d'une terre ; et quand on l'avait faite, on songeait aux moyens d'en tirer beaucoup sans y rien mettre. Cependant les dettes de l'état croissaient, et les compagnies, que le gouvernement payait mal, ne pouvaient plus tenir leurs engagements. Alors le gouvernement se mit en leur place, et déclara qu'il payerait pour elles ; c'est-à-dire, qu'il réduisit l'intérêt des papiers publics de cinq à quatre pour cent, à trois, à deux, enfin à rien. Alors la ruine d'une multitude de particuliers, auparavant riches, entraîna celle d'une multitude de commerçants. On ne vit plus que banqueroute sur banqueroute ; et on apprit qu'il n'en est pas des papiers, qui n'ont qu'une valeur fictive, comme de l'or et de l'argent qui ont une valeur réelle.

On aurait au moins dû l'apprendre. Mais la richesse en papier était si commode, qu'on ne cherchait qu'à se faire illusion ; et, après quelque-temps, on les recevait encore avec confiance. Il semblait qu'on ne sût que faire de son argent.

Nous avons vu comment un banquier fait valoir, pour son compte, des fonds que plusieurs négociants lui ont confiés. Or supposons que des banquiers, riches en argent et surtout en crédit, s'associent et forment ensemble un fonds pour le faire valoir à leur profit commun. Cette association est une compagnie qui donnera à chacun de ses membres une reconnaissance par écrit de la somme que chacun d'eux a fournie. Cet écrit ou billet se nommera action, parce qu'il donne, sur les fonds de la banque, un titre qu'on nomme action en termes de jurisprudence.

Je suppose que le fonds de cette banque monte à cent mille onces d'argent, et que pour en faciliter la circulation, on a divisé ce fonds en mille actions de cent onces chacune.

Ces actions rapporteront cinq, six pour cent, tantôt plus, tantôt moins, suivant le bénéfice que fera la banque. Plus elles rapporteront, plus elles s'accréditeront ; et il y en aura bientôt plusieurs milliers dans le public.

Tout propriétaire d'action a une créance sur la banque, et il y trouve plusieurs avantages. Le premier est une sûreté pour son argent qu'il craindrait de garder chez lui. Le second est l'intérêt qu'il en retirera, intérêt qui peut croître d'un jour à l'autre. Le troisième est de pouvoir placer en petites parties, et pour le temps qu'il veut, tout l'argent dont, pour le moment, il ne ferait aucun usage. Le quatrième est la commodité de pouvoir payer de grosses sommes par le simple transport de ses créances. Le dernier enfin est de cacher son bien dans un portefeuille, et de n'en laisser paraître que ce qu'il veut qu'on en voie. Ces avantages, que chacun évaluait suivant son caprice, pouvaient faire monter les actions de cent onces qu'elles valaient dans le principe, à cent dix, cent vingt, cent trente, etc.

La banque, qui a voulu répondre à l'empressement du public, a vendu des actions, je suppose, pour un million d'onces d'argent. Or elle n'a pas besoin d'avoir ce million en caisse, parce que, tant qu'elle sera accréditée, elle est bien assurée que les actionnaires ne viendront pas tous à la fois demander leurs fonds. Il lui suffira d'en garder assez pour payer ceux qui seront dans le cas d'avoir besoin d'argent comptant ; et ce sera, par exemple, cent mille onces, plus ou moins suivant les circonstances. Ces actions, comme tout autre effet commerçable, gagneront ou perdront suivant l'empressement avec lequel on les recherchera. Si beaucoup de personnes en veulent acheter, et que peu en veuillent vendre, elles hausseront de prix : elles baisseront au contraire, si beaucoup en veulent vendre, et que peu en veuillent acheter. Quelquefois un bruit, vrai ou faux, qui fera faire une perte à la banque, répandra l'alarme, et tout le monde voudra vendre : d'autres fois un bruit, également vrai ou faux, ramènera la confiance, et tout le monde voudra acheter. Dans ces alternatives, l'agiotage deviendra la profession de bien des personnes qui ne seront occupées qu'à répandre tour-à-tour la confiance et l'alarme. La banque elle-même, lorsqu'elle sera sûre de pouvoir rétablir son crédit, le fera tomber par intervalles, afin de faire elle-même l'agiotage de ses actions. Elle les achètera, lorsqu'elle les aura fait tomber : elle les revendra, lorsqu'elle les aura fait remonter.

Le gouvernement pouvait emprunter de cette banque, et il emprunta à gros intérêts. Mais il en tira un autre parti. Il avait des papiers qui perdaient beaucoup : les billets des traitants étaient surtout prodigieusement tombés dans toutes les places de commerce. Il engagea les directeurs de la banque à fabriquer des actions, dont ils n'avaient pas reçu la valeur ; et avec ces actions, il fit acheter des billets des traitants. Aussitôt ces billets haussent de prix. On y court : ils haussent davantage. Les bruits qu'on sème, entretiennent l'ivresse du public ; et on se hâte d'autant plus d'en acheter, qu'on croit qu'ils doivent toujours hausser. Lorsque, par ce manège, on les eut fait remonter au-dessus du pair, les directeurs de la banque en revendirent pour retirer les actions extraordinaires qu'ils avaient fabriquées, et ils les retirèrent avec profit. C'est ainsi qu'on faisait valoir alternativement les papiers de la banque et les papiers des traitants ; tantôt ceux-ci étaient bons, tantôt ceux-là ; et le public ne voyait pas que tous étaient mauvais.

Il ne manquait plus au gouvernement que de faire la banque lui-même, et il la fit. Lorsqu'il eut emprunté d'elle au point qu'il ne pouvait plus payer, il prit la place des banquiers. Alors il fabriqua des actions, et il en fabriqua d'autant plus, qu'il crut que le papier devait désormais lui tenir lieu d'argent.

Les actions, trop multipliées, baissent de prix d'un jour à l'autre. Bientôt on n'en achète plus, et les actionnaires redemandent leurs fonds. Il fallut donc user d'adresse. On fit un grand étalage d'or et d'argent. Cependant on payait lentement, sous prétexte qu'on ne pouvait pas payer tout le monde à la fois ; et des gens affidés venaient recevoir publiquement de grosses sommes, qu'ils reportaient en secret dans la banque. Mais si de pareils artifices pouvaient se répéter, ils ne pouvaient pas toujours réussir. La chute de la banque produisit enfin un bouleversement général.

Section 12
Atteintes portées au commerce : police sur l'exportation et l'importation des grains

On entend par police des grains, les règlements que fait le gouvernement, lorsqu'il veut lui-même diriger le commerce des grains. Pour juger des effets de cette police, je suppose que, de tous temps, ce commerce a joui, dans nos quatre monarchies, d'une liberté pleine et entière ; et qu'en conséquence, les marchands s'étant multipliés en raison du besoin, la circulation s'en faisait sans obstacles, et les mettait partout à leur vrai prix. Les choses en étaient là, lorsque, dans une de nos monarchies, on demanda lequel pouvait être plus avantageux de permettre l'exportation et l'importation des grains, ou de les défendre l'une et l'autre ; et bientôt on se décida pour la prohibition. Ce n'est pas qu'on eût remarqué des inconvénients dans la liberté. Mais si, pour l'ordinaire, ceux qui gouvernent laissent aller les choses comme elles allaient avant eux, il arrive aussi quelquefois qu'ils innovent pour le plaisir d'innover. Ils veulent que leur ministère fasse époque. Alors ils changent sous prétexte de corriger, et le désordre commence. Nos terres, disaient-ils, produisent, années communes, autant que nous consommons. Nos bleds, par conséquent, tomberont à vil prix, si on nous en apporte plus qu'il ne nous en faut ; et nous en manquerons, si nous exportons une partie de ceux qui nous sont nécessaires. Cet inconvénient n'est pas encore arrivé ; mais il est possible, et il est sage de le prévenir. Tel fut le fondement des prohibitions. Il n'est pas vrai que cet inconvénient soit possible. On en sera convaincu, si on se rappelle, comment une circulation libre met nécessairement les bleds au niveau partout. On n'en importe pas plus qu'il n'en faut, parce que ce plus ne se vendrait pas, ou se vendrait à perte ; et on n'exporte pas ceux qui sont nécessaires, parce qu'il n'y aurait pas de bénéfice à les vendre ailleurs. Ces prohibitions portaient donc sur de fausses suppositions : voyons quelles en furent les suites.

Dans une première année de surabondance, le prix des bleds baissa : dans une seconde il baissa plus encore : il devint vil dans une troisième. Le peuple applaudissait au gouvernement qui lui faisait avoir le pain à si bon marché. Mais cette surabondance fut une calamité pour les cultivateurs ; et elle eût été une richesse pour eux, si on eût pu vendre à l'étranger. C'est ainsi que les grâces du ciel se changent en fléaux par la prétendue sagesse des hommes.

Le peuple travaillait peu. Il subsistait sans avoir besoin de beaucoup travailler. Souvent il ne pensait pas à demander de l'ouvrage, et les cultivateurs, pour la plupart, ne pensaient pas à lui en donner. Les ouvriers, auparavant laborieux, se faisaient une habitude de la fainéantise ; et ils exigeaient de plus forts salaires, lorsque les cultivateurs pouvaient à peine en payer de faibles. La culture tomba : il y eut moins de terres ensemencées ; et il survint des années de disette. Le prix du bled fut excessif.

Le peuple alors demanda de l'ouvrage. Forcés par la concurrence, les ouvriers, dans tous les genres, offrirent de travailler au rabais. Ils ne gagnaient donc que de faibles salaires, et cependant le pain était cher.

Voilà l'effet des règlements qui défendaient l'exportation et l'importation. Il ne fut plus possible, ni aux bleds, ni aux salaires, de se mettre à leur vrai prix ; et il n'y eut que misère, tantôt chez les cultivateurs, tantôt chez le peuple. On dira qu'il n'y avait qu'à permettre l'importation. C'est aussi ce qu'on disait dans les autres monarchies qui sentaient tout l'avantage qu'elles en pouvaient retirer. Elles offrirent des bleds, et on les accepta. Mais si le besoin du moment eut plus de force que les règlements, il ne les fit pas révoquer. Le gouvernement s'obstina dans ses maximes. C'est fort bien fait, disait le gouvernement dans une autre monarchie, de défendre l'exportation, parce qu'il ne faut pas s'exposer à manquer. Mais on ne doit jamais défendre l'importation, qui peut suppléer à ce qui manque dans une année de disette. En conséquence, on défendit l'exportation, et on permit l'importation.

Mais dès qu'il ne fut plus permis d'exporter, le cultivateur vendit en moindre quantité et à plus bas prix. Moins riche, il fut moins en état de cultiver, et il cultiva moins. La récolte fut donc, d'année en année, toujours moins abondante ; et l'exportation, qu'on avait défendue pour ne pas s'exposer à manquer, produisit un effet contraire : on manqua. Pour surcroît de malheur, l'importation ne suppléa à rien. Il faut remarquer que lorsque je dis que l'exportation était défendue, c'est qu'on avait mis de forts droits sur la sortie des grains ; et lorsque je dis que l'importation était permise, c'est qu'on n'avait mis aucun droit sur l'entrée.

Dans cet état des choses, les marchands avaient plusieurs risques à courir.

Si un grand nombre de concurrents apportaient en même temps une grande quantité de grains, ils en faisaient baisser le prix ; et il pouvait arriver que la plupart ne trouvassent plus, dans la vente, un bénéfice suffisant. Ils faisaient une perte, s'ils les vendaient au prix bas où ils étaient tombés ; et s'ils voulaient les remporter, ils en faisaient une autre, parce qu'ils avaient à payer les droits de sortie. Souvent même ils étaient forcés, par le peuple ou par le gouvernement, à livrer leurs bleds au prix auquel on les taxait. On conçoit donc que, puisque le pays qui leur était ouvert pour l'entrée, leur était fermé par la sortie, ils ne devaient pas apporter des bleds, au risque d'être forcés de les vendre à perte ; et que, par conséquent, la permission d'importer ne suppléait à rien. Concluons que l'importation, quelque libre qu'elle paroisse, est sans effet, toutes les fois qu'on ne permet pas d'exporter. Ce n'est pas l'exportation qu'il faut défendre, disait-on dans une troisième monarchie. Plus on exportera, plus nos bleds auront de prix : plus ils auront de prix, plus il y aura de bénéfice pour le cultivateur : plus il y aura de bénéfice pour le cultivateur, plus il cultivera ; et plus il cultivera, plus l'agriculture sera florissante. Il faut donc encourager l'exportation : il faut même accorder une gratification aux exportateurs. Mais il ne faut pas permettre l'importation, parce qu'elle ferait tomber nos bleds à vil prix. On ne peut disconvenir que, dans cette monarchie, on ne raisonnât mieux que dans les deux autres. L'exportation produisit l'abondance, comme on l'avait prévu.

Mais la gratification était de trop : car l'exportation porte sa gratification avec elle, puisqu'on exporte toutes les fois qu'on trouve plus d'avantages à vendre au-dehors qu'au-dedans. Cette gratification d'ailleurs avait l'inconvénient d'empêcher les bleds de monter à leur vrai prix ; parce que les marchands nationaux, qui l'avaient reçue, pouvaient vendre à un prix plus bas que les marchands étrangers.

Il y avait plus d'inconvénients encore dans la défense d'importer. Cette défense n'était pas absolue : elle consistait dans des droits d'entrée plus forts ou plus faibles.

Ils étaient plus forts, lorsque les bleds étaient à bas prix ; parce qu'on jugeait que l'importation, si elle avait été permise, les aurait fait baisser de plus en plus. C'était une erreur : car les marchands ne portent pas leurs bleds dans les marchés, où ils les vendraient moins avantageusement.

Étienne Bonnot de Condillac

Ces droits étaient plus faibles, lorsque, dans la monarchie, les bleds étaient à trop haut prix. C'est qu'alors on avait besoin de les faire baisser ; et comme l'importation pouvait produire cet effet, on jugeait avec raison qu'il la fallait favoriser.

Il y avait plusieurs années que cette monarchie jouissait de l'abondance qu'elle devait à l'exportation, lorsqu'une mauvaise récolte ayant amené la disette, on diminua les droits d'entrée sur les grains : on les retrancha même tout-à-fait. Mais les marchands étrangers, qui, depuis longtemps, n'étaient point dans l'usage de concourir dans les marchés de cette monarchie, ne pouvaient pas prendre, sur le champ, toutes les mesures nécessaires pour y porter suffisamment de bled. La plupart n'avaient à cet effet, ni voituriers, ni commissionnaires, ni correspondants. Il en arriva donc trop peu, et la cherté se maintint.

Alors le gouvernement défendit l'exportation. Précaution inutile. Pouvait-il supposer que les marchands nationaux porteraient chez l'étranger des grains qu'ils vendaient dans le pays avec plus de bénéfice ?

Pour avoir défendu l'importation, cette monarchie s'ôtait donc toute ressource dans une disette, et elle se mettait à la merci des monopoleurs.

Or, lorsque les monopoleurs se sont saisis du commerce, le prix du bled ne peut plus être permanent. Tour-à-tour il hausse et baisse tout-à-coup et comme par secousses, cher ou bon marché, suivant les bruits qu'il en arrive, ou qu'il n'en arrive pas.

Pendant ces variations, le gouvernement ne savait quel parti prendre. D'un jour à l'autre, il augmentait les droits sur l'entrée des bleds : d'un jour à l'autre, il les diminuait.

Les marchands étrangers ne savaient donc non plus sur quoi compter. Si, lorsque les droits d'entrée étaient faibles, ils se préparaient à faire des envois, dans l'espérance du bénéfice que le haut prix paraissait leur promettre ; souvent, lorsque leurs bleds arrivaient, les droits d'entrée avaient haussé, parce que les grains avaient baissé de prix ; et ils se trouvaient avoir fait, à pure perte, beaucoup de frais pour apporter leurs bleds et pour les remporter. On peut juger qu'ils se dégoûtaient de commercer avec cette monarchie, et que, par conséquent, lorsqu'elle était dans la disette, ils l'y laissaient.

Il n'y avait donc que des abus dans ces trois monarchies. Dans la quatrième, on jugea qu'il ne fallait point de prohibition, ni de défense permanente, soit d'exporter, soit d'importer ; mais qu'il fallait tour-à-tour permettre et défendre l'exportation et l'importation, suivant les circonstances. Ce parti parut le plus sage, et cependant il l'était le moins. Il avait tous les inconvénients dont nous venons de parler, et de plus grands encore.

Il avait, dis-je, tous ces inconvénients, lorsqu'il défendait l'exportation ou l'importation : il en avait de plus grands, parce qu'il mettait dans le commerce une incertitude qui suspendait continuellement la circulation des grains.

Puisque, dans cette monarchie, la police variait, suivant les circonstances qui ne cessent point de varier, les prohibitions et les permissions ne pouvaient être que passagère. On permettait d'exporter avec la clause ; jusqu'à ce qu'il en soit ordonné autrement, lorsque les bleds baissaient de prix ; et lorsqu'ils haussaient on permettait d'importer, toujours avec la clause, jusqu'à ce qu'il en soit ordonné autrement. Cette clause était nécessaire, puisque les circonstances pouvaient varier d'un jour à l'autre ; et elles devaient varier, sans qu'il fût possible au gouvernement d'en prévoir les variations, parce qu'il dépendait des monopoleurs de faire baisser le prix des grains, lorsqu'ils voulaient importer, et de le faire hausser, lorsqu'ils voulaient exporter.

Mais quand l'exportation était permise pour un temps incertain, on ne savait pas dans l'intérieur de la monarchie, si on pourrait exporter avant que la permission eût été révoquée ; par conséquent il y avait des risques à prendre des mesures pour exporter ; et ceux qui ne voulaient pas les courir, ne voyaient dans la permission que l'équivalent d'une prohibition. Les provinces intérieures ne profitaient donc pas des débouchés, qu'on paraissait leur fermer presque aussitôt qu'on les leur avait ouverts. Sur les frontières, les marchands, qui prévoyaient une nouvelle prohibition, se hâtaient de faire passer leurs bleds chez l'étranger. Ils établissaient leurs magasins au dehors, afin de les soustraire à la police. Alors les bleds haussaient subitement de prix, parce que l'exportation se faisait coup sur coup et en grande quantité.

Étienne Bonnot de Condillac

La permission d'exporter, favorable aux marchands seuls, arrivait trop tard pour le laboureur. Forcé de payer le bail, l'impôt, le salaire des journaliers, il avait vendu ses bleds, lorsqu'ils étaient à bas prix ; ou s'il ne les avait pas vendus, elle arrivait encore trop tard, parce que la saison, propre aux travaux de la culture, était déjà passée. Dans un cas il avait perdu sur la vente de ses grains : dans l'autre, il ne pouvait pas employer son bénéfice à s'assurer une abondante récolte pour l'année suivante.

Enfin ces permissions passagères étaient d'autant plus préjudiciables, que, dans la crainte d'une prohibition, le cultivateur se pressait de vendre ; et, par conséquent, il vendait mal, ou à trop bas prix.

Cependant tout le bled surabondant avait été exporté, lorsqu'on fit une récolte qui ne suffisait pas à la consommation. Alors le gouvernement défendit l'exportation, et il permit l'importation, toujours avec la clause qui en rendait la durée incertaine. Aussitôt les marchands nationaux, qui se félicitaient d'avoir fait passer leurs bleds chez l'étranger, se hâtent de les faire revenir à diverses reprises, mais à chaque fois en petite quantité ; et on rachète d'eux fort cher ce qu'on leur avait vendu bon marché. La cherté dura. Ils la maintenaient, parce qu'ils étaient seuls vendeurs. L'étranger ne vint point, soit que n'ayant pas eu le temps de prendre ses mesures pour faire des envois, il craignit de n'arriver qu'après que l'importation aurait été prohibée, soit qu'il appréhendât d'être forcé, par quelque coup d'autorité, à laisser ses bleds à bas prix. Voilà les effets des permissions passagères. On n'a point de règles, ni pour les accorder, ni pour les révoquer. Tous les droits sur l'entrée ou sur la sortie des grains, sont nécessairement arbitraires, et on ne saurait dire pourquoi on les met à un taux plutôt qu'à un autre. L'exportation et l'importation ne se font donc qu'au hasard toutes les fois qu'elles se font d'après des règlements incertains et variables. Alors la confiance est perdue, et le commerce, livré à des monopoleurs, est continuellement arrêté dans son cours. Passons aux règlements qu'on a cru devoir faire sur la circulation intérieure des grains.

Section 13
Atteintes portées au commerce : police sur la circulation

intérieure des grains

Si l'exportation et l'importation avaient toujours joui d'une liberté pleine et entière, le gouvernement n'aurait jamais été dans le cas de se mêler de la circulation intérieure des grains. Il n'en aurait pas senti la nécessité ; parce que dans l'intérieur de chaque état, les grains auraient circulé d'eux-mêmes, comme d'un état à un autre. Mais la circulation ne put plus se faire nulle part régulièrement, lorsqu'une fois elle eut été troublée dans une partie de son cours ; et nous venons de voir les désordres produits dans nos quatre monarchies, par les règlements qu'on a cru devoir faire sur l'exportation et sur l'importation.

Si les gouvernements avaient vu que ces règlements étaient la première cause des désordres, ils se seraient épargné bien des soins : ils ne l'ont pas vu. Ainsi, pour remédier aux maux qu'ils avaient produits, ils se sont mis dans la nécessité d'en produire de nouveaux, en faisant des règlements sur la circulation intérieure des grains.

Dans nos quatre monarchies, les divers règlements sur l'exportation et sur l'importation ont eu le même effet que des privilèges exclusifs, accordés aux marchands nationaux : de-là la cherté. Avec cette cherté, la disette pouvait n'être qu'apparente. Mais souvent elle devait être réelle, parce que, lorsqu'on avait permis l'exportation, on s'était hâté de faire sortir les bleds ; et que, lorsqu'on permettait l'importation, on ne se hâtait pas de les faire rentrer.

Mais puisque les étrangers n'en apportaient pas, il était presqu'égal que la disette fût réelle ou ne fût qu'apparente ; il ne restait d'autre ressource au gouvernement que de s'occuper lui-même des moyens d'en faire arriver. Le voilà donc forcé à être marchand de bled.

Il en fit venir à grands frais, et il n'en vendit point. Cependant le prix baissa : c'est que la disette n'était qu'apparente. Jusqu'à ce moment les marchands avaient retardé de mettre en vente, parce qu'ils espéraient un plus grand renchérissement. Mais quand ils virent qu'il arrivait des bleds, ils se hâtèrent de porter les leurs au marché, afin de profiter du moment où le prix était encore haut.

Comme le gouvernement n'avait pas vendu ses bleds, une autrefois il en fit venir moins, et il les vendit. Il avait supposé que la

Étienne Bonnot de Condillac

disette n'était jamais qu'apparente. Mais celle-ci se trouva réelle. Il n'y eut donc pas assez de bled, et la cherté continua. Toujours persuadé que la disette n'était qu'apparente, le gouvernement fit ouvrir des greniers, et força plusieurs marchands à vendre leurs bleds au prix qu'il taxa. Mais l'autorité ne pouvait pas frapper en même temps partout. On cacha les bleds pour les soustraire à la violence. Ainsi pendant qu'ils étaient à bon marché, ou au-dessous du vrai prix dans un endroit, ils étaient au-dessus ou cher dans un autre. Bientôt la disette fut générale et affreuse. Alors convaincu que les disettes sont quelquefois réelles, le gouvernement craignit qu'elles ne le fussent toujours. Il n'avait pas fait arriver assez de bleds, et, pour ne pas tomber dans le même inconvénient, une autrefois il en fit venir, et en vendit en si grande quantité, qu'ils tombèrent partout à vil prix. Il ne faisait donc que des fautes. Il avait eu tort de se mettre dans la nécessité de pourvoir par lui-même à la subsistance du peuple ; et il en avait eu un second, plus grand encore, et qui était une suite du premier, celui de forcer les greniers, et de prétendre régler le prix des bleds. Il ne connaissait ni la population, ni la production, ni la consommation. Il ne savait donc point dans quelle proportion la quantité des grains était avec le besoin. La disproportion pouvait être plus forte ou plus faible. Il y avait telle province où quelquefois elle pouvait être énorme : quelquefois aussi elle pouvait être nulle presque partout. D'après quelle règle se serait-il conduit, pour juger de la quantité précise des grains dont on avait besoin ?

Mais quand il aurait connu le rapport de la quantité au besoin, avait-il calculé tous les frais de culture, de magasins, de transport, pour obliger les cultivateurs et les marchands à livrer les bleds au prix auquel il les taxait ?

Forcé, pour réparer ses fautes, de commettre des injustices, le gouvernement croyait, par des coups d'autorité, remédier aux désordres qu'il avait causé, et il en causait de plus grands. Il ordonna à tous ceux qui avaient des bleds, d'en déclarer la quantité. Il sentit donc qu'il avait besoin de la connaitre. Mais il fallait commencer par gagner la confiance ; et cet ordre seul, s'il ne l'avait pas déjà perdue, la lui aurait fait perdre. Car pourquoi voulait-il connaitre la quantité des bleds que chacun conservait dans ses greniers, s'il ne se proposait pas d'en disposer d'autorité ? On fit des déclarations infidèles.

De fausses déclarations ne se font pas toujours impunément. Souvent on fut trahi, et souvent les délations furent fausses elles-mêmes. Le gouvernement ordonna des recherches ; mais les violences, avec lesquelles elles se firent, occasionnèrent de si grands troubles, qu'il jugea devoir au moins les suspendre. Il resta donc dans son ignorance, et chacun cacha ses bleds.

Lorsque le commerce est parfaitement libre, la quantité et le besoin sont en évidence dans tous les marchés. Alors les choses se mettent à leur vrai prix, et l'abondance se répand également partout. C'est ce que nous avons suffisamment prouvé. Mais lorsqu'une fois on a ôté toute liberté au commerce, il n'est plus possible de juger, ni s'il y a réellement disproportion entre la quantité et le besoin, ni quelle est cette disproportion. Fût-elle peu considérable, elle croît, d'un jour à l'autre, par l'alarme du peuple et par la cupidité des monopoleurs. Alors, par les obstacles que la circulation trouve dans son cours, elle est continuellement suspendue , et il arrive que toutes les provinces manquent à la fois, ou que toutes au moins manquent les unes après les autres. Il est vrai que, dans ces circonstances, le gouvernement redoublait de soins. Mais ses opérations, toujours lentes, ne pouvaient pas, comme aurait pu faire une multitude de marchands répandus de tous côtés, porter des secours partout également. Cependant il se trouvait forcé à des dépenses d'autant plus grandes, que les achats pour son compte se faisaient sans économie, et quelquefois avec infidélité.

Il faisait des efforts inutiles pour remédier aux désordres. Ses premiers règlements les avaient produits : ses derniers règlements devaient les entretenir, ou même les accroître. Il s'imagina que la cherté ou la disette provenait d'un reste de liberté. En conséquence, défenses furent faites à toutes personnes d'entreprendre le trafic des grains, sans en avoir obtenu la permission des officiers préposés à cet effet.

• défenses à tous autres, soit fermiers, soit propriétaires de s'immiscer directement, ni indirectement à faire ce trafic.

• défenses de toute société entre marchands de grains, à moins qu'elle n'eût été autorisée. défenses d'en arrher ou d'acheter des bleds en vert, sur pied, avant la récolte. défenses de vendre le bled ailleurs que dans les marchés.

• défenses de faire des amas de grains. défenses enfin d'en faire passer d'une province dans une autre, sans en avoir obtenu la permission. voilà ce qu'on appelait abusivement des règlements de police, comme si l'ordre eût dû naître de ces règlements.

Cependant le fermier ne pouvait vendre qu'à des marchands privilégiés, qui avaient seuls la permission de faire le trafic des grains.

Il était forcé de vendre ses bleds dans l'année : car la défense d'en faire des amas ne lui permettait pas de mettre une récolte sur une récolte.

D'un autre côté, quelque besoin qu'il eût d'argent, il ne pouvait pas vendre avant d'avoir récolté. Il n'avait donc qu'un temps limité pour vendre ; et il se voyait livré à la discrétion d'un petit nombre de marchands.

La défense de vendre ailleurs que dans les marchés lui faisait une nécessité d'abandonner par intervalles la culture de ses champs. Il aurait pu vendre ses bleds à son voisin ; mais celui-ci était obligé de les aller acheter au marché. On les forçait donc tous deux à des frais qu'on aurait pu leur éviter.

Voulait-il, avec ses bleds, payer une dette ou le salaire de ses journaliers, on l'accusait d'avoir vendu ailleurs qu'au marché. On le traitait avec la même injustice, s'il avançait des bleds à un laboureur qui n'en avait pas pour ensemencer. Cette action généreuse, dans le langage des préposés à la police des grains, était une vente simulée, une fraude.

La liberté même qu'on accordait aux marchands, était restreinte. Ils avaient besoin d'une permission pour former une société, c'est-à-dire, pour se concerter sur les moyens d'approvisionner l'état. Sans cette permission, c'était à chacun d'eux de faire ce commerce séparément, et comme ils pourraient. Enfin une province, qui souffrait de la disette, ne pouvait pas tirer des bleds d'une province voisine, où il y avait surabondance. Si on ne refusait jamais la permission, si on l'accordait même le plutôt qu'il était possible, elle venait toujours trop tard, puisqu'il fallait l'attendre. Le désordre était plus grand, lorsque, pour causer un nouveau renchérissement, on tardait à dessein d'accorder la permission. C'est ce qui arrivait quelquefois.

D'un côté, les défenses ôtaient toute liberté au commerce : de l'autre, les permissions autorisaient le monopole. Ordinairement les préposés, auxquels il les fallait demander, ne les donnaient pas pour rien, et on peut juger pourquoi on les achetait.

Dans ce désordre, le peuple, qui habitait les villes, ne pouvait plus être assuré de sa subsistance. Ce fut donc au gouvernement à y pourvoir, et il créa des compagnies privilégiées pour approvisionner les villes, surtout la capitale. Seules elles achetaient dans les campagnes qu'on réservait pour cet approvisionnement : ou du moins on ne pouvait vendre à d'autres, qu'après qu'elles avaient fait leurs achats ; et parce qu'on ne pouvait vendre qu'à elles, on leur livroit les bleds au prix qu'elles en vouloient bien donner. Ce dernier règlement, toujours funeste aux campagnes, le fut quelquefois aux villes mêmes, en faveur desquelles il avait été fait. Quelque attention qu'on eût que le pain ne renchérît pas dans la capitale, on ne put pas toujours l'empêcher, parce que les compagnies privilégiées mettaient successivement la cherté partout.

Section 14
Atteintes portées au commerce : manœuvres des monopoleurs

Nous avons vu le monopole naître des règlements faits pour la police des grains. Dans le dessein où je suis de faire connaître les manœuvres des monopoleurs, j'aurais besoin qu'ils me donnassent eux-mêmes des mémoires. Je me bornerai à quelques observations. On ne pouvait point faire le trafic des bleds sans en avoir obtenu la permission. Mais il ne suffisait pas de la demander pour l'obtenir : il fallait encore avoir de la protection ; et la protection ne s'accordait guère qu'à ceux qui la payaient, ou qui cédaient une part dans leur bénéfice.

Le droit de faire le monopole des grains se vendait donc, en quelque sorte, au plus offrant et dernier enchérisseur ; et souvent, quand on l'avait acheté, il fallait encore donner de l'argent pour empêcher qu'il ne fût vendu à d'autres. Peu de personnes pouvaient donc jouir de ce privilège. Aussi les monopoleurs, en trop petit nombre, ne faisaient-ils pas un trafic assez grand pour fournir aux besoins de toutes les provinces. Mais il ne leur importait pas de faire un grand trafic : il leur importait seulement de faire un gros bénéfice.

Ce bénéfice leur était assuré, s'ils achetaient bon marché, et s'ils vendaient cher. Pour payer les propriétaires, l'impôt et la culture à faire, les petits fermiers sont obligés de vendre de bonne heure dès le mois de septembre, octobre ou novembre. Alors donc le prix des grains baisse par l'affluence des vendeurs. Voilà le temps que prennent les monopoleurs pour remplir leurs magasins ; et ils font la loi aux fermiers qui ne peuvent vendre qu'à eux.

Cependant, comme il y aurait eu du danger à se prévaloir trop ouvertement du droit de faire seuls le trafic des grains, ils employaient l'artifice. Ils faisaient leurs approvisionnements dans les provinces où la récolte avait été plus abondante, et ils y répandaient qu'elle avait été bien plus abondante ailleurs. Pour confirmer ces bruits, ils faisaient entr'eux, publiquement dans les marchés, des ventes simulées, et ils se livraient les uns aux autres des bleds au plus bas prix. Ensuite, comme on leur avait accordé le privilège d'acheter partout, ils allaient dans les fermes, et ils achetaient ou arrhaient les bleds au bas prix, qu'ils y avaient mis eux-mêmes dans les marchés. Ils n'ont donc plus pour concurrents que les gros fermiers qui, n'ayant pas été si pressés de faire de l'argent, ont attendu le moment de vendre avec plus d'avantage. Mais ces fermiers n'ont pour vendre qu'un temps limité, puisqu'il leur est défendu de faire des amas de grains. Les marchands privilégiés au contraire vendent quand ils veulent. Il arrivera donc enfin qu'ils vendront seuls.

Alors ils mettent en vente peu-à-peu. Ils répandent de nouveaux bruits sur les dernières récoltes. Ils persuadent qu'elles n'ont pas été aussi belles qu'on l'avait cru. Ils ne manquent pas de le confirmer encore par des ventes simulées, et ils se livrent publiquement le bled au plus haut prix. Il y a donc disette : ce n'est pas que le bled manque, mais on l'a soustrait à la consommation. Cependant la disette n'est pas générale, parce qu'il importe aux monopoleurs mêmes qu'elle ne le soit pas. Il faut qu'ils puissent se faire honneur du bon marché qu'ils maintiennent dans quelques provinces, pour se justifier de la cherté qu'ils mettent dans d'autres ; et il leur suffit que la disette les parcoure toutes successivement. Ils causaient de si grands désordres, qu'on voyait quelquefois, dans une province, le peuple condamné à se nourrir de toutes sortes de mauvaises racines ; tandis que, dans une province voisine, on jetait le plus beau froment aux bestiaux. Chargés seuls de faire refluer les grains partout où ils manquaient, ils le faisaient lentement, sous divers prétextes ; et ils trouvaient, dans leur lenteur, un grand bénéfice, parce qu'elle faisait durer la cherté.

Ces monopoleurs s'enrichis soient donc, parce qu'ils achetaient bon marché, et qu'ils vendaient cher. Il y en avait d'autres qui ne s'enrichissaient pas moins, et qui cependant achetaient cher, et vendaient bon marché. Je veux parler des commissionnaires qui faisaient des achats et des ventes de grains pour le compte du gouvernement. On leur accordait deux pour cent de bénéfice sur l'achat, et deux pour cent sur la vente. Ils achetaient de grains, et plus ils les achetaient cher ; plus, par conséquent, ils avaient de bénéfice. Ils achetaient donc à quelque prix que ce fût.

Pour faciliter leurs opérations, on avait ordonné aux marchands de notifier leurs sociétés, de déclarer leurs magasins, et de ne trafiquer que dans les marchés réglés à tel jour et à telle heure. Tous ces marchands étant connus, et tous leurs magasins étant à découvert, il était facile de faire avorter tous leurs projets. Partout où ils pouvaient se présenter pour acheter, les commissionnaires mettaient l'enchère sur eux ; et partout où ils pouvaient se présenter pour vendre, les commissionnaires vendaient au rabais. Ne pouvant donc plus soutenir la concurrence sans se ruiner, ils renoncèrent les uns après les autres au commerce des grains, et alors les commissionnaires achetèrent et vendirent seuls.

Ceux-ci avaient intérêt d'acheter beaucoup et d'acheter cher, puisque le bénéfice de deux pour cent était plus grand en raison du haut prix des achats ; et quoiqu'à la vente le bénéfice de deux pour cent fût moindre en raison du bas prix, ils n'avaient pas moins d'intérêt à vendre bon marché, puisqu'ils devenaient seuls marchands de grains.

C'est le gouvernement qui faisait toutes les avances pour les achats, comme toutes les pertes dans les ventes. Il lui en coûtait plusieurs millions par an ; et s'il est vrai que pour en trouver un, il fût obligé d'en imposer trois, on peut juger combien ce monopole était de toute manière à charge à l'état. Les avances étaient payées comptant aux commissionnaires. Ils en faisaient valoir, dans la capitale, la plus grande partie ; et ils payaient dans les provinces ou chez l'étranger, avec des opérations de change. Ainsi ce monopole devenait pour eux un fonds de banque, ou plutôt un véritable agiotage.

Section 15
Atteintes portées au commerce : obstacles à la circulation des grains, lorsque le gouvernement veut rendre au commerce la liberté qu'il lui a ôtée

Les monopoleurs mettaient toujours quelque part la disette, ou du moins la cherté, lorsque, dans une de nos monarchies, on confia cette partie de l'administration à un ministre qui rendit la liberté au commerce.

Mais, quand le désordre est parvenu à un certain point, une révolution, quelque sage qu'elle soit, ne s'achève jamais, sans occasionner de violentes secousses ; et il faut souvent prendre des précautions sans nombre, pour rétablir l'ordre. Le nouveau ministre, qui voulait le bien, et à qui ses ennemis mêmes reconnaissaient des lumières, prit toutes les précautions que la prudence lui avait suggérées. Mais il y avait une chose qui ne dépendait pas de lui : c'est le temps, et il en fallait.

En traitant de la circulation des grains, nous avons vu qu'elle ne peut se faire que par une multitude de marchands, répandus de toutes parts. Ces marchands sont autant de canaux, par où les grains circulent. Or, tous ces canaux avaient été brisés, et c'était au temps à les réparer.

En effet, pour réussir dans quelque espèce de commerce que ce soit, il ne suffit pas d'avoir la liberté de le faire ; il faut, comme nous l'avons remarqué, avoir acquis des connaissances, et ces connaissances ne peuvent être que le fruit de l'expérience, qui est toujours lente. Il faut encore avoir des fonds, des magasins, des voituriers, des commissionnaires, des correspondants : il faut, en un mot, avoir pris bien des précautions et bien des mesures.

La liberté, rendue au commerce des grains, était donc un bienfait dont on ne pouvait pas jouir aussitôt qu'il était accordé. Un mot du monarque avait pu anéantir cette liberté ; un mot ne la reproduisait pas, et il y eut cherté peu de mois après. voilà donc ce que produit la liberté. c'est ainsi que raisonnait le peuple, et le peuple était presque toute la nation. On croyait que la cherté était un effet de la liberté. On ne voulait pas voir que le monopole n'avait pas pu tomber sous les premiers coups qu'on lui portait, et qu'il ne pouvait pas y avoir encore assez de marchands pour mettre les grains à leur vrai prix. Mais, disait-on, il faut du pain tous les jours. Or, parce qu'on aura la liberté de nous en apporter, est-il sûr qu'on nous en apportera, et ne nous met-on pas au hasard d'en manquer ? On oubliait donc les chertés et les disettes qu'il y avait eu successivement dans toutes les provinces, lorsque les ministres ôtaient toute liberté, sous prétexte de ne pas abandonner au hasard la subsistance du peuple.

On comptait donc sur un petit nombre de monopoleurs, qui pouvaient faire un gros bénéfice en vendant peu, plutôt que sur un grand nombre de marchands, qui ne pouvaient faire un gros bénéfice, qu'en vendant beaucoup.

Il faut un salaire aux marchands : il leur est dû. Mais ce n'est ni au souverain, ni au peuple à régler ce salaire : c'est à la concurrence, à la concurrence seule. Or, ce salaire sera moindre, à proportion que la concurrence sera plus grande. Le bled sera donc à plus bas prix, lorsque les marchands se multiplieront avec la liberté, que lorsque le nombre en sera réduit par des règlements de police. J'ajoute qu'on en aura bien plus sûrement. Car il ne sera à plus bas prix, que parce que tous les marchands à l'envi les uns et des autres, l'offriront au rabais, et se contenteront du plus petit bénéfice. Ils ont autant besoin de vendre, que nous d'acheter. Occupés à prévoir où le bled doit renchérir, ils se hâtent d'autant plus de venir à notre secours, que ceux qui arrivent les premiers, sont ceux qui vendent à plus haut prix. Il y a plutôt lieu de juger qu'ils nous apporteront trop de bleds, que de craindre qu'ils ne nous en apportent pas assez.

Ces raisons ne faisaient rien sur l'esprit du peuple. Il croyait que l'unique affaire du gouvernement était de lui procurer du pain à bon marché. Les règlements de police paraissaient avoir été donnés dans cette vue. Ils produisaient à la vérité un effet contraire :

Étienne Bonnot de Condillac

mais on ne le savait pas ; et on voulait des règlements de police, parce qu'on voulait le pain à bon marché. Toutes les fois donc qu'il renchérissait le peuple demandait au gouvernement d'en faire baisser le prix. Il n'y avait que deux moyens de le satisfaire. Il fallait que le gouvernement achetât lui-même des bleds pour les revendre à perte, ou qu'il forçât les marchands à livrer les leurs au prix qu'il avait taxé.

De ces deux moyens, le premier tendait à ruiner l'état ; le second était injuste et odieux ; et tous deux accoutumaient le peuple à penser que c'était au gouvernement à lui procurer le pain à bon marché, quoiqu'il en coûtât, soit de l'argent, soit des injustices.

De-là un autre préjugé, plus contraire encore, s'il est possible, au commerce des grains. C'est que le peuple, qui croyait les violences justes, parce qu'on les faisait pour lui, regardait les marchands de bleds comme des hommes avides qui abusaient de ses besoins. Cette opinion une fois établie, on ne pouvait plus, si on était jaloux de sa réputation, s'engager dans ce commerce : il fallait l'abandonner à ces âmes viles, qui comptent l'argent pour tout et l'honneur pour rien.

C'est la conduite du gouvernement, qui avait produit ces préjugés. Ils avaient si fort prévalu, que souvent, avec de l'honnêteté et avec ce qu'on appelle esprit, on ne s'en garantissait pas. Il faut respecter sans doute les droits de propriété, disaient des personnes qu'on ne pouvait pas soupçonner de mauvaise intention ; mais nous réclamons pour le peuple les droits d'humanité. De là elles concluaient que le gouvernement peut, doit même régler le prix du bled, et forcer les marchands à le livrer au taux qu'il y a mis. Des droits d'humanité opposés à des droits de propriété ! Quel jargon ! Il était donc arrêté qu'on dirait les choses les plus absurdes pour combattre les opérations du nouveau ministre. Mais vous, qui croyez-vous intéresser au peuple, voudriez-vous que, sous prétexte de faire l'aumône, on forçât les coffres des hommes à argent ? Non sans doute : et vous voulez qu'on force les greniers ! Ignorez-vous d'ailleurs que le bon marché est nécessairement toujours suivi de la cherté ; et que, par conséquent, il est une calamité pour le peuple, autant que pour le marchand et le propriétaire ? Si vous l'ignorez, je vous renvoie à ce que j'ai dit.

Seconde partie

Il semblait que tout le monde fût condamné à raisonner mal sur cette matière : poètes, géomètres, philosophes, métaphysiciens, presque tous les gens de lettres, en un mot, et ceux-là surtout dont le ton tranchant permet à peine de prendre leurs doutes pour des doutes, et qui ne tolèrent pas qu'on pense autrement qu'eux. Ces hommes voyaient toujours d'excellentes choses dans tous les ouvrages qui se faisaient en faveur de la police des grains. C'étaient cependant des ouvrages, où, au lieu de clarté, de précision et de principes, on ne trouvait que des contradictions ; et on aurait pu prouver que l'auteur avait écrit pour la liberté qu'il voulait combattre. C'est qu'il est impossible de rien établir de précis, quand on veut mettre des bornes à la liberté du commerce. Où en effet poserait-on ces bornes ? Sourd à tous les propos, le nouveau ministre montrait du courage. Il laissait parler, écrire, et il persistait dans ses premières démarches. Cependant on était bien loin encore d'éprouver les effets de la liberté. Le bled était cher dans une province, tandis qu'il était à bon marché dans une autre. C'est qu'il ne circulait pas : il n'y avait pas encore assez de marchands. D'ailleurs le peuple, qui croyait que l'exportation était nécessairement l'avant-coureur de la disette, s'alarmait à la vue d'un transport de grains. il ne nous en restera pas, disait-il ; et à ce cri séditieux, il se soulevait. Alors des hommes malintentionnés parcouraient les marchés, répandaient de nouvelles alarmes, et causaient des émeutes. Tels sont les principaux obstacles qui s'opposaient au rétablissement de la liberté. Le temps les lèvera, si le gouvernement persévère.

Section 16
Atteintes portées au commerce : luxe d'une grande capitale

Des quatre monarchies que j'ai supposées, je n'en fais plus qu'une, et j'y bâtis une grande capitale, où l'on arrive de toutes les provinces. Ceux qui sont assez riches pour jouir des commodités qu'on y trouve, s'y fixent insensiblement. D'autres y viennent pour affaires, d'autres par curiosité, beaucoup parce qu'ils n'ont pas de quoi vivre ailleurs. Car, avec rien, on y peut souvent faire de grandes dépenses, parce qu'elle offre des ressources de toutes espèces. Elle en offre même qu'on ne doit pas avouer, et dont cependant on ne se cache pas. Les richesses appellent les arts. Il y aura donc, dans la capitale, un grand nombre d'artisans. Ils y causeront une plus grande consommation. Ils y feront renchérir les denrées, et ils y attireront l'argent des provinces, où l'on sera assez riche pour rechercher les choses qu'on recherche dans la capitale. Leurs ouvrages seront à plus haut prix qu'ils ne l'auraient été, s'ils avaient choisi tout autre lieu pour leur établissement : car il faudra faire venir, à grands frais, et leur subsistance et les matières premières. Répandus dans les provinces, ils y feraient refluer l'argent de la capitale. Ils y porteraient l'abondance, parce que, partout où ils s'établiraient, ils augmenteraient le nombre des consommateurs, et ils contribueraient à répartir les richesses avec moins d'inégalité. Ces considérations faisaient désirer qu'on établît les manufactures dans les provinces ; mais ce projet n'était bon que dans la spéculation. Il importe peu aux artisans que leurs ouvrages soient chers, pourvu qu'ils soient assurés de les vendre. Or où les vendront-ils mieux que dans une ville de luxe, où, sans jamais apprécier les choses, on ne les estime qu'autant qu'elles sont à haut prix ? Où seront-ils plus à portée de faire valoir leurs talents, soit qu'ils traitent avec des particuliers auxquels ils vendront eux-mêmes leurs ouvrages, soit qu'ils traitent avec des négociants qui leur offrirent à l'envi de plus forts salaires ? Du fond des provinces leur serait-il possible de tirer avantage des caprices du public, de lui en donner, et de se faire un produit sur des modes qui ne font que passer ? Enfin, je conçois que, lorsqu'ils jouissent d'une liberté entière, ils puissent se répandre en plusieurs lieux différents ; mais lorsqu'ils n'ont la liberté de travailler qu'à l'abri d'un privilège, ne faut-il pas qu'ils s'établissent là où ils sont plus à portée de solliciter ce privilège, de le faire renouveler, et d'empêcher qu'on ne l'accorde à d'autres ? Ce n'était donc que dans la capitale, et après la capitale, dans les grandes villes que les manufactures pouvaient s'établir.

Dès que tout renchérit dans une grande capitale, les choses, faites pour y être communes, deviennent rares ; et c'est-là que les artisans mettent toute leur industrie à procurer aux gens riches les jouissances de luxe, c'est-à-dire, ces jouissances qu'on recherche par vanité, et que l'ennui, dans le désœuvrement où l'on vit, rend nécessaires. La perception compliquée d'une multitude d'impôts, les manœuvres des compagnies exclusives, les papiers publics, les banques, l'agiotage, le monopole des grains, étaient les routes qui s'ouvraient à la fortune, et dans lesquelles on se précipitait en foule. De-là sortaient coup sur coup des hommes nouveaux, qui, enrichis des dépouilles du peuple, faisaient un contraste frappant avec les mendiants qui se multipliaient d'un jour à l'autre. Les grands avaient donné l'exemple du luxe : mais leur luxe avait au moins des bornes dans leurs facultés. Celui des nouveaux riches n'en avait point, parce qu'ils pouvaient dépenser avec d'autant plus de profusion, qu'ils s'enrichissaient avec plus de facilité. Faits tout à la fois pour être imités et pour ne pouvoir l'être, ils semblaient préparer la ruine des citoyens de tout état.

En effet, comme on ne pouvait se faire remarquer que par la dépense, le désordre se mettait successivement dans toutes les fortunes ; et toutes les conditions, de proche en proche, se confondaient, par les efforts mêmes qu'elles faisaient pour se distinguer. Aux mouvements qu'on se donnait, il paraissait qu'on avait des désirs immenses ; et aux frivolités dont on se contentait, il paraissait qu'on était sans désirs. Le caprice donnait du prix aux plus petites choses. Si on n'en jouissait pas, on voulait paraître en jouir, parce qu'on supposait que d'autres en jouissaient ; sans passion, on en prenait le langage, et on se passionnait ridiculement sur tout. De quelque manière qu'on fût affecté, il fallait obéir aux caprices de la mode. Unique règle du goût et du sentiment, elle prescrivait à chacun ce qu'il devait désirer, dire, faire et penser : car penser était la dernière chose. Dans ce désordre, on déclamait contre la finance, parce que les financiers avaient plus de moyens de s'enrichir. Mais les citoyens de toutes les conditions n'avoient-ils pas les mêmes reproches à se faire ? S'ils acquéraient moins de richesses, est-ce parce qu'ils étaient moins avides, ou parce qu'ils ne le pouvaient pas ? Ce sont les mœurs générales qu'il faut condamner : mais, dans un siècle de corruption, tous les ordres déclament les uns contre les autres. Je veux qu'une monarchie ne puisse jamais être trop riche. En effet, ce n'est pas dans de trop grandes richesses qu'est le vice qui la détruit : c'est dans l'inégalité de la répartition, inégalité qui devient monstrueuse dans un siècle de finance. Mais quoi ! Dira-t-on, faut-il faire un nouveau partage des terres, et borner chaque citoyen au même nombre d'arpents ? Non sans doute :

Étienne Bonnot de Condillac

ce projet serait chimérique. Une parfaite égalité ne pourrait se maintenir que dans une république, telle que Lacédémone ; et je conviens que, dans une monarchie, les hommes ne sont pas des spartiates. Que faut-il donc, demandera-t-on ? Il faut que tout citoyen puisse vivre de son travail ; et je dis que partout où il y a des mendiants, le gouvernement est vicieux. Je sais bien qu'on suppose que tout le monde peut vivre de son travail : car le riche, qui ne fait rien, dit au malheureux qui manque de pain, vas travailler. ainsi le luxe qui multiplie les mendiants, rend les âmes inhumaines, et il n'y a plus de ressources pour l'indigent. Mais voyons si tout citoyen peut trouver du travail.

On remarque avec raison que le luxe des grandes villes fait vivre beaucoup d'artisans, et on dit en conséquence que le luxe est un bien. Mais combien d'hommes, qui auraient été utiles dans les campagnes, et qui, séduits par les profits que quelques-uns font dans une capitale, y viennent en foule pour y mendier ? Avec du talent même plusieurs sont réduits à la misère, parce qu'il leur est impossible de travailler concurremment avec ceux qui ont commencé avant eux, et qui ont la vogue. Ne sait-on pas que les gens riches, sans savoir pourquoi, vont, à la suite les uns des autres, aux mêmes boutiques, et qu'un artisan, habile ou heureux, fait presque exclusivement son métier ? Ignore-t-on qu'en fait de luxe, le nom de l'ouvrier n'est pas indifférent ?

Le luxe gagne insensiblement toutes les conditions ; et si on n'est pas riche, on veut le paraître. Alors pour dépenser en choses de luxe, on se retranche sur les choses de nécessité. On ôte donc le travail aux artisans les plus utiles, et par conséquent on leur ôte le pain. D'ailleurs, si dans un temps où les richesses sont réparties avec trop d'inégalité, un petit nombre d'hommes opulents font fleurir les manufactures de prix, combien peu de citoyens sont alors assez riches pour concourir à entretenir les manufactures les plus communes ? Si le luxe fait vivre quelques artisans, il en réduit donc un plus grand nombre à la mendicité. Voilà les effets qu'il produit dans les villes, surtout dans la capitale. Passons dans les campagnes.

Les provinces doivent à la capitale les revenus des propriétaires qui l'habitent, et les revenus du prince ; dette immense qui croît tous les jours avec les impôts. Il est vrai que la capitale, par les grandes consommations qui s'y font, rend aux provinces l'argent qu'elle en a reçu ; et elle y fait fleurir l'agriculture, à proportion qu'elle ne tire des productions en plus grande quantité. Mais elle n'en peut pas tirer également de chacune, et par conséquent l'agriculture ne peut pas fleurir également dans toutes.

L'abondance se trouve dans les campagnes qui l'environnent, et on y rend fertile le sol le plus ingrat. Elle se trouve encore dans de plus éloignées, lorsqu'elles communiquent facilement avec la capitale. Mais lorsqu'elles manquent de débouchés, on peut juger de la misère au teint have des habitants, aux villages qui tombent en ruines, et aux champs qui restent sans culture. Elles produisent peu, parce que les plus riches consommateurs à qui sont les terres, habitent la capitale où ils consomment les productions des autres provinces. Elles produisent peu, parce que ces consommateurs préfèrent aux richesses réelles d'un sol cultivé, l'intrigue qui ouvre à quelques-uns le chemin de la fortune, des papiers avec lesquels ils ont plus de revenus et plus de facilité pour dissiper, enfin un luxe qui les ruine tous. Non-seulement ils ne font pas les avances nécessaires pour se procurer des récoltes plus abondantes, ils mettent encore les fermiers hors d'état d'en faire. Ils leur font des frais : ils leur enlèvent une partie des bestiaux ; en un mot, ils semblent leur ôter tout moyen de cultiver. Cependant les fermiers, en plus grand nombre que les fermes, sont réduits, par la concurrence, à de trop faibles salaires. Bornés à subsister au jour le jour, ils se refusent le nécessaire pour payer un maître qui, au sein de la mollesse, a pour maxime qu'il ne faut pas que les paysans soient dans l'aisance, et qui ne voit pas que la richesse du laboureur l'enrichirait lui-même. Il n'est donc que trop vrai que le luxe d'une grande capitale est un principe de misère et de dévastation.

Section 17
Atteintes portées au commerce : jalousie des nations

Afin de juger de ce qui doit arriver à plusieurs nations jalouses, qui tentent chacune de commercer exclusivement, je transporte dans l'Asie mineure, le peuple que nous avons observé. Je lui donne la Mysie, la Lydie, la Bytinie, d'autres provinces encore, et je fais un royaume dont Troie sera la capitale.

Mais parce que je ne veux observer que les effets de la jalousie des nations, je suppose, afin d'écarter toute autre cause, que ce peuple n'a plus, dans ses mœurs, ni dans son gouvernement, aucun des vices que je lui ai reprochés. Ce sera actuellement une nation agricole. Elle cultive les arts relatifs à l'agriculture : elle commence à en cultiver d'autres : elle met plus de recherches dans les commodités de la vie. Mais ses mœurs sont simples encore, ainsi que son gouvernement. Elle ne connaît ni les péages, ni les douanes, ni les impôts ni les maîtrises, ni les communautés, ni aucune espèce de privilège, ni ce qu'on appelle police des grains. Chaque citoyen a la liberté de choisir, pour subsister, le genre de travail qui lui convient, et le gouvernement n'exige qu'une contribution qui est réglée sur les besoins de l'état, et que la nation paie volontairement. Tels sont ces nouveaux troyens. Mais il faut qu'on me permette encore d'autres suppositions.

Je suppose donc que, dans les siècles où ils subsistaient, siècles antérieurs à toute tradition, l'Asie, l'Égypte, la Grèce et l'Italie, ainsi que les isles répandues dans les mers qui séparent ces continents, étaient autant de pays civilisés, dont les peuples commençaient à avoir quelque commerce les uns avec les autres ; tandis que tout le reste de l'Europe était encore dans la barbarie. Enfin, ma dernière supposition sera que les arts n'avaient fait encore nulle part autant de progrès que chez les troyens. Partout ailleurs ils paraissaient à leur naissance. Cependant le luxe, même à Troie, était encore ignoré.

La population doit être grande dans tous les pays que je viens de supposer. Plusieurs causes y concourent : la simplicité des mœurs, une subsistance assurée dans un travail à son choix, et l'agriculture qui fait d'autant plus de progrès, qu'elle est plus considérée.

Cependant tous les pays que nous avons couverts de nations civilisées, ne sont pas également fertiles ; et tous, par conséquent, ne produisent pas de quoi faire subsister, dans un espace égal, une population égale. La Grèce, par exemple, n'est pas, à beaucoup près aussi fertile que l'Égypte ; et beaucoup de côtes maritimes seraient peu habitées, si elles étaient réduites au seul produit de leur sol. Mais là où l'agriculture ne peut pas nourrir une grande population, l'industrie y supplée, et le commerce y fait vivre un peuple nombreux, avec le surabondant des nations agricoles. Ce peuple, à qui le sol semble refuser le nécessaire, devient le commissionnaire des autres. Il trafique avec le surabondant de tous : il en rapporte chez lui de quoi subsister, et parce qu'il s'est fait une habitude de l'économie avec laquelle il a été forcé de commencer, il finit par s'enrichir. Voilà ce qui doit arriver à des nations qui habitent des terres ingrates le long des côtes maritimes. Marchandes par leur position, elles ont les premières fait le commerce de commission ou le trafic.

Alors tous les ports étaient ouverts aux trafiquants. Tous les peuples donnent à l'exportation et à l'importation une liberté entière. Le surabondant se versait continuellement des uns chez les autres. Par une concurrence de tous les marchands possibles, chaque chose était à son vrai prix ; et l'abondance qui se répandit chez toutes les nations, semblait tendre, par un espèce de flux et de reflux, à se mettre partout au même niveau. Ce commerce était surtout avantageux pour les troyens. Les progrès qu'ils avaient faits dans les arts, attiraient chez eux les marchands de toutes les nations. Ils mettaient en œuvre et les matières premières de leur sol, et celles qu'ils tiraient de l'étranger ; et leurs manufactures, tous les jours plus florissantes, faisaient subsister une multitude d'artisans.

Heureux dans cette position, les peuples ne surent pas s'y maintenir. Pourquoi, disait-on, envoyer chez les troyens des matières premières que nous pouvons mettre en œuvre nous-mêmes ? Est-il raisonnable de porter chez l'étranger notre argent et nos productions, pour y faire subsister des artisans, qui, en consommant chez nous, augmenteraient notre population et nos richesses ?

Tous les peuples songeaient donc aux moyens d'établir chacun chez eux les mêmes manufactures. Mais les nations marchandes excitaient surtout la jalousie. Ces nations, pauvres par leur sol, s'enrichissaient, se peuplaient, et semblaient devoir à l'aveuglement des autres, leurs richesses et leur population. Pourquoi leur laisser faire, presqu'à elles seules, tout le trafic, disaient les peuples jaloux ? Souffrirons-nous encore longtemps qu'elles fassent sur nous des profits que nous pourrions faire nous-mêmes ? C'est nous qui les faisons subsister ; c'est nous qui les enrichissons. Fermons-leur nos ports, elles tomberont dans la misère, et bientôt elles ne seront plus.

Étienne Bonnot de Condillac

Ces réflexions ne sont pas aussi solides qu'elles le paraissent. L'auteur de la nature, aux yeux duquel tous les peuples, malgré les préjugés qui les divisent, sont comme une seule république, ou plutôt comme une seule famille, a établi des besoins entr'eux. Ces besoins sont une suite de la différence des climats, qui fait qu'un peuple manque des choses dont un autre surabonde, et qui leur donne à chacun différents genres d'industrie. Malheur au peuple qui voudrait se passer de tous les autres. Il serait aussi absurde qu'un citoyen qui, dans la société regrettant les bénéfices qu'on fait sur lui, voudrait pourvoir par lui seul à tous ses besoins. Si un peuple se passait des nations marchandes, s'il les anéantissait, il en serait moins riche lui-même, puisqu'il diminuerait le nombre des consommateurs auxquels il vend ses productions surabondantes.

D'ailleurs les négociants n'appartiennent proprement à aucun pays. Ils forment une nation qui est répandue partout ; et qui a ses intérêts à part. Un peuple est donc dans l'erreur, s'il croit travailler pour lui, lorsqu'il sacrifie tout à ses négociants. En excluant ceux des autres nations, il vend ses marchandises à plus bas prix, et il achète à plus haut les marchandises étrangères : ses manufactures tombent, son agriculture se dégrade, et il fait tous les jours de nouvelles pertes. Il n'y a que la concurrence de tous les négociants qui puisse faire fleurir le commerce à l'avantage de chaque peuple. Faire et laisser faire, voilà donc quel devait être l'objet de toutes les nations. Un commerce toujours ouvert et toujours libre, pouvait seul contribuer au bonheur de toutes ensemble, et de chacune en particulier.

Mais ce n'est pas ainsi qu'on raisonnait. Un état, disait-on n'est riche et puissant, qu'à proportion de l'argent qui circule ; et l'argent ne circule en plus grande quantité, qu'autant qu'on fait un plus grand commerce. Toute nation qui entendra ses vrais intérêts, doit donc songer aux moyens d'être la seule nation commerçante.

Ce raisonnement parut évident, et on se conduisit en consé-quence. Voilà donc les peuples qui vont travailler à s'appauvrir les uns les autres : car en voulant s'enlever mutuellement le commerce, chacun d'eux en commercera moins. Observons les effets de cette politique.

Les troyens qui avaient des ports sur la mer Égée, sur la Propon-

208

tide et sur le Pont-Euxin, étaient maîtres encore de toutes les isles adjacentes à leur continent. Dans cette position, où ils pouvaient faire un grand commerce concurremment avec les autres peuples, ils voulurent le faire exclusivement. Ils établirent donc des douanes partout : ils mirent à contribution les marchands étrangers qui exportaient ou qui importaient ; enfin ils leur fermèrent tout-à-fait les ports.

Le peuple applaudit à la sagesse du gouvernement. Il croyait qu'il allait faire à lui seul tout le trafic ; et il n'en fit pas plus qu'auparavant ; parce qu'il ne pouvait pas abandonner ses manufactures et ses champs pour monter sur des vaisseaux.

Le commerce diminua considérablement, lorsqu'il ne se fit plus par l'entremise des nations marchandes. Cette révolution entraîna la chute de plusieurs manufactures ; et l'agriculture se dégrada, parce qu'il y eut moins de productions, quand l'impuissance d'exporter eut rendu inutile tout surabondant. Cependant le gouvernement ne se doutait pas de la faute qu'il avait faite. Il croyait au contraire que le commerce apportait dans l'état plus de richesses que jamais : il en jugeait ainsi à la fortune de quelques négociants troyens.

Mais ces négociants s'enrichissaient aux dépens de l'état n'ayant plus de concurrents, lorsqu'ils vendaient et lorsqu'ils achetaient, ils mettaient seuls le prix aux choses. Ils retranchaient tous les jours sur le salaire de l'artisan et du laboureur, et ils vendaient cher tout ce qu'ils apportaient de l'étranger.

Jaloux les uns des autres, les peuples ne devaient pas se borner à se fermer leurs ports, et à s'interdire mutuellement le commerce, dans l'espérance de le faire chacun exclusivement. On devait encore armer, et on arma. Dans des guerres funestes à tous, on s'applaudissait alternativement des coups qu'on croyait se porter, et qu'on ne portait que sur le commerce pour le ruiner partout également. De grandes armées sur terre, de grandes flottes sur mer mettaient dans la nécessité d'arracher de force à la charrue et aux manufactures une partie des citoyens, et de charger d'impôts l'autre partie. Ces violences se renouvelaient à chaque guerre, toujours avec de nouveaux abus, parce que la paix qui ne se faisait que par épuisement, ne durait jamais assez pour permettre aux puissances belli-

Étienne Bonnot de Condillac

gérantes de réparer leurs pertes.

Le commerce, tombé pendant la guerre, se relevait difficilement à la paix. On n'osait pas s'engager dans des entreprises qui exigeaient de grandes avances, et dont toutes les espérances pouvaient s'évanouir aux premières hostilités. Le gouvernement néanmoins invitait le peuple et même la noblesse à faire le trafic. Il offrait sa protection aux négociants, et il ne paraissait occupé qu'à faire fleurir le commerce, qu'il avait ruiné, et qu'il devait ruiner encore.

Quand on a la puissance, on croit tout possible. On ne sait point se méfier de ses lumières, et parce qu'on a commandé, on n'imagine pas devoir trouver des obstacles. Voilà pourquoi, dans l'administration publique, une faute, qui a été faite, se fait encore, et se fait longtemps. Elle devient maxime d'état, et les préjugés gouvernent. Les troyens s'obstinaient à fermer leurs ports aux nations marchandes, ils s'obstinaient à leur faire la guerre, et cependant ils cherchaient quelle pouvait être la cause de la décadence de leur commerce.

On crut l'avoir trouvée, lorsqu'ayant considéré que les entreprises demandaient des avances d'autant plus grandes, qu'elles exposaient à plus de risques, on s'imagina que le commerce ne pouvait plus se faire que par des compagnies qui réuniraient les fonds de plusieurs riches négociants. Il n'y avait donc qu'à permettre d'en former autant qu'on le jugerait à propos. Mais il s'en présentait une. Elle faisait voir de grands avantages pour l'état dans l'espèce de trafic qu'elle projetait. Elle exagérait les avances qu'elle aurait à faire. Elle représentait qu'après les avoir faites, il ne serait pas juste qu'elle fût privée du bénéfice dû à son industrie ; et elle demandait un privilège exclusif. Il lui fut accordé. Ce privilège était une atteinte portée à la liberté, puisqu'il donnait, à une seule compagnie, un droit qui appartenait à tous les citoyens. Les négociants réclamèrent, mais inutilement. La nouvelle compagnie donna de l'argent, et le privilège fut confirmé. Dès que le gouvernement connut que ces privilèges pouvaient se vendre, il en vendit encore. Cet abus, passé en usage, devint règle ; et bientôt on regarda les privilèges exclusifs, comme une protection accordée au commerce.

Cependant vendre des privilèges exclusifs à des artisans et à des marchands, c'était exiler ceux à qui on n'en vendait pas. Plusieurs sortirent du royaume, et emportèrent les manufactures avec eux. Il est vrai que le gouvernement leur défendit, sous de graves peines, de sortir de l'état. Mais quand ils étaient passés chez l'étranger, on ne pouvait plus les punir, et cependant on ne pouvait pas les empêcher d'y passer. Cette défense les fit déserter en plus grand nombre.

Lorsque les manufactures jouissent, dans un royaume, d'une liberté entière, elles se multiplient à proportion du besoin. Il n'en est pas de même, lorsqu'elles appartiennent à une compagnie exclusive. Comme l'intérêt de cette compagnie est bien moins de vendre beaucoup, que de vendre cher, elle songe à faire le plus grand bénéfice avec le plus petit trafic. D'ailleurs elle trouve un avantage à diminuer le nombre des manufactures, c'est que les ouvriers, restant en plus grande quantité qu'elle n'en peut employer, sont réduits, s'ils ne veulent pas mendier, à travailler presque pour rien.

Non-seulement la main d'œuvre coûtait peu aux compagnies exclusives. Elles voulurent faire encore un nouveau bénéfice sur les matières premières. Elles représentèrent au gouvernement combien l'exportation qu'on en faisait chez l'étranger était contraire aux intérêts du commerce, et il fut défendu de les exporter. Elles les achetèrent donc au plus bas prix, et en conséquence la culture en fut tous les jours plus négligée.

Pendant que les douanes, les impôts, les privilèges exclusifs vexaient le commerce et l'agriculture, le luxe croissait avec la misère : l'état qui ne subsistait plus que par des ressources, contractait continuellement de nouvelles dettes ; et la finance s'élevait au milieu des débris de la fortune publique.

Voilà l'état où se trouvait la monarchie des troyens. Tel était à-peu-près celui de toutes les monarchies, qui avaient armé pour s'enlever mutuellement quelques branches de commerce. Aux moyens qu'elles employaient, on n'aurait pas deviné qu'elles voulaient s'enrichir.

Lorsque le gouvernement fait continuellement des emprunts, l'intérêt de l'argent est nécessairement fort haut : il l'est surtout dans un temps où le luxe, qui ne met point de bornes aux besoins, fait une nécessité aux plus riches d'emprunter. Si ce sont les citoyens qui prêtent à l'état, les fonds sortent du commerce, pour faire subsister sans travail une multitude de rentiers, gens inutiles, dont le nombre croît continuellement. Si ce sont des étrangers, les fonds sortent non-seulement du commerce, ils sortent encore de l'état qui se ruine insensiblement.

Alors les négociants qui trouvent difficilement à emprunter, ou qui ne trouvent qu'à gros intérêts, sont dans l'impuissance de former de grandes entreprises. Comment en formeraient-ils ? Leurs affaires sont presque toujours mêlées avec celle du gouvernement, auquel les compagnies exclusives ont prêté leur crédit ; et par conséquent la méfiance, qu'on a du gouvernement, bannit du commerce toute confiance. Il est donc bien difficile que le commerce fleurisse dans de pareilles monarchies.

On ne voyait pas de pareils inconvénients chez les républiques marchandes. Au contraire, il y régnait une grande confiance, parce que les négociants y jouissaient d'une liberté entière, et que le gouvernement, sans luxe et sans dettes, assuraient leurs fortunes. Ils avoient, dans le commerce, un grand avantage sur les négociants des monarchies, parce qu'ils pouvaient emprunter à bas intérêt, et qu'ayant de l'économie, ils songeaient moins à faire tout-à-coup de gros profits, qu'à en faire fréquemment de petits. Tous les fonds restaient donc dans le commerce, et le faisaient fleurir.

Mais, de tous les peuples, les plus sages ou les plus heureux, c'étaient les républiques agricoles. Peu jalouses de faire le trafic par elles-mêmes, elles n'avaient pas imaginé de fermer leurs ports aux marchands étrangers, qui venaient enlever le surabondant de leurs productions, et elles subsistaient dans l'abondance.

Les choses se trouvaient dans cet état, lorsque de nouvelles branches de commerce causèrent une grande révolution.

Les phéniciens, peuple marchand et républicain, découvrirent, à l'occident de l'Europe, un pays peuplé par une multitude de cités, qui leur parurent d'autant plus barbares, qu'ayant beaucoup d'or et beaucoup d'argent, elles n'y attachaient aucune valeur. Cette découverte qui leur fournit les moyens de faire un plus grand trafic, leur donna bientôt la prépondérance sur toutes les nations marchandes. Dans la monarchie troyenne, où les compagnies exclusives s'étaient saisies de tout le commerce connu, on avait encore plus besoin de faire des découvertes. C'était l'unique ressource des marchands qui n'avaient point acheté de privilèges. Réduits donc à chercher quelque nouvelle branche de commerce dans des contrées inconnues, ils pénétrèrent dans la mer Caspienne ; et de-là par l'Oxus, ils remontèrent dans l'Inde, pays vaste, fertile, où les arts étaient cultivés, et où la main-d'œuvre était à un prix d'autant plus bas, qu'une grande population y subsistait dans l'abondance avec peu de besoins. Cette découverte introduisit, dans la monarchie, un nouveau genre de luxe. On admira la beauté des toiles qui se fabriquaient dans l'Inde, et la nouveauté leur donnant une valeur qui croissait en quelque sorte en raison de l'éloignement, les marchands, qui ouvrirent les premiers ce commerce, gagnèrent depuis cent cinquante, jusqu'à deux cents pour cent. Ce trafic parut donc très-lucratif : en effet, il l'était pour les marchands. Il l'aurait été pour l'état même, si on avait gagné cent cinquante pour cent sur les marchandises qu'on portait dans l'Inde ; parce que, dans cette supposition, il aurait fait fleurir les manufactures du royaume. Mais les indiens n'avaient pas besoin des choses qui se manufacturaient dans l'occident ; et l'or et l'argent étaient presque les seules marchandises qu'on pouvait leur donner en échange des leurs. C'est donc au retour que les marchands faisaient un bénéfice de cent cinquante pour cent ; et par conséquent ils le faisaient sur l'état.

On n'était pas dans l'usage de faire de pareilles distinctions. Les marchands s'enrichissaient en faisant un commerce onéreux pour l'état, et on disait, l'état s'enrichit.

Dès que ce commerce paraissait se faire avec tant d'avantages par quelques marchands particuliers, il ne fut pas difficile de prouver au gouvernement qu'il se foirait avec plus d'avantages encore par une compagnie exclusive. On lui prouva même que les particuliers qui le faisaient, ne le pouvaient pas faire, et quoiqu'on l'eût convaincu de leur impuissance, et que par conséquent il fût inutile de le leur défendre, il le leur défendit, et il accorda un privilège exclusif pour quinze ans, à une compagnie.

Voilà donc plusieurs négociants exclus d'un commerce qu'ils avaient découverts à leurs risques et fortunes, et cependant la compagnie ne le fit pas. Les compagnies sont lentes dans leurs opérations : elles perdent bien du temps à délibérer et elles font bien des dépenses avant de commencer. Celle-ci ne commença point : elle empêcha seulement que le commerce ne se fît par d'autres.

Étienne Bonnot de Condillac

On créa une seconde compagnie, une troisième, plusieurs successivement ; et le gouvernement qui se faisait une habitude d'en créer, croyait toujours qu'il lui était avantageux d'en créer encore. Il en fut si persuadé, qu'il en créa enfin une à laquelle il donna les plus grands secours, jusqu'à lui avancer les fonds dont elle avait besoin.

Celle-ci, malgré quelques succès qu'elle eut par intervalles, eut bientôt consommé la plus grande partie de ses fonds. Elle voyait le moment où elle allait perdre son crédit ; et parce qu'il lui importait de cacher ses pertes, elle imagina de faire aux actionnaires des répartitions, comme si le commerce eût produit un bénéfice. Mais cet expédient frauduleux qui répara pour un moment son crédit, fit un plus grand vide dans ses coffres. Bientôt elle fut réduite à emprunter à gros intérêts, et elle ne se maintint plus que par le secours qu'elle reçut du gouvernement.

Mais pourquoi le même commerce est-il tout à la fois lucratif et ruineux ? Il est lucratif, lorsque des particuliers le font, parce qu'alors il se fait avec économie. Il suffit à des négociants d'être en correspondance avec les négociants des pays où ils trafiquent. Tout au plus ils auront des facteurs partout où ils auront besoin d'avoir des entrepôts ; et ils évitent toutes les dépenses inutiles, parce qu'ils voient tout par eux-mêmes.

Il n'en est pas de même des compagnies. Il leur faut, dans la capitale, des administrateurs, des directeurs, des commis, des employés : il leur faut d'autres administrateurs, d'autres directeurs, d'autres commis, d'autres employés partout où elles forment des établissements. Il leur faut encore, outre les comptoirs et les magasins, des édifices élevés à la vanité des chefs qu'elles emploient. Forcées à tant de dépenses, combien ne perdent-elles pas en malversations, en négligences, en incapacité ? Elles payent toutes les fautes de ceux qu'elles gagnent pour les servir ; et il s'en fait d'autant plus, que les administrateurs qui se succèdent au gré de la brigue, et qui voyant chacun différemment ne permettent jamais de se faire un plan sage et suivi. Elles forment des entreprises mal combinées : elles les exécutent comme au hasard ; et dans une administration qui semble se compliquer d'elle-même, elles emploient des hommes intéressés à la compliquer encore. La régie de ces compagnies est donc vicieuse nécessairement.

Mais la compagnie de l'Inde avait d'autres vices que ceux de sa constitution. Elle voulut être militaire et conquérante. Elle se mêla dans les querelles des princes de l'Inde : elle eut des soldats, des forts : elle acquit des possessions ; et ses employés se crurent des souverains. Il est donc aisé de comprendre, comment sa régie absorbait au-delà des produits du commerce. Cependant cette compagnie s'obstinait à vouloir conserver son privilège ; et elle se fondait sur ce que ce commerce, selon elle, était impossible aux négociants particuliers. Mais elle parlait d'après les intérêts de ses employés qui seuls s'enrichissaient. En effet son expérience prouvait qu'elle ne pouvait plus elle-même faire ce commerce. Quel risque y avait-il donc à le rendre libre ? Le pis aller est que tout le monde y eût renoncé. Mais on l'aurait fait, puisqu'on le faisait avant elle. Le commerce de l'Inde excita l'avidité des nations marchandes. La mer Rouge l'ouvrait aux phéniciens. Ils ne tardèrent pas à le faire, et ils portèrent dans l'Inde l'or et l'argent qu'ils tiraient de l'occident de l'Europe. Mais il semblait que les compagnies exclusives dussent s'établir partout. Il s'en forma une à laquelle les phéniciens abandonnèrent ce commerce.

Cette compagnie eut dans leur république, comme dans une monarchie, les vices inhérents à sa constitution. Elle se soutint cependant mieux que celle des troyens, parce qu'elle se trouva dans des circonstances plus favorables.

Les phéniciens avaient conquis plusieurs isles, les seules où croissaient les épiceries ; et ils avaient cru se réserver la vente exclusive de ces productions, en donnant ces isles à une compagnie, intéressée à les fermer à tout négociant étranger. Ce sont ces productions qui soutenaient leur compagnie. Elle se serait ruinée, comme toutes les autres, si, sans des possessions qui étaient uniques, elle eût été bornée à faire le commerce de l'Inde. Les phéniciens éclairés ne l'ignoraient pas. Ils ne comptaient point sur la durée d'une compagnie qui était tout à la fois militaire et marchande ; et ils jugeaient avec raison qu'il eût été plus avantageux à leur république de laisser une entière liberté au commerce, et de partager même celui des épiceries avec les nations étrangères.

Cependant l'exemple d'une compagnie exclusive chez les phéniciens était à Troie un grand argument pour protéger la compagnie de l'Inde. Comment, disait-on, cette compagnie seroit-elle contraire à la liberté et au commerce, puisqu'il s'en établit de semblables chez les peuples libres et commerçants ? Mais si ceux qui faisaient cette objection prévoyaient la réponse, ils étaient de mauvaise foi ; et s'ils ne la prévoyaient pas, ils étaient bien ignorants. De pareils raisonnements néanmoins aveuglaient le gouvernement, au point qu'il ne se lassait pas de faire continuellement de nouveaux efforts pour soutenir cette compagnie.

Il était difficile que les égyptiens, situés si avantageusement pour trafiquer du couchant à l'orient, vissent sans jalousie les richesses que le commerce apportait aux phéniciens. Ils tentèrent donc de les partager, et ils s'ouvrirent les mêmes routes. Insensiblement les autres peuples de l'Asie, à l'exemple les uns des autres, s'adonnèrent au trafic, et tous arrivèrent dans l'Inde par divers chemins. Les derniers comptaient sur les mêmes bénéfices que les premiers avaient faits. Ils ne prévoyaient pas que la concurrence de tant de nations marchandes ferait tout renchérir dans les marchés de l'Inde ; et que les choses qu'on y achèterait à un plus haut prix, se revendraient à un plus bas, parce qu'elles deviendraient plus communes. Au contraire, au grand mouvement qui se faisait dans le commerce, on se confirmait tous les jours dans la maxime qu'un état n'est puissant qu'autant qu'il est riche, et qu'il n'est riche qu'autant qu'il fait le trafic. Ce n'est pas que je blâme le trafic. Je pense qu'il faut laisser faire à un peuple tout ce à quoi il se croit propre. Le gouvernement n'a rien à prescrire à cet égard. Il ne doit point encourager exclusivement le trafic, pas même l'agriculture. Toute sa protection se borne à observer ce qui se fait, à laisser faire, à lever les obstacles et à maintenir l'ordre. Que les campagnes ne soient point foulées, elles se peupleront avec une surabondance qui refluera dans les villes pour les remplir d'artisans, et dans les ports pour les remplir de matelots. Alors tout sera mis en valeur par une industrie qui se portera à tout, et la nation sera véritablement puissante.

Mais faut-il, pour ne pas fouler les campagnes, ôter tous les impôts ? Non sans doute. Car ce sont les terres qui doivent payer les charges, puisqu'elles seules peuvent payer. Les artisans et les marchands, comme nous l'avons remarqué, quelque taxe qu'on mette sur eux, ne payent jamais, parce que s'ils travaillent, ils se font rembourser, et s'ils ne travaillent pas, ils mendient. En un mot, de quelque manière qu'on s'y prenne pour les faire contri-

buer, ce sont toujours les propriétaires qui payent pour les salariés, puisque ce sont les propriétaires qui payent les salaires : nous
l'avons déjà dit. Il faut donc mettre des impôts sur les terres : il
faut accorder à l'industrie toute liberté, et il ne faut laisser naître
aucun des abus que nous avons observés dans les gouvernements.
Tous ces abus s'étaient introduits plus ou moins parmi les nations
de l'Asie ; et lorsqu'elles ôtaient toute liberté au commerce, et que
par contre coup elles ruinaient l'agriculture, elles voulaient être
commerçantes, et chacune voulait l'être exclusivement. De-là des
guerres fréquentes dans l'Inde, dans l'Asie, et des révolutions conti-
nuelles dans le commerce. Il tombait successivement partout, et il
ne se relevait que faiblement chez les nations qui avaient eu plus de
succès. Toutes contractaient des dettes, toutes multipliaient les impôts ; et pour soutenir le commerce, elles paraissaient à l'envi ruiner
l'agriculture, sans laquelle cependant il n'y a point de commerce.
Le désordre était partout le même, ou à peu près.

On sentit enfin que les terres sont le plus grand fonds de richesses ; et pour encourager l'agriculture, on proposa chez les
troyens, de permettre tout à la fois l'exportation et l'importation
des bleds. Notre sol, disait-on, naturellement fécond, sera pour
nous, s'il est bien cultivé, une mine inépuisable. La concurrence
des nations mettra le bled à son vrai prix. Les cultivateurs assurés de la vente de leurs grains, défricheront toutes les terres ; et à
chaque année, nous aurons un plus grand fonds de commerce. En
Égypte, l'exportation seule était permise : souvent même le gouvernement l'encourageait par des récompenses. Riches par leur sol, les
égyptiens l'étaient encore par leur commerce, et dominaient alors
sur les mers. D'après cet exemple ; beaucoup de personnes, chez
les troyens voulaient qu'on permît au moins l'exportation : d'autres
s'y opposaient ; et le public qui ne savait qu'en penser, était dans la
crainte, soit qu'on la permît ; soit qu'on la défendît.

Parmi les raisonnements qu'on faisait sur cette question, les meilleurs ne convainquaient pas, et les mauvais avaient l'avantage du
nombre. Le gouvernement qui, comme le public, ne savait que
penser, obéissait au cri qui paraissait le plus fort, permettant et défendant, tour-à-tour l'exportation ; et parce que faute de principes
il se conduisait avec timidité, il n'accordait ordinairement qu'une
liberté qu'il limitait, et qu'il rendait par-là sujette aux plus grands

Étienne Bonnot de Condillac

abus. En un mot, on eût dit, à sa conduite, qu'il voulait causer la disette pour favoriser les monopoleurs. Sur ces entrefaites, on apprit que les égyptiens venaient de défendre l'exportation ; et cette nouvelle parut faire triompher ceux qui la blâmaient à Troie. Nous avons prouvé qu'il est de l'intérêt de toutes les nations de donner la liberté d'exporter et d'importer : nous remarquerons ici que cette liberté doit procurer de plus grands avantages, ou du moins les procurer plus promptement, lorsqu'elle concourt avec toutes les causes qui peuvent contribuer aux progrès de l'agriculture.

Quoiqu'il y eût des abus en Égypte, de vieux usages faisaient encore respecter l'agriculture. On avait pour maxime que les impôts ne devaient être mis que sur le produit net des terres, et on évaluait ce produit de la manière la plus favorable aux cultivateurs. Un fermier savait ce qu'il devait payer. Assuré qu'on ne lui demanderait jamais au-delà, il vivait dans l'aisance. On lui laissait toutes les avances nécessaires pour cultiver ses champs et pour les améliorer ; et jamais l'impôt, sous quelque prétexte que ce fût, ne pouvait être pris sur ces avances. Il avait même pour s'enrichir, un moyen qui contribuait aux progrès de l'agriculture. C'est que les baux se passaient pour vingt, vingt-cinq ou trente ans. Les fermiers riches pouvaient donc pendant les quatre ou cinq premières années d'un bail, mettre tous leurs profits en plantations, en défrichements, en augmentations de bestiaux. Ils pouvaient même encore employer à cet effet une partie de leur bien, et ils le faisaient communément, parce qu'ils étaient assurés de retirer, avec bénéfice, pendant quinze à vingt ans, les avances qu'ils avaient faites. En un mot, par la longueur de leurs baux, ils cultivaient une ferme avec le même intérêt, que si elle eût été à eux ; et les propriétaires y trouvaient eux-mêmes un grand avantage, parce qu'à chaque renouvellement de bail, ils augmentaient considérablement leurs revenus. Voilà les causes qui concouraient en Égypte avec la liberté d'exporter, et on conçoit qu'il en devait résulter de grands avantages.

à Troie, depuis longtemps, un grand nombre d'abus contribuaient à la dégradation de l'agriculture. Les baux étaient de neuf ans : la loi ne permettait pas d'en faire des plus longs ; et quand elle l'aurait permis, l'agriculture en eût retiré peu d'avantages. Que pouvait-on attendre des fermiers ? Ils ne gagnaient en général que de quoi subsister misérablement. Peu assurés de leurs avances, ils étaient souvent réduits pour payer les impositions, à vendre leurs bestiaux, ou même jusqu'à leurs charrues. Pauvres, ils affectaient de le paraitre encore plus ; parce que les taxes, qui étaient personnelles et arbitraires, croissaient aussitôt qu'un laboureur laissait apercevoir de l'aisance. Dans cet état des choses, les champs tombaient en friche : on ne cultivait, qu'autant qu'on y était forcé par la nécessité ; et la plupart des fermes n'étaient point en valeur. On juge d'après cet exposé, que dans la monarchie troyenne, il fallait du temps pour se procurer tous les avantages qu'on doit attendre de la liberté du commerce des grains. On demandera sans doute, pourquoi les égyptiens, après avoir encouragé l'exportation, l'avait défendue : c'est qu'ils n'avaient pas permis l'importation. Il y eut une cherté à la suite d'une mauvaise récolte, et les étrangers n'apportèrent point de bleds, ou n'en apportèrent pas assez. Dans cette conjoncture, le gouvernement crut devoir prendre la précaution inutile de défendre l'exportation qui ne se faisait pas, et qui ne pouvait pas se faire. Les troyens devaient donner au commerce des grains une liberté entière, et ils devaient encore faire concourir toutes les causes qui peuvent contribuer aux progrès de l'agriculture. Mais quand un état tombe en décadence, on ne songe ni à l'agriculture, ni aux causes qui la dégradent, ni aux moyens de la réparer. On a pour unique maxime, qu'il faut faire de l'argent ; et quand on en a fait, on croit avoir plus de puissance, parce qu'on peut lever de plus grandes armées. Mais en supposant que les grandes armées font la puissance, il faudra savoir comment le monarque a de l'argent, pour juger si sa puissance est bien assurée.

Sont-ce les cultivateurs qui le donnent ; et après l'avoir donné, vivent-ils dans l'aisance ? Je conçois que le souverain est riche ; et s'il sait faire un emploi de ses richesses, il sera puissant. Mais n'a-t-il de l'argent, que parce qu'il en emprunte ? Il n'en a donc pas. Il n'a que des dettes. Pour les payer, il ruinera son peuple ; et avant de les avoir payées, il en aura déjà contracté de nouvelles.

Voilà cependant où en étaient les principales puissances de l'Asie. Partout on parlait de faire entrer l'argent dans l'état : on parlait d'empêcher qu'il ne sortît : on ne parlait, en un mot, que de la nécessité d'en avoir ; et les gouvernements qui ne se conduisaient que par des principes de finance, ne pouvaient pas songer aux moyens de faire fleurir l'agriculture.

Étienne Bonnot de Condillac

Avec cette politique financière, les monarques se croyaient puissants, ou se flattaient de le devenir. Mais les siècles reculés où je les fais vivre, doivent leur faire pardonner cette erreur. Ils ne prévoyaient pas avec quelle facilité les empires les plus riches, surtout ceux de l'Asie, seraient renversés ; et ils pouvaient croire qu'il y aurait quelque jour des conquérants financiers. Ils se sont trompés.

Section 18
Atteintes portées au commerce : comment les spéculations des commerçants ont pour dernier terme la ruine même du commerce

Lorsque le commerce jouit d'une liberté entière, on peut avoir un grand nombre de concurrents ; et alors les entreprises exposent à plus ou moins de risques, à proportion qu'elles sont plus ou moins grandes. Voyons quelles peuvent être en pareil cas les spéculations des commerçants. Il s'agit pour eux de s'assurer le plus grand bénéfice.

Un fermier, qui prend une terre à bail, en estime le produit d'après les récoltes, années communes, et d'après le prix courant des denrées dans les marchés. Voilà sa première spéculation. Elle est fondée sur une conjecture, plus ou moins vraisemblable : mais l'effet en est incertain. Il fera du bénéfice, s'il recueille autant de denrées qu'il a présumé, et s'il en trouve le prix sur lequel il a compté. Dans le cas contraire, il fera des pertes. Que la grêle lui enlève une partie de ses moissons, il aura peu de productions à vendre ; et cependant il sera obligé de les livrer à bas prix, si ses voisins ont fait des récoltes abondantes. Tel est le danger auquel il est exposé, lorsqu'il se conduit d'après les spéculations les plus communes. S'il imagine une nouvelle culture, et qu'il tente le premier d'en faire l'essai, ses spéculations seront encore plus incertaines. Car elles n'auront pour fondement que des analogies, dont il ne peut pas juger encore, et dont l'expérience peut seule assurer le succès.

Enfin, qu'il observe les productions qui sont à plus haut prix, parce qu'elles sont tout à la fois plus rares et plus recherchées, et qu'il les cultive par préférence, son entreprise sera encore bien hasardeuse. Ou son sol n'y sera pas propre, ou elles cesseront d'être recherchées avec le même empressement, ou elles deviendront abondantes, parce que d'autres cultivateurs auront fait les mêmes spéculations. Il faudrait, pour la solidité de ses entreprises, qu'il s'assurât de la nature de son sol, qu'il saisît toujours à propos les goûts changeants de la multitude, et qu'il fît encore entrer en considération les tentatives que font les autres cultivateurs. Dans l'impuissance de calculer toutes ces choses, les fermiers donnent souvent au hasard. Ils gagnent, ils perdent : mais tous contribuent aux progrès de l'agriculture, les uns par leurs fautes, les autres par leurs succès ; et à la fin il s'établit, dans chaque pays, une manière de cultiver, qui souvent pourrait être perfectionnée à bien des égards, mais dont la bonté paraît en général confirmée par l'expérience. Alors le cultivateur se conforme à l'usage, et spécule tous les jours moins. L'artisan fait aussi des spéculations. Elles portent sur le prix courant des matières premières, sur le salaire que la coutume lui arroge, sur le goût du public pour certains ouvrages, et sur le nombre de ceux qui travaillent concurremment dans le même genre. Les ouvrages les plus communs, qui sont à l'usage de tout le monde, sont ceux où il y a moins de risques à courir. Le prix de la matière premières en varie peu, parce qu'elle est toujours abondante. Le salaire, dû à l'ouvrier, est mieux connu, parce que ces sortes d'ouvrages sont continuellement dans le commerce : ils y sont en grande quantité, et ce n'est pas un goût passager qui les fait rechercher, c'est un besoin journalier. Enfin le nombre des artisans se proportionne naturellement aux besoins de la société, et, par conséquent, leur concurrence, qui est toujours à-peu-près la même, met peu de variation dans leurs salaires.

Les profits dans ce genre d'ouvrages, sont donc plus assurés : ils se renouvellent continuellement. Mais ils sont peu considérables. L'ouvrier, qu'ils font vivre au jour le jour, ne peut faire que de petites épargnes ; encore les prend-il souvent sur son nécessaire, et il ne saurait changer sa condition que bien difficilement.

Ces sortes d'artisans ont peu de spéculations à faire : il leur suffit, pour subsister, de se conduire comme on se conduisait avant eux. Mais ceux qui étudient les goûts des riches, ceux surtout qui veulent en faire naître de nouveaux, les artisans des choses de luxe, en un mot, s'ils peuvent se promettre de plus grands profits, ont aussi plus de choses à considérer. Les matières premières, sur lesquelles ils travaillent, étant ordinairement plus rares, en sont à plus haut prix ; et elles renchérissent de plus en plus, à proportion que leurs ouvrages ont plus de vogue. Alors il faut qu'ils se bornent à de moindres profits : un trop haut prix pourrait dégoûter ceux qui les font travailler.

La mode, naturellement inconstante, ne leur assure rien ; et cependant c'est sur cette base qu'ils fondent toutes leurs spéculations. Les gros profits, s'ils en font, leur deviennent même contraires, parce qu'ils se voient bientôt une multitude de concurrents, que l'appas du gain invite à travailler dans le même genre. Alors il arrive souvent qu'on a peine à vivre d'un métier qui a enrichi ceux qui l'ont fait les premiers.

Mus au hasard, et victimes des caprices de la mode, ces artisans sont souvent exposés à se voir sans ressources. Ceux qui, pour être venus trop tard, ont beaucoup de concurrents, n'ont pas pu faire des épargnes ; et ceux qui ont travaillé dans des conjonctures plus favorables, n'y ont pas pensé. Ils ne prévoyaient pas qu'il viendrait un temps où leur industrie leur rapporterait moins. N'ayant pas assez d'avances pour attendre le moment de vendre avec avantage, à peine ont-ils fini un ouvrage, qu'ils sont réduits quelquefois à le livrer à vil prix. Souvent même ils se voient dans l'impuissance de travailler, parce qu'ils ne peuvent pas acheter les matières premières.

Alors un négociant, qui veut étendre son commerce, leur offre ses secours. Il consent à leur assurer un salaire, pourvu qu'ils consentent aussi à ne travailler que pour lui. Les artisans acceptent des conditions dont la nécessité leur fait une loi ; et ils viennent insensiblement, les uns après les autres, se mettre aux gages des négociants. Il en est à-peu-près de même des fermiers : ils ont besoin, pour remplir leurs engagements, d'avoir vendu leurs productions dans des termes fixes. D'ailleurs ils ne sont pas communément assez riches pour bâtir des magasins où ils puissent les conserver, en attendant le moment de les vendre avantageusement. Ils se croient donc trop heureux de pouvoir livrer à des négociants celles dont ils ne trouvent pas le débit dans les marchés ; et cependant ces négociants ne les achètent que lorsqu'elles sont à bas prix, et qu'ils peuvent compter de les revendre avec bénéfice. Tout paraît donc favoriser les négociants qui forment de grandes entreprises.

Seconde partie

Maîtres de tous les effets commerçables, ils semblent avoir entre leurs mains toutes les richesses de l'état, pour s'enrichir eux-mêmes du travail des laboureurs et de l'industrie des artisans. Voilà pour eux un vaste champ de spéculations.

On voit que ces spéculations portent sur le besoin qu'a l'artisan d'être payé de son salaire, sur celui qu'a le cultivateur de vendre ses productions, et sur celui qu'aura le public des ouvrages de l'artisan et des productions du cultivateur.

Il est de l'intérêt du négociant d'acheter au plus bas prix et de vendre au plus haut. Il lui importe donc qu'il y ait, en tous genres, un grand nombre d'artisans, afin qu'ils se réduisent par la concurrence à de moindres salaires. Par la même raison, il lui importe encore que beaucoup de cultivateurs soient pressés de vendre. Enfin il lui importe d'avoir peu de concurrents dans les entreprises où il s'engage.

On conçoit qu'avec un privilège exclusif, il obtiendrait facilement tous ces avantages ; et qu'au contraire il en sera souvent frustré, si le commerce jouit d'une liberté entière. Alors les spéculations seront pour lui d'autant plus difficiles, que le succès de ses entreprises dépendra d'une multitude de circonstances, qu'on ne peut pas faire entrer dans un calcul, ou qu'il est même impossible de prévoir.

Quelque avantageusement qu'il ait traité avec les artisans et avec les cultivateurs, il peut être trompé dans son attente. Car si ce sont des denrées de première nécessité dont il a rempli ses magasins, une récolte abondante qui en fera baisser le prix, lui enlèvera tout le profit qu'il en espérait. Peut-être même la vente ne le remboursera-t-elle pas des frais d'achats et de voiture.

D'ailleurs il n'a point de moyen pour s'assurer de la consommation qui doit s'en faire dans les lieux où il comptait vendre. Mille accidents peuvent la diminuer, comme l'augmenter ; et quand à cet égard il saurait à quoi s'en tenir, comment jugera-t-il de la proportion où sont les choses qu'il achète, avec la consommation qui s'en fera ? Connaît-il la quantité dont ses concurrents se sont pourvus ? Il pourrait donc arriver, contre son attente, qu'il en eût trop acheté, et qu'il se vît réduit à vendre à perte. Il n'y a point de spéculations qui puissent à cet égard le diriger sûrement. Il sera donc forcé de se conduire, dans ses entreprises, comme en tâtonnant, d'après l'expérience. Tels sont les dangers auxquels il est exposé, lorsqu'il fait le trafic des choses de première nécessité ; et ce sont pourtant celles dont le débit est le plus sûr.

Les choses de seconde nécessité, dont nous nous faisons autant de besoins, ne sont pas toutes également nécessaires. L'habitude peut en être récente, et quelquefois ce sont des goûts qui passent, et qui font place à d'autres. Il y a donc souvent un moment à saisir. Si elles sont trop communes, on s'en dégoûtera ; et si elles sont trop rares, le haut prix diminuera le nombre des consommateurs. Par quels calculs, dans cette sorte de commerce, sera-t-il donc possible de s'assurer des profits qu'on se promet ? Ces difficultés, qui se trouvent surtout dans les grandes entreprises de commerce, doivent peu inquiéter le gouvernement. Car ce n'est pas par un petit nombre d'entrepreneurs ; qui s'enrichissent exclusivement, que le commerce doit se faire. Il importe bien plutôt qu'il se fasse par un grand nombre qui se contentent de vivre dans l'aisance, et qui font subsister dans la même aisance une multitude d'artisans et de cultivateurs.

Or, quand le commerce jouit d'une liberté entière, il se fait naturellement par un grand nombre d'entrepreneurs, qui en partagent entre eux toutes les branches et tous les bénéfices. Alors il est difficile et presque impossible qu'un négociant acquière des richesses fort disproportionnées à celles de ses concurrents. Il faudrait qu'il s'engageât dans des entreprises, dont les spéculations seraient accompagnées de trop d'incertitude : il n'oserait s'y hasarder.

Voilà le principal avantage de la liberté du commerce. Elle multiplie les commerçants : elle rend la concurrence aussi grande qu'elle peut l'être : elle répartit les richesses avec moins d'inégalité, et elle réduit chaque chose à son vrai prix. Mais s'il importe à l'état qu'il y ait un grand nombre d'entrepreneurs, il importe aux entrepreneurs d'être en petit nombre. Toutes les difficultés s'aplanissent devant une compagnie exclusive, parce que ses entreprises, quelles qu'elles soient, demandent peu de spéculations. Comme elle a seule le droit d'acheter de la première main et de revendre, elle règle à volonté le salaire de l'artisan et celui du cultivateur ; et parce qu'avec le plus petit trafic elle est assurée de faire le plus grand bénéfice, elle brûlera une partie des marchandises qu'elle a dans ses magasins, si elle craint, en les rendant communes, d'en faire baisser le prix. Tel est donc le motif secret qui fait briguer des privilèges exclusifs ; c'est qu'on veut des profits grands et assurés : on les veut toujours plus grands, et on les veut toujours avec moins de risques. C'est ainsi que les spéculations des commerçants ont, pour dernier terme, la ruine même du commerce.

Ce motif se retrouve dans la finance, dont les spéculations, aussi simples que faciles, semblent ne rien donner au hasard, et ruinent le commerce dans son principe, parce qu'elles ruinent l'agriculture. Si elle se charge de percevoir les impôts, elle sait que, pour un million qu'elle verse dans les coffres du roi, elle en lèvera deux. Si l'état lui demande de l'argent, elle lui prête à dix pour cent, et elle emprunte à cinq. Si elle fait la banque pour le roi, son bénéfice sera d'autant plus assuré, qu'elle se rendra maîtresse de toutes les opérations du gouvernement. Tout dépendra d'elle, parce qu'on ne peut rien faire sans argent, et que c'est elle seule qui peut en faire trouver partout où on en a besoin. Qu'on réfléchisse sur les compagnies de négociants et de financiers, et on reconnaitra qu'elles doivent insensiblement s'approprier tout l'argent qui circule. Si elles le versent continuellement, il ne cesse jamais de leur revenir. à chaque fois elles s'en approprient une nouvelle partie. On leur devait, on leur doit encore plus : leurs créances s'accumulent, et il arrive enfin que l'état a contracté avec elles des dettes qu'il ne peut pas payer. Voilà, dans le fond, à quoi se réduisent les spéculations de finance, et voilà aussi ce qu'elles doivent produire. Les spéculations de politique offriraient de grandes difficultés, s'il fallait étudier toutes les parties du gouvernement, et les diriger au bien général. Mais, dans un siècle où l'on croit tout faire avec de l'argent, elles deviennent faciles, parce qu'elles ne s'occupent que de ressources momentanées qui préparent la ruine de l'état : c'est ce que nous avons démontré. La ruine de tout. Voilà donc, dans les siècles où les abus se sont multipliés, le dernier terme des spéculations de commerce, de finance et de politique.

Section 19
Conclusion des deux premières parties

Étienne Bonnot de Condillac

Nous avons vu comment les richesses, lorsque le commerce jouit d'une liberté entière et permanente, se répandent partout. Elles se versent continuellement d'une province dans une autre. L'agriculture est florissante : on cultive les arts jusques dans les hameaux : chaque citoyen trouve l'aisance dans un travail à son choix : tout est mis en valeur ; et on ne voit point de ces fortunes disproportionnées qui amènent le luxe et la misère.

Tout change à mesure que différentes causes portent atteinte à la liberté du commerce. Nous avons parcouru ces causes, ce sont les guerres, les péages, les douanes, les maîtrises, les privilèges exclusifs, les impôts sur les consommations, les variations des monnaies, l'exploitation des mines, les emprunts de toutes espèces de la part du gouvernement, la police des grains, le luxe d'une grande capitale, la jalousie des nations, enfin l'esprit de finance qui influe dans toutes les parties de l'administration. Alors le désordre est au comble. La misère croît avec le luxe : les villes se remplissent de mendiants : les campagnes se dépeuplent ; et l'état qui a contracté des dettes immenses, semble n'avoir encore des ressources que pour achever sa ruine. On a pu voir dans la première partie de cet ouvrage, que la science économique, difficile parce qu'elle est naturellement compliquée, devient facile lorsqu'on la simplifie, c'est-à-dire, lorsqu'on la réduit à des notions élémentaires, qui, étant déterminées avec précision, paraissent des vérités triviales. Alors cette science se développe d'elle-même. Les propositions naissent les unes des autres, comme autant de conséquences ou de propositions successivement identiques ; et l'état de la question en montre la solution si sensiblement, qu'on la trouve en quelque sorte, sans avoir besoin de raisonner.

Dans la seconde partie, j'ai réduit le raisonnement à une simple narration. J'y démontre les avantages d'une liberté entière et permanente : je fais connaitre les causes qui peuvent y porter atteinte : j'en fais sentir les suites ; je ne cache pas les fautes des gouvernements, et je confirme les principes que j'ai établis dans la première partie. Je n'ai cependant relevé que les principaux abus. Il était d'autant plus inutile de m'appesantir sur d'autres, qu'il y a un moyen de les détruire tous, c'est d'accorder au commerce une liberté pleine, entière et permanente. Je crois l'avoir prouvé. J'ai voulu surtout répandre la lumière sur une science qui paraît ignorée

Seconde partie

au moins dans la pratique. Si j'y ai réussi, il ne restera plus qu'à savoir si les nations sont capables de se conduire d'après la lumière. Ce doute, s'il venait d'un homme qui eût plus de talents et plus de célébrité, pourrait peut-être leur ouvrir les yeux ; mais, pour moi, je sens bien que je ne ferai voir que ceux qui voient. Les nations sont comme les enfants. Elles ne font en général que ce qu'elles voient faire ; et ce qu'elles ont fait, elles le font longtemps, quelquefois toujours.

Ce n'est pas la raison qui les fait changer, c'est le caprice ou l'autorité.

Le caprice ne corrige rien : il substitue des abus à des abus, et les désordres vont toujours en croissant.

L'autorité pourrait corriger ; mais d'ordinaire elle pallie plutôt qu'elle ne corrige. Encore est-ce beaucoup pour elle de pallier. Elle a ses passions, ses préjugés, sa routine, et il semble que l'expérience ne lui apprenne rien. Combien de fautes ont été faites ! Combien de fois elles ont été répétées ! Et on les répète encore ! Cependant l'Europe s'éclaire. Il y a un gouvernement qui voit les abus, qui songe aux moyens d'y remédier ; et ce serait plaire au monarque de montrer la vérité. Voilà donc le moment où tout bon citoyen doit la chercher. Il suffirait de la trouver. Ce n'est plus le temps où il fallait du courage pour l'oser dire, et nous vivons sous un règne où la découverte n'en serait pas perdue.

ISBN : 978-1523743049

Étienne Bonnot de Condillac

www.ingramcontent.com/pod-product-compliance
Lightning Source LLC
Chambersburg PA
CBHW072041280526
45788CB00006B/2140